云南民族文化保护传承与创新发展“双十”工程丛书

总主编 / 段钢　　副总主编 / 李若青　高登荣

咪依噜风情谷

——楚雄彝族自治州南华县小岔河村

执行主编　李天永

民族出版社

《云南民族文化保护传承与创新发展“双十”工程丛书》编委会

咪依噜风情谷

——楚雄彝族自治州南华县小岔河村

总 序

习近平总书记指出："一个国家、一个民族的强盛，总是以文化兴盛为支撑的。没有文明的继承和发展，没有文化的弘扬和繁荣，就没有中国梦的实现。"① "优秀传统文化可以说是中华民族永远不能离别的精神家园"②；"文明只有姹紫嫣红之别，但绝无高低优劣之分"③。中华文化就是通过不断汲取各种文明养分而丰富和发展起来的。民族的也是世界的，只有了解其他文化，我们才能更好地认识中华文化，更好地领略人类文明的博大精深、丰富多彩。"各美其美，美人之美，美美与共，天下大同"④ 正好诠释了"民族文化基因是中国梦的魂与根"⑤。

文化作为一个民族的精神、价值载体，也是一个国家的软实力。中华民族多元文化正是中华民族大家庭灿烂文明的体现，是各民族发展能力的重要组成部分。文化的流失现象往往伴随着经验知识和传统智慧的流失。因此，对现代化发展进程中少数民族文化不断流失的文化现象，需要从文化遗产的角度实施保护。其目的并不在于保存某种文化形式，而在于保护和传承其中所蕴含的文化价值。对少数民族优

① 习近平：《习近平系列重要讲话读本：创造中华文化新的辉煌——关于建设社会主义文化强国》，载《人民日报》，2014-07-09（15）。

② 习近平：《习近平党校十九讲》，124页，北京，中共中央党校出版社，2015。

③ 习近平：《深化文明交流互鉴　共建亚洲命运共同体》，载《人民日报》，2019-05-16(02)。

④ 费孝通：《人的研究在中国——个人的经历》，载《读书杂志》，1990（10）。

⑤ 叶小文：《民族文化基因是中国梦的魂与根》，载《光明日报》，2014-09-24（01）。

秀文化的保护、传承、创新、发展，是党和国家民族政策、文化政策的重要内容，因此，必须坚持“保护为主、抢救第一、合理利用、传承发展”的原则，积极开展文化保护工程，以推动各民族文化保护、传承、创新、发展取得实效，铸牢各民族共有精神家园、铸牢中华民族共同体意识的思想基础。

少数民族文化作为中华文化的重要组成部分，是社会主义文化建设的重要内容。只有各民族文化百花盛开、万紫千红，社会主义文化百花园才能繁花似锦、春光满园；保护传承少数民族文化，是推动少数民族和民族地区经济社会又好又快发展的迫切需要。文化作为推动经济社会的重要力量，少数民族文化是支撑民族地区经济发展的优势资源，是促进民族地区社会进步的强大动力。新时代，我们更应充分发挥少数民族文化资源优势，大力发展文化事业和文化产业，解放和发展文化生产力，为推动民族地区经济社会更加充分发展、实现全面建成小康社会奋斗目标提供强大动力；创新繁荣少数民族文化，还是构建各民族共有精神家园的迫切需要。文化是民族生命力、凝聚力和创造力的重要源泉。文化的发展推动民族的发展，文化的繁荣推动民族的繁荣。我们应着力发挥民族文化的凝聚力，采取更加有力的措施，大力保护和弘扬少数民族优秀传统文化，共同守护中华民族精神家园，强化中华文化的认同感，增强全民族精神力量和中华文化的自信力，为实现中华民族伟大复兴提供强大精神文化支撑。

云南省地处祖国西南边陲，东部与贵州省、广西壮族自治区为邻，北部同四川省相连，西北隅紧倚西藏自治区，西部同缅甸接壤，南同老挝、越南毗连。云南生活有 25 个世居少数民族、15 个特有民族、16 个跨境民族、8 个人口较少民族，是全国少数民族种类最多、世居民族最多、特有民族最多、人口较少民族最多、民族自治地方最多的边疆省区。多年来，云南各民族多元文化成就了云南多彩的风情，民族文化精神凝结了各民族的团结和谐，民族文化的繁荣助推了经济社会的发展……“各美其美，美人之美，美美与共”已成为云南民族文化发展观。在云南从文化大省到文化强省的建设中，充分繁荣发展少数民族文化，既是坚持社会主义文化道路的迫切需要，更是强化各民族文化自信的实践见证。

作为展示云南民族团结进步重要窗口的云南民族大学，不仅承担着培养各民族高级专门人才的任务，还必须履行文化传承与创新的重要职责。为进一步服务和融入国家发展战略，促进中华文化的繁荣发展，增强各民族学子的“五个认同”，学校在大力培养各民族优秀文化人才的基础上，积极整合学科、专业和研究力量，组织开展特色文化村寨、民族文化遗产项目影视志等的编撰，为更进一步推进民族学科建设和人才培养、文化交融与创新搭建广阔的平台、奠定坚实的基础。在中央财政专项支持下，学校紧紧围绕国家发展和云南文化强省建设的需要，为推进民族团结进步示范创建，以云南省民族研究所和亚洲世界遗产研究院为平台，结合云南民族大学民族学、社会学学科研究优势，充分发挥大学文化保护与传承的功能，积极组织校内外研究力量开展了云南民族文化保护传承与创新发展“双十”工程项目。项目组人员分别进入云南少数民族文化特色村寨、生态文化示范村寨、民族文化特色旅游村寨进行田野调查，经过两年多的调查研究，择选已形成的相应成果出版共享。

《云南民族文化保护传承与创新发展“双十”工程丛书》共计十一册，具体内容包括村寨基本情况、土地类型与利用状况、村寨生产生活方式、村寨特色与文化保护、特色产业及其发展前景等，是云南少数民族文化保护、传承、创新、发展的典型案例的汇集，也是云南以村寨为单位实施少数民族文化源保护的重要文献资料，更是研究少数民族文化保护、传承、创新、发展的重要实践成果。我们希望本丛书的出版将对云南少数民族文化保护、传承、创新、发展等现实问题的研究发挥基础性作用，为深入推进云南少数民族文化保护传承与创新、云南特色小镇建设、美丽乡村建设、乡村振兴发展等提供重要的参考价值。

段钢　李若青　高登荣

2019 年 11 月 13 日

目　录

前 言

咪依噜是一位美丽、善良、勇敢、不畏权贵的彝家少女，她的故事流传千年，在楚雄大地家喻户晓。

咪依噜风情谷是南华县委、县政府历时十余年打造出来的一个AAA国家级旅游景区，其民族风情特色旅游越来越受中外游客青睐，声名鹊起，成为楚雄彝族自治州旅游产业一颗璀璨的明珠。

咪依噜风情谷位于南华县城北部、南永公路绿色山谷之中。这是一片彝族人耕耘的土地，民居、民俗、劳作、服饰深深烙上彝族文化元素，古朴中透出一丝现代气息。这里是一个风景秀丽、民族风情浓郁、彝族文化底蕴深厚、民俗保存完好的少数民族聚居地。

这里有姚州举人甘孟贤为其亲书墓志的彝族武略骑尉六品军功周耀宗；有清授九品御职紫文彩；尚未修通的滇缅铁路遗址；连通村寨的南永二级公路；彝族风情浓郁的民居民俗；让人流连忘返的彝家美食。

从县城北部马鞍山隧道入口，沿途的马鞍山、新房子、三家村、大岔河、小岔河、新村六个村民小组依山而建，连成一片美丽山谷，被命名为咪依噜风情谷。先后有美国、日本、英国、瑞典、丹麦、荷兰、比利时、新西兰、澳大利亚、加拿大、新加坡等国家，以及中国台湾、香港等地区的游客、专家、学者3000多人次到此旅游考察。峨眉电影制片厂、云南电影制片厂选择这里作为外景地拍摄电影《通天长老》《大峡谷》，香港凤凰电视台在这里拍摄纪录片《新娘出嫁》，中央电视台在这里拍摄文艺节目《火的民族》。还有国家和省外的一些文化界、教育界、金融界人士、专家纷纷到岔河考察、观光。南华县龙川镇岔河彝族传统文化保护区被列入云南省第一批省级非物质文化遗产保护名录。

对中外学者来说，原始古老的彝风彝情是他们研究彝族社会发展变迁的一个活标本。日本学者在20世纪80年代初，首先发现了南华岔河这个彝族民风存留完整的古村落，并把岔河彝族作为社会调查研究的对象，通过人类学、社会学、民俗学的分析探究，在日本出版了一本关于岔河彝族生产生活方式的学术专著。可以说，这30多年来，源源不断有外国学者、专家到此进行民俗考察、旅游观光，其大部分原因是他们看了日本学者的这本书，受了这本书影响。

南华岔河咪依噜风情谷离南华县城只不过十多公里，但就是在中华人民共和国成立后的50多年间里，峡谷高山，阻碍着信息传递，使这里远离了现代文明，远离了社会的发展，成为一个十分封闭落后的孤立区域。就拿人类社会活动的婚姻来说，社会经济越发达的地方，人们的社交活动会越频繁，交通的范围越广，婚姻选择的通婚圈也会越大，这对优生优育，优化发展是有利的。但到了21世纪初，在整个岔河村委会，其社会成员构成，百分之百的是彝族。也就是说，咪依噜风情谷的彝族同胞，在这里生存的几百年中，通婚圈十分狭小，仍然只是在彝族内部婚配，保持着不与汉族通婚的习俗。这一彝族社会群体，他们生活在同一社会阶层，经济水平上下差异不大，保留了这个地区彝民生存的一种社会体系。由这样的婚姻维护下来的社会关系，其后代子女的生产生活方式，包括语言及生活习俗，受其父辈影响，就得到了相对完整的传承和保护。我们今天对咪依噜风情谷作社会学调查，价值就在于此。

在2016年冬天，李天永、普显宏、普金华等人几次来到咪依噜风情谷进行彝族乡村田野调查，我们的心情是复杂的，内心也是矛盾的。一方面，我们希望看到自己的彝族同胞社会经济文化共同繁荣，与其他地区的各民族人民一样，跟上现代文明的步伐，享受高科技带来的生产生活上的便捷，生活得越来越好；另一方面，我们又十分担忧现代文明对这里传统彝族文化、历史文化的冲击，留不下母语和民族的根脉。

来到小岔河彝族村，看到新盖起来的一幢幢漂亮的钢筋水泥房，我们心里真的是五味杂陈，喜忧参半。喜的是彝族人民的生活一天天富裕了，就单从一幢幢小洋楼，你也看得出这里的彝族同胞小日子过得红红火火。忧的是，那些古老传统的彝寨风貌，彝族特色民居将会在历史的长河中渐渐湮灭，失却咪依噜风情谷原有的那些吸引专家、游客的资源优势，这对一个国家AAA级旅游景区的可持续发展是不利的，甚至是致命的伤害！如何不拒绝现代文明，又不丢失传统古朴，把我们的民族传统文化与现代文明糅合在一起，既能保护传承彝族传统文化，又能发展创新彝族文化融入社会大发展，这是我们时时思考的问题和寻找的民族文化发展之路。

不可否认，小岔河彝族的历史文化和民族文化在漫长的岁月里逐渐被社会所同化，这里的传统文化日趋式微。经过我们的详细采访调查，深感小岔河彝族文化的保护传承任重道远，困难重重，现状令人担忧。我们现在有省级“非遗”传承人1人，州级传承人2人，县级传承人4人，另外还有一部分有一些特长的民间艺人。但这些传承人都没有一个按规定带有学徒。分析下来，原因很多，不是传承人不愿意带徒，而是年轻的一代根本就不愿意去学习传承自己民族的文化，他们都在商品大潮中去外地打工赚钱养家去了。传承人又没有足够的经济能力资助学徒来传承民族文化。相对而言，月琴、三弦、歌舞的传承做得比较好，玛姑舞（即老人舞）、三胡失传多年后，在我们的倡导呼吁下，现在县里非常重视，有望恢复并传承下去。彝人去世后教路的“毕摩”从“文化大革命”“破四旧”被禁止后，现在整个岔河村委会没有一个毕摩，因此老人逝世后都必须到姚安太平乡或牟定凤屯去请人来教路。

云南民族大学、云南省民族研究所致力于云南少数民族优秀文化的保护传承与创新发展，以发展的眼光来保护云南省非物质文化遗产。我们楚雄州南华县龙川镇岔河村委会小岔河村有幸被列入第一批“保护传承与创新发展”名单中，我们将认真开展田野调查，把小岔河彝族村寨的历史文化和民族文化个案详尽真实地展示出来，将散落在南华小岔河彝村山水间的彝族文化珍珠串起来，用前瞻的眼光分析探究适合于小岔河彝族社会经济长远发展的路子。

概 述

咪依噜风情谷南北长而东西较窄，中间稍宽，四周高山环绕，中间是阡陌纵横的稻田和耕地，属于亚热带季风气候。沿南永（南华—永仁）公路北行，马鞍山、新房子、三家村、大岔河、小岔河、新村6个彝家山寨仿佛6颗明亮的星星镶嵌在南永公路两边的山谷之中。

小岔河属于冷凉的少数民族高寒山区，最高海拔为东面2597米的火把山，最低海拔为2100米的马鞍山脚。纬度东经101°15′—101°17′，北纬25°19′—25°20′。这里境内山清水秀，气候宜人，立体气候明显，以北亚热带季风气候为主，兼有大陆性和海洋性气候特点，四季变化小，干湿四季分明，雨热同季。整个岔河彝族山寨的森林植被保护得较好，森林茂盛，树种繁多，森林覆盖率达72%。主要天然林群树种是云南松、麻栎、旱冬瓜、桤木树。植被类别可分为原始森林区、针叶林区、针阔混交林区、人工栽培植被区。

小岔河彝家山寨南面是海拔为2400米的马鞍山，北面是海拔为2525米的杨梅山，东面是海拔为2597米的火把山，西面是连绵不断的无名山。岔河源自阿噜碑，河水由北向南从山寨中间流过，汇大小岔河水，绕过云台山麓向东流，经马鞍山、蟠龙山，汇响水河折而南流，流至先生邑，入双甸河，经黑马邑，成为黑马邑河，环绕天马山麓，流入龙川江。岔河上游有总库容181.8万立方米的龙山水库，保障了县城饮用水及沿途村寨的灌溉。

位于县城北部的小岔河，距县城13公里，东邻牟定县，南邻蟠龙，西邻沙桥镇，北邻姚安县。南永二级公路穿境而过，每天县城至咪依噜风情谷的公交车往返 10 趟，交通便利。

地域性是文化特有的属性。在灿若星河的世界文化中，滇中彝族文化占有一席之地。因为，受喜马拉雅造山运动的影响，南华县境内地形发生强烈的褶皱、断裂，形成“山”字形构造体系。山体随横断山脉剧烈抬升，断陷地带随沉降盆地更加明朗，加之河流等外力长期切割、侵蚀，造成断陷盆地、高山峡谷、中山峡谷、低山低地、岩溶洼地、山麓冲积扇等地貌类型。高山、平坝、河谷孕育了南华山脉蜿蜒、群峰叠翠的秀丽景色，既有遮天蔽日的森林、百鸟迁徙的鸟道雄关，又有引人入胜的奇峰险洞、风光旖旎的田畴幽篁，形成了独特山水人文历史。

南华县有着悠久的历史文化传统，是云南开发最早且文化最为发达的地区之一。早在 100 万年前，原始人类就在今楚雄州地域繁衍、生息。秦汉时期，这里居住着濮人，属益州郡；魏晋时，属云南郡；唐初置丘州，南诏设俗富郡；大理国时，设石鼓赕，属威楚府，为高量成封地。蒙古宪宗七年（1257 年），设欠舍千户；元世祖至元二十二年（1285 年）置镇南州，取“镇抚南邦”之意；民国二年（1913 年）改为镇南县；中华人民共和国成立后，1954 年改名南华县，取“西南美丽的地方”之意。

南华县世居民族为彝族。彝族历史悠久，秦汉时期，西北南下的羌人与当地世居居民融合，形成昆明人，为彝族先民。唐代称乌蛮，元明称“罗罗”。南北朝以后，彝族在滇中地区开始形成具有相同的语言和文化、经济水平接近、居住比较集中的民族共同体。南华县是一个多民族聚居县，境内居住着汉、彝、白、回等 12 个民族。南华县境内的各民族分布呈现出大杂居、小聚居的分布特点。古往今来，众多的民族，不同的文化传承，特定的居住环境造成了绚丽多姿的民族风情。由于南华地处川黔汉文化和东南亚、南亚文化板块的接合部，为中原通往洱海地区，乃至东南亚、南亚的“蜀身毒道”的必经之路，世代生活在这块土地上的各族人民，在本土文化的基础上，广泛吸收各种文化养分，创造了灿烂多彩的民族文化。深厚的历史文化内涵和多元文化特征反映出其具有较好的文化区位。

在亘古延绵的滇中高原，有一块富饶而又美丽的河谷平地——龙川坝子，这就是南华县城所在地。它像一颗璀璨的明珠镶嵌在巍峨的群山之中，仰视着蓝天白云，展示着亚热带独具魅力的边陲风光。登高鸟瞰，它形似一艘由北向南的巨船乘风破浪，扬帆远航。

南方古丝绸滇洱道自东向西穿越南华县城而过。而另一条官道从镇南州城经铺冲、岔河通至姚州府。浓得化不开的千年五尺道、滇缅公路遗存、广大铁路、杭瑞高速公路成就了南华，南华是古道文化的产物，是名副其实的道路博物馆。

在南华，咪依噜风情谷是一个人们经常要去的地方。咪依噜风情谷当地人叫“岔河”，地处南华县城北部，距县城13公里，是通往姚安、大姚、永仁的必经之地。“咪依噜”是一句彝语，杜鹃花之意。也叫“马樱花”，彝族话“罗玛威”，也是传说中彝族美少女的名字。“风情”自然是指彝族的风土人情了，这一带自古就是彝族聚居，如今还保留有地道的彝族风俗。“谷”很形象，那里就是一条山谷，山谷两边植物茂盛，四季葱茏，彝家寨掩映山中，别有一番风情。

咪依噜风情谷属彝族原生态自然村落，被命名为云南省非物质文化生态保护区。共有旅游资源192处，建有乡村旅游接待点10个。境内茂密的森林与恬静的彝村组成一幅田园牧歌式风景。古树、梯田、土掌房、姑娘房、垛木房构成别样的景致。优美清新的环境与热情奇特的民族风情形成鲜明的特色。目前，仍然保留着传统的彝族歌舞、服饰、刺绣以及生产生活方式，热情的“拦门酒”、古朴的喇叭迎宾调、神秘的“姑娘房”、传统的风味菜、醇香的“羊角酒”、动人的原生态山歌、奔放的“左脚舞”等洋溢着浓郁的民族气息。来自四面八方的国内外游客，还可参与爬青山、穿莽林、找菌子、采野花、摘林果等娱乐活动，体验山里人古朴典雅、豁达闲适、宽容平和、热情快乐的“世外桃源”生活，让人感受舒心和愉悦。徜徉于青山碧水间，天高气爽，云淡风轻，野花飘香，万物竞秀。山光水色，美在自然天成；田园牧歌，好在天人合一。这是一片美丽的土地，孕育了山川的旖旎和人的灵性，阡陌小道上铮铮的月琴声，田畴牧场上悠扬的歌调，随风飘来，恍似天庭仙乐，在空寂河谷中荡漾回旋，让人心旷神怡，乐趣无穷。这是一片神奇的土地，养育了一个勤劳勇敢、热情好客、能歌善舞的民族，他们的左脚舞随处可见，犹如盛开在深山野地里的鲜花，常开不败，四季芬芳，生生不息。

小岔河是一个传承了千年的彝族寨子。彝族居住的传统民房、垛木房、青年男女谈情说爱的“姑娘房”、传统的民族服饰、独具特色的婚丧习俗、宗教信仰，充满了神秘的色彩。

《西南彝志·创世志》这样记述彝族祖先：“人们在当初，不曾住地面。野兽花斑斑，跑在森林里。人居于树上，兽与人同处，人与兽相随……传到后来呢，大地有疆界，人到地面来。没有粮食吃，吃草籽树果。没有衣服穿，穿的是兽皮……”

据《云南省志·民族志》《楚雄彝族自治州志》等记载：在距今4000年前，生活在龙川江流域的彝族先民已进入新石器时代，进入了母系氏族社会。在距今3000年前，彝族先民进入了父系氏族社会，他们狩猎游牧，随畜迁徙，无常驻之地，无国王皇帝，是一个热爱生活的民族。

在这里，彝族是一个历史悠久的世居民族。彝族的祖先，仅从文献典籍上查阅，可追溯到六祖时代。据彝族文献《六祖史诗》《西南彝志》等记载：彝族始祖阿普都木原居住昆明滇池一带，后因洪水泛滥避难于乌蒙山一个叫乐业山的地方，其后代有武、乍、涅、侯、布、默六子，后代尊称为“六祖”。后来，六祖在乐业山举行氏族部落分支仪式后，武、乍居云南，涅、侯迁四川，布、默迁徙贵州，从而形成现今分布于滇、川、黔、桂的彝族。现今彝族均认为是阿普都木的后代。

彝族的族称历史上曾有过不少的演变。在汉文献中，彝族的族称在氏族社会称“嶲”（xī），先秦至两汉时期称“嶲”“昆明”，在汉晋时期称“叟”，南北朝至唐初称“爨”（cuàn），唐宋时期称“乌蛮”或“东爨乌蛮”，元明清和民国时期称“罗罗”，中华人民共和国成立后称其为“彝族”。岔河彝族自称“罗鲁颇”。

现在使用的“彝族”族称，是1957年经楚雄专区民族工作组识别调查后提出统一族称意见，经1958年1月楚雄专区各族人民代表大会通过后，报中央人民政府批准后确定的。彝族的“彝”字，取自名词“彝器”“鼎彝”，是古代宗庙常用祭器的总称。当时，毛主席在听了汇报后高兴地说：彝字有米有衣，有吃有穿，叫彝族好啊！由此可见，在我们彝族的族称里，还蕴含着毛主席对我们彝族人民的关怀。

歌舞是彝族文化的灵魂。作为舞蹈的形体语言能为人类所共通，不同国家、不同地区、不同民族的人都能通过肢体姿态来表情达意、传送信息、感悟心灵。正因为如此，舞蹈才能在人类发展史上生生不息，传承至今。在漫长的舞蹈发展过程中，人们逐步赋予了舞蹈一些模仿动物、效法自然、谈情说爱、格斗战争、宗教祭祀、婚丧礼仪、宣传教化、休闲娱乐、锻炼身体等内涵，这就是彝族歌舞传承的源泉。

彝族历史文化领域里的突出成就是十月太阳历和十八太阳历，它们是彝族在长期的历史发展过程中使用的历法，比在此之前被学术界公认为世界最早的历法埃及太阳历早4000多年，是南华籍著名民族学家刘尧汉教授在进行实地调查时发现的。

在彝族十月太阳历中，一个月有36日，一年10个月分5季，每季2个月72日，一年10个月360日，一年终结后另加5至6日为过年日，平年过年5天，闰年过年6天，每四年润1天，以此调整岁差。它以观察太阳和北斗星运动定季节，太阳运动达最南点的日子为冬至，达最北点的日子为夏至，北斗柄正下指为大寒，北斗柄正上指为大暑，并在大暑节附近过年。每次过年，彝族都要对火进行一次大规模的祭祀，火把节就是彝族过年期间的祭火日。从《云南省志·民族志》记载上看，彝族过火把节的时间各地不尽相同，从农历六月二十三日至二十七日都有彝族在过火把节。各地过火把节的时间差异是因为彝族走亲戚、赶热闹和集体活动时间不同等原因造成的。南华县岔河的彝族火把节大多数在农历六月二十四日，少部分是在农历六月二十五日。

彝族崇拜火，视火为神圣之物，颂扬火给人类带来文明进步。在彝族史籍《阿细的先基》中有这样的记载："人类原来不知用火，过着茹毛饮血的生活。有一天雷电击中树木起火，有些野兽被烧死，人们食之，觉味道甚为甘美，以后便开始吃熟食，并发明了取火……"彝族自认为是火的民族，每年都要过一次盛大的火把节，对火进行一次非常虔诚的祭祀。在彝族聚居的地方，人们还能经常看到雕刻在石碑和金属上的火图腾。彝族在乔迁之日，都必须从老家点上火把带至新家。在彝族人民所穿的服装上，也常能看到绣着火的图腾。这些都是彝族火崇拜表现。

站在滇中彝乡，透过历史这扇窗，在我们触摸彝族历史的同时，也深入南华那些过往的岁月。生生不息的民族文化照亮了历史的天窗。这是今天照亮南华向前发展的不灭火把。

滇中处于云南的腹心地位，文化地域性特征非常明显。而南华县处于云南"山"字形地理结构的脊柱部分，是"滇中文化圈"中重要的一环。循着这样一个方向，有必要寻找一个文化突破点，通过"普遍"与"特例"的交织，探寻岔河彝族文化保护传承与发展创新的一般规律，从而服务于地方建设与发展。

从书斋到田野，咪依噜风情谷就这样渐渐地走进了我们内心深处，我们的心底开始亮堂起来。伴随着岔河迁徙、变迁，我们心中便再也割舍不下，有了一股浓浓的泥土气息萦绕周身。

这里所记述的民族历史文化就是楚雄州南华县龙川镇岔河村委会小岔河村，它是岔河村委会最具特色的彝族寨子。那就让我带你走进神奇美丽的咪依噜风情之谷吧！

大事记

古　代

小岔河村民系古代彝族六祖分支——彝族罗罗支系，自称“罗鲁颇”。

明隆庆元年（1567年），有李氏先民为躲避战乱、自然灾害、家境贫困等原因，从牟定县凤屯乡腊湾李家分家迁入，接着有周姓、紫姓从姚安县太平乡各佐村迁入。

小岔河村古代重视人与自然和谐相处，选择居住地的条件为：择水而居、靠山而居、依树而居、有田而居、相对独立、进退有余。

历史上的岔河之地，古代是杨氏土司领地，据《镇南州志略》载：“明杨堂，以明洪武初归附，南征有功，授土巡检世职。”“汉人屯，则土巡检杨氏居之。”汉人屯即现在的南华县龙川镇蟠龙村委会“汉军屯”。清初实行“流官管城，土官管乡”，小岔河村属杨氏土司管辖。

这里的历史名人有：周耀宗，镇南小岔河人。同治中以资助军饷，授六品军功。紫文彩，岔河三家寨人，光绪壬寅年（1902年），授九品御职。

由州城西门外分途北行经双甸河、马鞍山、小岔河至白土坡入姚州境（此为入姚安小路）。因离镇南、姚州两个县城近，交往出行方便。

小岔河彝语称“格邹抵”，意为“星星居住的地方”。小岔河为汉语命名，因村寨地处六条溪流汇聚之末端，河流岔口较多，故名“小岔河”。

中华民国时期

1911年，推翻清朝统治后。1913年，镇南州改为镇南县，设城区团总办事处，直隶镇南县衙，下按街巷分段设置保证乡约，岔河随属城区团总办事处。

1935年，设镇公所，为第一区第一镇，下分设保间，岔河随属第一区第一镇。

1939年，修建的镇（南）姚（安）铁路施工便道，途经小岔河，成了日后公路的雏形。

1940年，改为保甲制，设联保办事处，岔河随属联保办事处。

1941年，滇缅铁路过镇南境内的路基全部筑成，后停修。滇缅铁路从双甸河、马鞍山、大岔河、小岔河、新村经过，遗址尚存。

1942年，联保办事处为镇公所，岔河随属镇公所。

中华人民共和国时期

1949年，在中国共产党云南地下党的领导下，于3月至6月成立了镇南县第一个人民政权机构——“英武”“永宁”“玉屏”政治裁定处，岔河随属英武政治裁定处。

1949 年 7 月，建立南山区人民政府，岔河随属南山区人民政府。

1955 年，设文笔区，岔河属文笔区。

1983 年，设文笔公社，岔河属文笔公社。

1986 年，设有文笔区、龙川镇，岔河属文笔区。

1987 年 1 月，撤销文笔区，扩大龙川镇，新建白衣镇，岔河属龙川镇。

1989 年 2 月，撤销白衣镇，合并龙川镇，岔河属龙川镇。

1990 年 4 月，日本国立民族学博物馆横山广子到岔河考察，回国后，将岔河彝族的民俗风情详细地记载到了她的一本书中，这本书在日本公开出版，引起了更多日本“寻根”者们的兴趣，神秘的南华岔河咪依噜风情谷成了云南的另一个“香格里拉”。此后，峨眉电影制片厂和云南电影制片厂在此拍摄电影《通天长老》《大峡谷》，香港凤凰电视台在这里拍摄纪录片《新娘出嫁》，中央电视台曾在此拍摄文艺节目《火的民族》，并在《旋转舞台》多次播出；日本 NHK 电视台在此拍摄《云南之春》专题节目，并向日本国内现场直播；中央电视台 4 台在此拍摄火把节专题文艺节目，几次向全世界播出。

1990 年 8 月，日本国家文化部官员大城学一行 24 人来到岔河考察，对这个原生态彝族部落的民风民情赞叹不已，并与南华本地民俗专家学者召开学术研讨会。

1998 年，岔河成立“阿哥阿妹艺术团”，由李宗禄担任团长，李宗成担任副团长，开始演出彝族歌舞。

1999 年 2 月 11 日，云南师范大学外事处组织 34 名美国留学生、4 名美国教师和 2 名中国教师到龙川镇岔河彝族村进行旅游考察。

2005 年 12 月，撤销徐营镇，合并为现在的龙川镇，岔河随属龙川镇。

2006 年 4 月，咪依噜风情谷第一个接待点——小岔河丫口村开始营业。

2006年6月，岔河村民李树明带着制作的镇南月琴到昆明参加云南省非物质文化遗产保护成果展，在展厅现场演示传统技艺。

2006年6月，岔河村民李树明被楚雄州人民政府命名为第一批州级非物质文化遗产保护名录。

2006年8月，镇南月琴制作技艺被云南省人民政府命名为第一批省级非物质文化遗产保护名录。

2007年2月23日，岔河村民李树明受省文化厅、省电视台邀请参加了昆明老街庙会的演出，李树明用镇南月琴演奏的节目被评为金奖。

2007年5月1日，咪依噜风情谷开谷迎宾。

2007年9月2日，时任中共中央政治局常委、全国政协主席贾庆林同志到岔河咪依噜风情谷视察，看到这里生态环境优美，人与自然和谐发展，民族风情浓郁，彝族文化底蕴深厚，村容村貌整洁亮丽，乡风文明悦人，他高兴地说："一个彝族山寨这样繁荣兴旺，人民群众这样安居乐业，老人小孩欢天喜地，真是令人兴奋。党的一系列富民政策在这样一个彝族山村得到了很好的落实，很是欣慰。彝族文化历史悠久，丰富多彩。要把彝族文化永续不断地传承下去，保护好、开发好、发展好，促进各民族间的相互交流、相互启发，共同繁荣发展，使彝族文化更加丰富多彩，使彝州的经济社会实力更加增强。"

2007年11月22日，"镇南月琴"制作艺人李树明受省文化馆的邀请到昆明福宝文化村参加首届中国福宝乡村文化艺术节的展演活动，受到组委会的奖励。

2007年12月6日，岔河彝族村民李树明因在楚雄州农业和农村经济发展中做出突出成绩，被楚雄州委组织部、楚雄州人事局、楚雄州农业局、楚雄州财政局表彰为：首届楚雄州拔尖农村乡土人才三等奖。

2008年5月，咪依噜风情谷荣膺国家AAA级旅游风景区。

2009年12月12日至16日，岔河村民李树明在深圳锦绣中华·民俗文化村举行的“云南文化旅游周”中，作为文化传承人参与了云南非物质文化遗产展示活动。

2010年5月，经楚雄州人民政府批准，小岔河彝族村民李宗禄被评为楚雄州第二批非物质文化遗产传承人。

2010年6月18日，岔河彝族村民李树明制作的乐器——“镇南月琴”到北京参加首届中国农民艺术节，被中华人民共和国农业部、中华人民共和国文化部、中国文学艺术联合会评为中国农民艺术节优秀作品。

2010年6月12日，由于岔河彝族村民李树明在保护和传承民族民间优秀传统文化方面做出突出贡献，被云南省文化厅、云南省民族事务委员会命名为云南省非物质文化遗产项目省级代表性传承人。

2010年9月2日，岔河彝族村民李树明带着自己制作的“镇南月琴”参加上海世博会的展览。

2011年10月，岔河彝族村民李树明制作的木刻乐器“镇南月琴”参加云南文化创意周。由于“镇南月琴”在云南文化创意产品领域独具创新性，且社会效益和经济效益显著，李树明制作的“镇南月琴”被云南省文化厅、共青团云南省委、云南省青年联合会、云南省文化创意产业协会评为文化创意优秀产品。

2011年12月，岔河彝族村民李树明制作的“镇南月琴”参加“楚雄州首届旅游商品大赛”，荣获银奖。

2013年，南华咪依噜风情谷景区游客接待中心主楼、停车场、娱乐场、旅游接待包间等旅游附属接待设施建成并交付使用。

2013年4月，经南华县人民政府批准，小岔河彝族村民李宗成被评为南华县第三批非物质文化遗产传承人。

2013年4月，经南华县人民政府批准，小岔河彝族村民周开先被评为南华县第三批非物质文化遗产传承人。

2013年4月，经南华县人民政府批准，岔河村委会紫光顺被评为南华县第三批非物质文化遗产传承人。

2013年9月，经楚雄州人民政府批准，小岔河彝族村民周开存被评为楚雄州第三批非物质文化遗产传承人。

2015年，南华县龙川镇岔河彝族传统文化保护区列入中国少数民族特色村寨。

2016年10月，岔河彝族塑木特色小镇及特色民居改造工程正式启动。该项目投资1500多万元，建设彝族特色民居10幢共计38户、大型浮雕壁画2幅、塑木休闲长廊等景观景点，进一步增强景区的吸引力。与此同时，从县城至咪依噜风情谷公路两侧种植银杏和樱花，樱花烂漫时，形成十余公里的樱花大道。

第一章　自然环境

第一节　地理概况

南华咪依噜风情谷位于云南省楚雄彝族自治州南华、姚安、牟定三县交界处，隶属南华县龙川镇岔河村委会。距省城昆明 210 公里，距四川省攀枝花市 251 公里，距南华县城 13 公里，是一个自然风光优美、彝族风情浓郁的彝族聚居区。面积 43.2 平方公里，海拔 2130 米，平均气温 14.9℃；森林 6.9 万亩，森林覆盖率达 72%，生态良好，环境清幽。

2016 年，小岔河共有农户 50 户 225 人。他们和睦相处，过着相对封闭、男耕女织的自由生活。

20 世纪末，由于特殊的地理位置，特别是彝族风情被外界发现，它被建成旅游景区。2008 年 5 月，咪依噜风情谷荣膺国家 AAA 级旅游风景区。

一、地貌

小岔河地形南北长，东西窄，中间稍宽，四周高山环绕，地势西北高，东南低，马鞍山山脉呈西北—东南走向，绵亘于小岔河山谷周围。地貌以中切割陡坡、缓坡地形为主，山顶多呈浑圆状及半浑圆状，切割不深，相对高差小。河谷分布如“叶脉”，属幼少年期，谷底宽窄随地而异，属高原低中山浅切割缓坡地形。

二、地质

小岔河地质以中生界地层为主，河谷分布如“叶脉”，属幼少年期，谷底宽窄随地而异。马鞍山山脉呈西北—东南走向。

三、土壤

小岔河村土壤共分 5 个土类，有黄棕土、紫色土、红土、水稻土和其他土。适种水稻、玉米、蚕豆、大麦、小麦、大白芸豆以及蔬菜等农作物。

四、河流水系

岔河源自阿噜碑，由北向南从山寨中间流过，岔河水资源丰富，整个岔河彝族山寨共有 4 条河流，7 个坝塘。4 条河流中的 3 条小河（铺冲河、新村河、芹菜塘河）一并流入岔河后流入龙川江；7 个小坝塘分别分布于阿噜碑、飞家、陈官冲、小岔河（2 个）、新村（2 个）；4 条河流 7 个坝塘为岔河提供了充足的灌溉、饮用、沐浴等生产生活用水。尤其是岔河上游总库容 181.8 万立方米的龙山水库的建成，保障了县城饮用水及沿途村寨的灌溉。

五、耕地面积

南华县龙川镇岔河村委会面积有 43 平方公里，有 12 个村民小

岔河上游的龙山水库

组，总户数为471户，总人口为1605人（非农业人口172人）。有耕地1340亩，其中水田629亩、旱地711亩。小岔河有耕地183亩，其中水田93亩、旱地90亩。

六、海拔气候

小岔河属于冷凉的少数民族高寒山区，海拔在2100—2600米之间。这里山清水秀，气候宜人，立体气候明显，以北亚热带季风气候为主，兼有大陆性和海洋性气候特点，四季变化小，干湿四季分明，雨热同季，平均气温14.9℃。雨季多为5—10月，年均降雨量为821.7毫米，年均降雨日为123天，年均降雪日为0.2天。年均日照时数为2412.4小时，日照率为56%，年均相对湿度68%。

七、地名由来

小岔河彝语称“格邹抵”，意为“星星居住的地方”。因村寨地处六条溪流汇聚之末端，河流岔口较多，故汉语命名“小岔河”。

第二节　建置沿革

一、迁入时间

据小岔河李氏家族清光绪十五年（1889年）所立家族灵牌位记载，小岔河建村于明隆庆元年（1567年），至今已有450年。先是李氏人口迁入，接着有周姓、紫姓人口迁入，其中有一部分后来改成“起”姓。现共有李、周、紫、起四姓彝族在这里繁衍生息。

二、历史归属演变

明隆庆元年（1567年），李氏先民为躲避战乱等原因，从牟定县凤屯乡腊湾李家分家迁入，接着有周姓、紫姓从姚安县太平乡各佐村迁入。历史上的岔河之地，古代是杨氏土司领地，据《镇南州志略》载：“明杨堂，以明洪武初归附，南征有功，授土巡检世职。”“汉人屯，则土巡检杨氏居之。”汉人屯即现在的南华县龙川镇蟠龙村委会“汉军屯”。清初实行“流官管城，土官管乡”，小岔村属杨氏土司管辖。和外界一样，向朝廷和地方缴纳皇粮、赋税、服劳役。民国时期编入第一区第一镇。中华人民共和国成立后分属文笔区、龙川镇。

三、政区格局

小岔河村明清时期属杨氏土司管辖，民国时期编入第一区第一镇，新中国成立后分属文笔区、龙川镇。现小岔河建立村小组，隶属于岔河村委会，设村长 1 人、副村长 1 人管理该村。

第三节　人　口

南华县龙川镇岔河村委会 2014 年有 12 个村民小组，24 个自然村寨，471 户 1605 人（非农业人口 172 人），彝族人口占 99.6%。12 个村民小组分别是大岔河、小岔河、新村、陈官冲、三家村、铺冲、飞家、马鞍山、新房子、芹菜塘、阿噜碑李家、阿噜碑起家。其中马鞍山、新房子、三家、大岔河、小岔河、新村 6 个村民小组依山而建，相对连成一个美丽山谷，称为“咪依噜风情谷”。小岔河村有农户 50 户 225 人。

一、族源

《西南彝志·创世志》这样记述彝族祖先：“人们在当初，不曾住地面。野兽花斑斑，跑在森林里。人居于树上，兽与人同处，人与兽相随……传到后来呢，大地有疆界，人到地面来。没有粮食吃，吃草籽、树果。没有衣服穿，穿的是兽皮……”

据《云南省志·民族志》《楚雄彝族自治州志》等记载：在距今 4000 年前，生活在龙川江流域的彝族先民已进入新石器时代，进入了母系氏族社会。在距今3000年前，彝族先民进入了父系氏族社会，他们狩猎游牧，随畜迁徙，无常驻之地，无国王皇帝，是一个热爱生活的民族。

彝族是一个历史悠久的民族，是元谋人的后裔。彝族的祖先，从文献典籍上查阅，只可追溯到六祖时代。据彝族文献《六祖史诗》《西南彝志》等记载，彝族始祖阿普都木原居住在昆明滇池一带，后因洪水泛滥避难于乌蒙山一个叫乐业山的地方，其后代有武、乍、涅、侯、布、默六子，后代尊称为"六祖"。后来，六祖在乐业山举行氏族部落分支仪式后，武、乍居云南，涅、侯迁四川，布、默迁徙贵州，从而形成现今彝族分布于滇、川、黔的状况。现今彝族均认为是阿普都木的后代。

小岔村民自称"罗鲁濮"。彝语语言属汉藏语系藏缅语族彝语支。小岔河属彝语中部方言区，操罗鲁濮土语，北界次方言区。

二、族称

彝族的族称，历史上曾有过不少的演变。在汉文献中，彝族的族称在氏族社会称"巂"（xī），先秦至两汉时期称"巂""昆明"，在汉晋时期称"叟"，南北朝至唐初称"爨"（cuàn），唐宋时期称"乌蛮"或"东爨乌蛮"，元明清和民国时期称"倮倮"，自中华人民共和国成立后改称"彝族"。

三、姓氏

小岔河现共有李、周、紫、起四姓彝族，部分起姓由紫姓改姓而来。

第四节 民 居

咪依噜风情谷6个彝族村寨均依山而建，房舍多在河谷两岸半坡宽敞处，呈东西向，仅中午日照充足。传统民居多为上下两层的大瓦房，正房进深一丈六尺八，正房两侧为厢房或耳房，厢房进深稍浅。岔河彝居分散在山坡上，一户与另一户之间没有院墙，也没有围墙，门前多为开放式绿地，栽桃梨等果树，喜欢养一土狗看护家门，夜不闭户，也不曾见东西丢失，民风之淳朴可见一斑。

过去岔河彝族古老的民居多为垛木房、闪片房、土掌房等。垛木房即用一根根木头垒成木头墙，分上下两层，上面住人，下面一般关猪、鸡、牛、羊等牲畜。彝族根据地理和语言分为北部、东部、东南部、南部、中部、西部六大方言区。垛木房曾经是中部方言区彝族群众主要的住房。以圆木垒垛为墙而名垛木房，一般有上下两层，其顶经历了土顶、草顶、木片顶、瓦顶的演变。彝族居住地森林茂密，居民因地制宜，就地取材，修建垛木房。垛木房结构简单，而且有冬暖夏凉、不易受潮的特点。垛木房是彝族由草原放牧游民变为山地定居农耕居民的历史演变的见证。比垛木房更原始的是土掌房，墙体用土基或黏土舂实，房顶用平实的黏土压牢。土掌房的好处是便于彝人在房顶上晒收获回家的粮食，也可在房顶上跳左脚舞。最原始的岔河彝居可能是闪片房，因为古时没有瓦片，彝族人就将大树砍倒，解成板后用一片片木板联结置房顶遮风挡雨，隔不了几年，木板朽烂后，就得更换新的“闪片”来挡雨。

一、小岔河传统民居基本造型及结构

岔河村大岔河、小岔河、新村三个小组共有农户154户，其中大岔河32户、小岔河48户、新村74户。据调查统计，现存民居大体可分为四类：土木结构传统民居（A类）；土木结构改良型民居（B类）；砖木结构式民居（C类）；砖混结构非传统式民居（D类）。其中大岔河A类民居19户，占59%；B类民居12户，占38%；C类民居1户，占3%。小岔河A类民居26户，占54%；B类民居19户，占40%；C类民居1户，占2%；D类民居2户，占4%。新村A类民居43户，占58%；B类民居20户，占27%；C类民居4户，占5%；D类民居7户，占10%。

（一）土木结构建筑

小岔河小组30号民居为典型土木结构建筑。户主李宗才，家有5口人。房子占地面积600平方米，正房面阔12米，进深9米，有30余年。其院内建筑大体分为正房、耳房、厢房、畜厩（垛木房）。正房楼上楼下共有6间，一层3间，二层3间。一层正中1间为堂屋（即客厅），一侧为卧室，一侧为厨房；楼上3间1间卧室，2间用于摆放杂物；耳房1间、厢房2间都是用作卧室；畜厩2间为垛木房[①]，作饲养家禽、家畜之用。

（二）土木结构改良建筑

大岔河小组29号民居是岔河典型的土木结构改良型建筑。户主

---

① 垛木房：墙体用木头叠起，屋顶为人字形盖瓦。一般建在主要居室的一侧或作为厢房，历史上多为供人起居，现在多为畜厩、堆放杂物、草料的场所，少部分也作为姑娘房。在大岔河、小岔河、新村三个村民小组现存的垛木房有200余间。

昔日小岔河垛木房现为畜厩房

起贵生，家有4口人。房子占地面积400平方米。正房面阔16米，进深9米，已有20余年。正房楼上楼下共8间：楼下1间为客厅、1间为厨房，其余2间为卧室；楼上4间为卧室和杂物堆放处。厢房2间：1间为卧室，1间为客厅；垛木房2间为畜厩。

（三）砖木结构式建筑

小岔河小组21号民居是典型砖木结构式建筑。户主周开助，家有4口人。房子占地面积500平方米，正房面阔12米、进深9米，2002年建盖，正房为客厅、卧室等；厢房1间为厨房。

（四）砖混结构非传统式建筑

小岔河小组31号民居是典型砖混结构非传统式建筑。户主李宗亮，家有4口人。房子占地面积700平方米，正房面阔18米，进深

7.5 米，1996 年建盖。正房楼上楼下 10 间，1 间为客厅，其余为卧室；厢房 2 间为卧室；面房 9 间，其中 1 间为厨房，其余为杂物堆放屋。

二、小岔河彝族民居建筑用材

现存的彝族民居一部分为土木结构式建筑，屋架大都采用云南松，装修用的木楼板多用红栎、青冈栎、泥土、牛粪，面壁、门、窗多用云南松。墙体是用泥土舂紧或用土坯砌成，顶为“人”字形桶瓦罩板瓦。砖混结构建筑则以钢筋混凝土为框架，墙体用砖，并用瓷砖贴面，已基本丧失了彝族的传统风格。

三、小岔河彝族建房习俗

择向　选择地基应根据情况而定，一般选择背靠青山，面对流水的方向，多为坐西向东，楼梯设在居中一间。

伐木　伐木时要先选日子，选吉日（除掉家中主要人的属相）才能上山伐木。伐木时，要选择树干较直、分叉少、树身上疤痕少、没有被火烧过的木材，先砍中柱、圆柱、厦柱。砍好的木头放在山上晾干，在建新房前请村邻或亲戚朋友搬回来。

建新房　建新房前要先选日子，择定吉日，届时亲朋好友都来帮忙，将砍好的木材都集中起来搬到较方便的地方堆放，选好时辰架码、动土、下墙脚石。架码、动土、下石脚要举行仪式。架码时，先将中柱放在木马上，由木匠杀一只开叫的大公鸡，念吉利语。石脚下好后竖柱，柱子竖好后再砌墙，有的是舂墙，大架出水后装修。竖柱也要选吉日，竖柱这一天要请族邻、亲戚朋友来相帮，来的人一般都要送一升米，送点钱。上梁先上中梁，再上其他，中梁正中钉有一块画有八卦图案的红布，钉红布不直接用铁钉而是用旧时的银币，分别将银币钉住红布的四角，还坠上装有大枣、松子、瓜子、银币的三角形红色饰蓝边荷包 2 个，三角上分饰马樱花穗，中梁两端各挂上爆竹一串。上中梁时，将公鸡放在中梁正中，由事先站在上边的两人用绳子拉起放在柱子上，同时鸣炮。中梁上稳后，举行“跑梁”仪式，所谓“跑梁”就是由木匠在中梁上跑动，边跑边念吉利词，同时向东、南、西、北四个方向抛撒五谷。

入宅 进新房时也要选日子，到时邀请亲朋好友前来祝贺。进新房前，要先请好一位踩门人。天亮前，杀鸡、放炮仗，踩门人踩门。踩门后才能进门，踩门人先入内，然后主人入内，后面依次一人挑着米、一人挑柴、一人挑肉、一人挑锅碗瓢盆等，放到新房楼下。之后，烧火煮饭摆上酒宴招待亲朋好友。

四、居室功能布局及装修、家具

（一）居室功能布局

彝族民居大都为土木结构式建筑，布局为楼上楼下两层，楼梯一般设在堂屋靠后山墙，楼上为全封闭式。但不隔小间，楼下主要设堂屋（即客厅）、卧室，楼上一般是仓储与卧室共用。卧室分主人卧室和子女卧室，楼上为主人卧室，父母和老人居住，楼下为子女卧室，男孩住左边，女孩住右边，16 岁以上的未婚女子一般都有姑娘房。历史上，楼下居中一间多为堂屋，堂屋既是客厅又兼做厨房、餐厅，同时又是家人议事的地方。堂屋靠墙一方设有火塘，所设位置一般是沿水或截水向，不设在汲水方向。

（二）装修、家具

传统民居的装修大多以木料、泥土为主。

楼板装修　楼楞（用于支撑楼板的圆木）是云南松，楼楞上面满铺红栎树块或直径为 6 厘米左右的青冈栎圆木，木材上滚上 20 厘米厚的泥土，口面平整光滑，然后再涂上搅拌成浆的鲜牛粪。

堂屋装修　在堂屋内安装的楼梯前装有高 2.5 米、宽 2.2 米的屏壁。屏壁两边设有两个拱形门洞：一个门洞上楼，另一个门洞进楼梯间。屏壁上挂有中堂，前面设有一张桌子。

门、窗、面壁装修　堂屋门多是用高为 1.8 米、宽 0.5 米的木制双扇门，左右两间房门为高 1.9 米、宽 0.9 米的单扇门，窗子多为梭窗或用木方条做成的花窗，现在一半左右的民居安装玻璃窗，但窗格制作仍保持传统的风格。面壁多用方条、木板装修，少数民居使用砌砖钢窗。

家具　木桌子、木柜子、木凳子等，随着经济的发展，彝族民居的家具也发生了变化，部分家庭有大衣柜、沙发、茶几、电视机、收录音机、音响、缝纫机、电话机等。

五、公共设施

姑娘房　岔河 12 个村民小组，过去每个小组都有姑娘房，人口多的小组有 2—3 间姑娘房，人口少的小组有 1—2 间。姑娘房有垛木房，也有土木或砖木结构的小平房，是未婚青年男女谈情说爱的地方，多在村边或僻静处。

小学校　过去小岔河彝族村寨大都有小学校，孩子读书比较方便。近年大量撤并学校，给孩子们上学造成诸多不便，特别是幼小的学龄前儿童。目前，岔河有岔河春蕾小学一所，设置 5 个班，包括 1 个学前班、一至四年级 4 个班，有 100 多名在校学生，教师 7 名。

村卫生室　村委会设有卫生室，有乡村医生 2 名，病床 2 张。

村文化室　岔河彝村过去没有专门的文化室，近年国家加强公共文化设施建设，建有“农家书屋”，收藏各种图书千余册。

小岔河神秘姑娘房

墓地　位于各自然村所在地的山坡上。如小岔河祖坟位于堡冲。水井二口，位于大岔河小组。如起家大院月牙泉旁的古水井就是其中之一。

六、公共活动场所

跳歌场　小岔河彝族跳歌场位于大岔河小组的火把山上，是岔河彝族同胞们过火把节的地方。跳歌场占地 700 余平方米，可容纳上千人。除跳歌场外，周围的松树林是跳歌娱乐者休息乘凉的地方。到了农历六月二十四日这一天，岔河的男女老少都会集中到跳歌场，跳起欢快的彝家左脚舞。

噜依噜风情谷雕像

文化活动室　岔河文化活动室位于大岔河小组的岔河村委会，占地约 200 平方米。有砖木结构平房两间：一间是农民文化技术学校，另一间是文化活动室。

篮球场　小岔河彝族村寨过去无篮球场，村小学内一般有篮球场，供学生锻炼之用。近年随着国家对公共文化设施投入的增加，小岔河部分村寨已建设篮球场。

七、环卫设施

小岔河彝族过去无环境卫生设施，但村民有每天起床先扫地的习惯。先扫屋内，后扫庭院，环境卫生是一户家庭的脸面。2004 年 6 月，小岔河作为全州“群星文明工程”的试点，建造了 11 个垃圾处理池，改善了原来乱倒垃圾的现象。

近年来，彝家人的生活一天天富裕了，盖起了一幢幢漂亮的钢筋水泥房子，但令人担忧的是小岔河那些具有古老传统的彝寨风貌，彝族特色民居将会在历史的长河中渐渐被湮灭。如何不拒绝现代文明，又不丢失传统古朴，把彝族的民族传统文化与现代文明糅合在一起，这是当地人时时思考的问题，也是他们寻找的民族文化发展之路。

第二章　风土人情

第一节　饮食服饰

一、饮食文化

宰羊待客是小岔河彝族对待客人的较高礼节，而且这是南华彝族的一个传统。光绪《镇南州志略》说："婚丧宾祭，惟用鸡豚。旧俗相传，不食牛犬。山禽野兽，间供庖厨。夷人畜羊，宴宾专用。"羊肉主要是彝族人家用来款待宾客的传统礼遇。

（一）主食

小岔河彝族以大米和小麦为主食。历史上的大小岔河、新村种植过稗子[①]。大米和稗子的食用方法很简单，用甑子或铁锣锅煮熟即可食用。小麦则是先将其磨成面粉后制作成麦面粑粑、麦面果再食用。

在岔河历史上，玉米饭也是主食之一。其制作过程是将玉米晒干后磨成面粉，将玉米面放在开水中搅拌，干湿适度，然后放在簸箕里面筛簸，筛簸成球状的颗粒，放在甑子里蒸，蒸熟后即可食用。

① 稗子：其形状与大米差不多，比现在的大米小，但食用起来口感较粗糙。

1. 苦荞粑粑

过去这里的彝族都擅长种荞。每年的农历六月二十四日，即彝族火把节时，是荞成熟的时节，也是这里彝族的第一个尝新日，即尝苦荞粑粑。其制作过程是把荞磨成面粉后（过去用水磨或推磨磨，现在大部分用磨面机）。在荞面中加入红糖或白糖水后搓揉，称为“和荞面”，放上酸矾和小苏打，把荞面揉均匀，放一个小时左右时间，待荞面发酵后，放在锅中蒸熟。蒸熟后不能吃，要先拿一部分祭老祖公，等老祖公尝过后，人才能吃。苦荞粑粑味道独特，苦中有甜，吃后清凉解毒。

2. 凉粉

这里彝族的凉粉大多用豌豆、蚕豆或大米为主要原料，把豌豆、蚕豆或大米磨成面，把面放在水中搅拌均匀，在沸水中煮，边煮边搅动，煮熟后，用盆装好，待冷却后用刀子切成条或片状凉拌或煮后食用。

3. 小米粑粑

谷子在这里历史上就已种植，现在也在种植少量的谷子。小米粑粑的制作是把小米放在锅中炒，然后磨成面粉，把面粉掺水搅拌均匀，揉好后放在锅中炕，熟后蘸蜂蜜食用。

（二）酒文化

这里是松茸的生长地，岔河彝族同胞擅长泡制松茸酒，在松茸成熟的季节（每年的7—10月份），取鲜松茸放在酒中，可以加上枸杞、大枣、冰糖等。这种酒可以消食健胃、止咳、祛除风寒。

1. 秆秆酒

彝族口味喜酸、辣，嗜酒，有以酒待客之礼节。彝族民间或家庭中将玉米、高粱、糯米等加入酒药后放入封闭的坛子，制成“秆秆酒”，在西南地区是有名的。待出酒时，插入一通节的竹竿，边吸边饮。第一口必须由家长敬神，方可按长幼依次饮用。

2. 转转酒

或在锅庄旁，或在路野、草坡、河边，彝族男女三五成群席地而坐，只用一两只有限的酒碗一人一口从右至左依次轮转着喝，每个人喝后都要以左手横擦碗沿为礼，再递给身边的人。只喝酒，没有下酒菜，汉族人称“喝寡酒”。喝转转酒是彝族以酒交往的社交方式。

3. 三道酒

彝族以酒待客，用酒表达对客人的热情、诚恳、豪爽、仗义。“三道酒”是彝族接待贵客的礼节，一般尊贵的客人就可以享受这样的礼遇。

第一道酒为拦门酒，即在门口迎接客人，彝家人吹长号、唢呐，弹起月琴、载歌载舞，欢唱“迎客调”。客人一到，就由盛装的彝家姑娘献上一杯美酒，如果酒杯内放有树叶，则表明要客人当场回唱一首酒歌。

第二道酒为祝福酒，即为尊贵的客人敬上双杯美酒，同时，还要献上祝酒歌。敬酒歌可一人唱，也可集体唱。

第三道酒为留客酒，即当客人要离别时，主人送客到门口时请客人喝下的离别酒。敬酒时，长号、唢呐同时吹奏“留客调”，男女青年欢歌起舞，主人手捧酒杯，唱起送行调，客人必须把这杯酒喝完才能启程。敬三道酒是彝家人接待贵客的最高礼仪。

（三）婚嫁时的餐饮

这里办喜事时的肉食以猪肉、羊肉为主，其他蔬菜为辅。宴席摆在青松毛上，菜肴做双不做单（即八碗、十碗、十二碗等），包括方形坨坨肉、羊肉粉蒸、肝生、凉拌树花、素炒祖芽、豆芽菜等。

（四）火把节时的餐饮

火把节是这里彝族一年中与春节一样重大的节日，火把节这一天即农历六月二十四日，全村的彝族同胞集中到跳歌场，欢度他们的节日，主要以食羊肉汤锅、羊肝生为主，近几年来还有烤羊肉、凉粉、凉米线等。除此之外，农历六月也是荞成熟的时期，农历六月二十四日这一天是荞的尝新日，当天会食用苦荞粑粑。

（五）特色食品

这里彝家的菜谱丰富多彩，别有风味，其特点概括起来为麻、辣、香、酸四个字。以辣椒、花椒、姜、蒜、草果为主要烹调配料。制作方法有烤、蒸、煮、剁、腌、凉拌等。以下是几种特色菜的主要制作方法。

1. 坨坨肉

彝族待客大方、豪爽，大碗喝酒，大口吃肉，吃坨坨肉是彝家最大餐饮特色。不论猪肉、羊肉、牛肉，都砍成方方正正的大块坨坨肉，煮肉时总是大块大块地煮，一块就有茶盅那么大，一点都不小气，让你吃个够。彝家坨坨肉主料为鲜土猪带皮五花肉。将咸酱油、味精、小米辣、香葱、精盐盛小碗内调匀、制成蘸汁。将猪肉皮上的毛茬刮净、油污洗净，然后放锅中煮熟取出，切为坨块盛碗内，与蘸汁一起上桌，蘸食。此菜酥软，味美爽口，为彝家名肴。

2. 骨头生

这里的彝家在每年杀猪的季节，各家各户都会制作骨头生。将猪肉在盐水中腌制，把骨头、肠肚等剁碎后，放上盐、辣椒、花椒、草果等佐料，搅拌均匀后放在土罐中，把腌肉的盐水倒入土罐中，腌制半年后，取出在锅中煮或蒸后即可食用。

3. 猪肝生

猪肝生是这里彝家最具特色的一道菜。原料：盐、花椒、生猪肝。在杀猪时，取生猪肝（经有经验的人鉴定后可生食的猪肝），把生猪肝剁细，放上盐、花椒拌匀，几分钟后即可食用。

4. 羊肝生

羊肝生与猪肝生不同，羊肝一般不能生食，因为羊肝内的寄生虫比猪肝的多。羊肝生的食用方法是，用水将羊肝煮熟，冷却后，切成丝状，拌与凉菜中，熟羊肝拌在凉菜中，会使凉菜的味道变得鲜美可口，这就是岔河有名的羊肝生。

5. 鸡肝生

彝族人喜欢鸡肝生下酒，一般不吃鸡肉，而是将最好的肉用于剁鸡肝生。鸡肝生的做法和原料与猪肝生差不多。不同的是剁入比较嫩的芭蕉心，水分多，喝酒不烧心，且解渴。

6. 凉拌树花

树花是这里有名的野生菜。将采摘的树花放在火灰水中煮，煮熟后晒干，食用时，把树花放在开水中泡 5—10 分钟，冷却后，加入醋、酱油、花椒、辣椒、芫荽、味精等佐料，拌好后即可食用。凉拌菜除凉拌树花外，还有凉拌蕨菜，制作方法大致相同。这道菜清凉可口，是彝家喜爱的菜肴。

7. 腌制品

腌制品也是彝族的特色菜之一，主要有腌猪肉、腌菜、腌卤腐。用盐、花椒、辣椒、姜丝等佐料腌制。

8. 烤羊肉

烤羊肉或烤全羊是近几年才出现的新生事物，历史上没有。宰羊时，取羊肉，将其拌上花椒、盐、辣椒、味精、酱油、香油等，腌制半小时后，在火上烤，烤熟后即可食用，烤羊肉是近年来这里彝族同胞用来招待贵宾的菜肴。

9. 彝山松茸鸡

主料：鲜松茸、仔公鸡（去毛去内脏）。辅料：枸杞、大枣（去核）、鸡油。调料：精盐、味精、胡椒粉。制法：松茸去根、去黑皮改成坨；将鸡洗净放入盛清水的砂锅中慢慢煮沸，舀去浮沫继续炖煮。待鸡炖至八成熟时，放入松茸坨、枸杞、大枣，加进精盐、味精、胡椒粉拌匀，继续炖至鸡熟，淋入鸡油拌匀即成。此菜菌香肉嫩，香醇可口。

10. 地莲花（或祖芽）

取整个地莲花，去除头部及根部，剥去老皮，留下肉质好的中部。先切好，用火灰（子母灰）水煮或苏打水煮，煮好后用清水漂洗干净。可即时吃，或晒干后炒吃。具有降血压和减肥的功效。

11. 自制魔芋

将魔芋洗净，戴橡胶手套（因魔芋液会烧伤皮肤）将其除皮，用粗糙的瓦片将魔芋擦成浆，边擦边加上火灰（子母灰）水，用火灰水煮即可。具有润肺和减肥的功效。

12. 苦荞粑粑蘸蜂蜜

苦荞粑粑是彝族人民的主食，苦荞具有清凉爽口、又醇又香的特点。味道略有清苦。蜂蜜味甜，具有生津化痰，清热解毒的功效。每当春暖花开，盛产蜂蜜的季节，将苦荞粑粑烧好或煎好后，从蜂蜜桶里取出彝家自制的蜂蜜，直接蘸食苦荞粑粑。苦荞在彝族心目中是五谷之王，苦荞粑粑成为当地的一道风味食品。在祭坛上供奉它，在起房、婚嫁时使用它，在招待宴席上总少不了它。彝族人民用火灰（子母灰）烧出的苦荞粑粑，摆上十天半月不会变质。苦荞粑粑蘸蜂蜜进餐，苦甜爽口，回味无穷。研究结果表明，荞麦中富含蛋白质、脂肪和具有保健功能的多种矿物质元素及多种维生素、氨基酸。有软化血管、降低血脂的功能，对心血管疾病和高血压有较好的预防、治疗作用，对控制和治疗糖尿病总有效率93%。另外，它还有健胃、清热等功效。

13. 彝家腊肉

主料：土猪腿肉。调料：精盐、花椒面、白酒。制法：每年冬至后取鲜猪腿加精盐、花椒面、白酒腌制30天后取出风干备用。吃时取腊肉洗净，放入锅中煮熟，取出切厚片装盘即成。此菜肥而不腻，香糯爽口。

14. 野坝棵煮鸡

主料：去毛内脏土鸡。辅料：野坝棵、腊肉、草果。调料：精盐。制法：鸡漂洗干净剁坨；腊肉洗净切为片；野坝棵用清水洗净。将鸡、腊肉、草果、野坝棵盛土锅内，注入清水煮沸，舀去浮沫，加入精盐，煮至鸡肉酥软后即成。此菜鲜香酥嫩，香味独特。

15. 咪依噜风情谷小吃

这里成为AAA级旅游风景区后，一些外来美食在小岔河彝村流行起来，如回族的小锤干巴，傣族的撒撇，还有其他民族的牛汤锅、烤红薯、火烧洋芋等。夜晚也有了吃烧烤喝啤酒的地方。

16. 全羊汤锅

这里主要选用肥壮的黑山羊，宰后去毛，开膛洗净内脏，用火燎去羊头、羊脚皮毛，在炭火上烤黄后用锤锤碎内骨，最后连羊血、肚杂、羊肉全部切块一锅煮。这种吃法的好处是无膻味、汤白、味浓、肉香，而且营养丰富。全羊汤锅既是彝族人民喜爱的风味名吃，也是最大众化的美食。是彝族逢年过节的首选美食。

二、服饰文化

服饰和语言一样，是一个民族的外在表现形式，并随着时代的变迁而发生着变化。现在就小岔河彝族传统服饰式样及传承情况做简要介绍。

（一）小岔河彝族妇女服装

过去岔河彝族妇女传统服饰基调以黑色和蓝色为主，美观大方，但色彩比较单一，布料以麻布为主。随着社会经济的发展、生活水平的提高，现在小岔河彝族服饰较从前有了较大的改观，所穿衣服色彩鲜艳丰富。现在的岔河彝族妇女喜着红色、粉红色、黄色、绿色等色彩鲜艳的衬衣，黑色右开襟圆领领褂，未婚女子喜系花围腰，穿黑色裤子。

领褂和围腰上绣有传统的花纹图案。衬衣布料一般用的确良，黑领褂一般用黑金丝绒，花围腰是用棉布加工后，绣上花制作而成，裤子多为黑色直筒裤，布料多为棉布和化纤布料。部分时尚女青年还从商店买回时装裤，自己在裤脚边上绣上各种图案，这种改良既

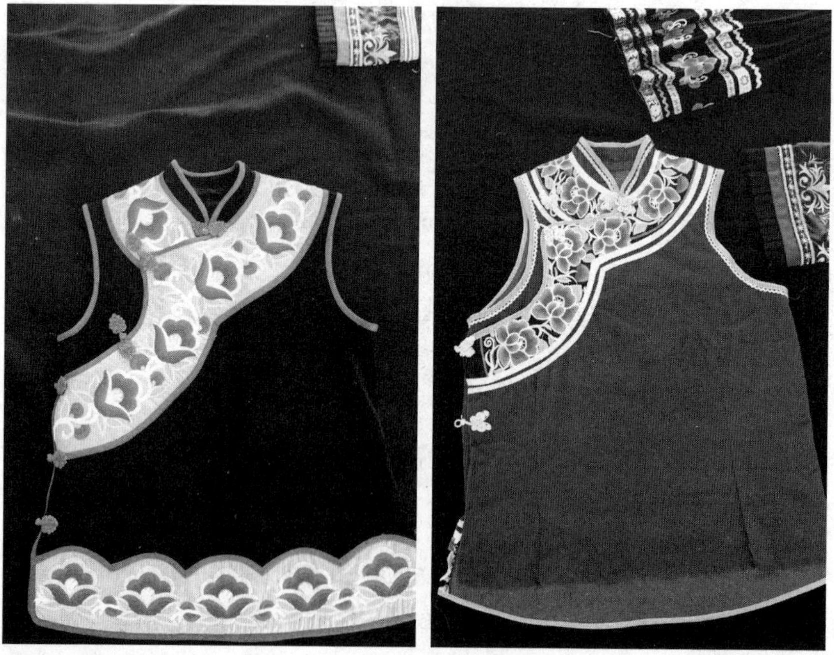

岔河女子服饰

岔河妇女服饰

岔河彝族老人服饰

岔河彝族小女孩服饰

新潮又不失传统。逢喜事时穿绣花鞋，戴挂满了流苏的绣球帽，漂亮实用。

（二）小岔河彝族男子服装

岔河彝族男子过去的服饰布料大都以麻布为主，富贵人家穿火草领褂。一百多年前的男子曾穿过长衫，留长发辫子。随着社会经济的发展，男子改为内穿白色衬衣，外穿绣花对襟领褂，底色为蓝色或黑色，时下最时尚的是洁白绣花的火草领褂。在过去，岔河彝族男子下穿黑色大裤筒，腰系麂皮兜肚，身背麂皮包，带短刀，刀放在麂皮刀壳中。天气寒冷时，岔河彝族无论男女老少都会穿上羊皮褂或麂皮褂御寒。

岔河彝族男子服饰

（三）小岔河彝族腰饰和首饰

岔河彝族女子过去和现在都系腰带，即围腰布。一般系在胸前至后腰的绣花腰带花纹比较精美，长长的绣花腰带系在彝族女子身上，给人一种飘逸流动的感觉，特别是跳左脚舞的时候腰带随舞姿摆动，十分好看。岔河彝族人喜欢佩戴银首饰，儿时戴银项圈，寓示保佑孩儿健康平安。戴老虎帽，帽子上常镶嵌银宝以示祝福。在年轻未婚女子的花围腰上安上银质梅花链，挂在脖子上既美观大方又实用。其他的首饰还有银耳环、银手镯、银戒指等。清末福建诗人黄大琮有诗言："彝妇奇妆别样新，秃衿阔袖裹青巾；重环大小齐垂耳，压领长拖一串银。"

绣花腰带

岔河年轻女子头饰

（四）小岔河彝族发型与头饰

小岔河彝族妇女总爱把头发梳到头顶挽成髻，用黑布包头，一般是从右边绕过来，从左边包过去，包的过程中要把所有的头发都包在里面。年轻女子头上戴的是纱帕，纱帕上面直立着数根饰有绒球的弹簧或花朵，绒球是用毛线制作而成，用一根弹簧将绒球与纱帕连在一起，绒球随着身体的运动而不断在跳动。

岔河彝族男子在100年前，除和尚外，头上都蓄着长发，梳到头顶，挽成个髻，用黑布包头。后来逐渐剃掉了长发，留当时所说的“东洋头”，已不再用黑布包头，有部分彝族男子（大多为老年人）戴帽子。

（五）装饰挂件及身体装饰

小岔河彝族的装饰挂件一般以银器为主，有银挂链（一般为年轻未婚女子的花围腰上佩带）、银耳环、银手镯、银戒指、银项圈（儿童佩戴）等，大多是上辈传下来的，一部分是首饰加工店加工制作而成。彝族是追求美的民族，除了银挂件外，年轻女子头上戴上花饰或绒球，既美观又大方。彝族女子还有背挎包的习惯，挎包上绣上精美的图案。

（六）裹背及摇篮

裹背　这里彝族的裹背比较精致，用棉布做成表布（即用几块布粘在一起），把它裁成凸字形状，再用柔软的黑布粘在最外层，然后绣上精美的图案，再缝上两根通过精心制作的裹背带即可。背孩子时，用裹背把孩子包在中间，然后背在大人的身上，裹背带系在大人的身体上，这样行走起来，孩子比较舒适，大人也比较轻松。

摇篮　这里的彝族几乎每家都有一个摇篮，它是婴儿睡觉的用

小岔河彝族装饰挂件及身体装饰

具，摇篮内放有柔软舒适的小被褥，婴儿睡在里面，盖上纱巾、黑布之类的东西，母亲或老人就边摇摇篮边讲故事，不知不觉中孩子就睡着了。摇篮还有一个比较重要的用途，一般都在摇篮上系上比较安全的背带，大人上街或步行到较远的地方时，把婴儿放在摇篮内，背上摇篮行走。

岔河彝族裹背

岔河旧时婴儿摇篮

第二节　岔河风俗

一、生育

女性有身孕后，女性长辈会提醒孕妇不做重活，特别是在怀孕的头几个月里，要非常小心，注意保护身体，预防流产。长辈还教授彝族的一些禁忌。如严禁孕妇爬果树摘果子，认为摘果子与孕妇生产有相似之处；严禁孕妇参加村里的丧葬事务及一些宗教祭祀活动；临近分娩时，丈夫和公婆要事先备好自制白酒、红糖、鸡蛋和其他营养食品。

民国时期及以前，彝族女性很少求医助产，因难产丧命的妇女不少。那时一般由村里的接生婆接生，即民间接生。当孩子出生以后，产妇要用当地的草药（接生草、风藤草、箐鸡尾等），还会取河中鹅卵石四枚在炭火中烧透后放入草药水之中蒸洗。如生女孩，第二天一早女婿要背一只母鸡到丈母娘家报喜；如生男孩，第二天一早女婿要背一只公鸡到丈母娘家报喜。丈母娘家则备好鸡、鸡蛋、猪脚、红糖等随女婿看望女儿。

在孩子出生后的第三天，会给孩子办三朝。这天早晨，在太阳刚露出来时，女性长辈会要求孩子的母亲抱着孩子到院子里，让孩子见见光，希望孩子像初升的太阳一样充满朝气，平安长大。在三朝礼中，女性长辈参与孙辈的取名，寄托他们对孩子的祝福期望。之后在孩子出生后的第七天或七天以后的一个吉日进行摆祝米酒的仪式，表达家人对新生命到来的喜悦，也希望通过这个仪式为孩子驱除邪秽，求神灵保佑孩子健康成长。在摆祝米酒中，外婆家会带来裹背，一般由女性长辈（外婆）亲自缝制，意寓将自己对孩子的祝福满满的包裹在里面，希望孩子健康成长。小岔河彝族明清以后逐步使用汉姓、汉名。分为乳名和学名。

二、婚俗

（一）姑娘房

在南华岔河村民委员会人口组成中，至今还保留着高达99.6%的彝族成分。在咪依噜风情谷，过去每个村子都有自己的姑娘房，三家寨、丫口村至今还有姑娘房遗迹。

传统的姑娘房是专门为彝家未婚男女青年社交、娱乐及谈情说爱提供的活动场所。大凡是彝族村寨，过去每个山寨都有一两处“公房”作为姑娘房供村中未婚女子居住。姑娘房大多位于村边一隅静谧的地方，也有的姑娘房建在寨子中心。旧时的姑娘房大多为垛木房，房内一般搭有多张床铺，一张挨一张连在一起。小的姑娘房放三五张床不等，大的十多张床可住十余对人。在南华岔河咪依噜风情谷12个自然村中，过去村村都有自己的姑娘房。现在岔河丫口村的“夫妻树”旁，还保留着一个用木头搭建起来的垛木房的姑娘房。在南华咪依噜风情谷，流传着这样一句话：“谈情说爱姑娘房，冬暖夏凉垛木房”。姑娘房其实质内涵就是彝族原始“公房”的一种演变，这里的彝族至今还保留着“舅舅为大”的民间习俗，是彝族母系社会男方走婚制的遗迹。

彝族少女在进住姑娘房时，有一个很隆重的成年人洗礼仪式。就是彝家姑娘到了十四五岁的时候，会请毕摩选择良辰吉日，由母亲或家族中的女性长辈作主持，在同村女伴们的陪护下，挑来清澈的龙水为女儿洗澡净身，点烛、烧香、叩首，然后帮她换下孩提时代的童装，即白褶裙，穿上标志彝族成年女性的黑裙子或黑裤子，边换裙子边说些祝福吉祥赞美的话语。然后众人带着姑娘用的床铺、被褥、木凳、柴火等，簇拥着送姑娘到专门为她们建盖的姑娘房中去居住，也意味着从这天起，彝族姑娘就可以在姑娘房里与小伙子谈情说爱了。

彝村的姑娘夜晚虽然都集中居住在姑娘房里，但白天则各自回到家中跟父母兄弟一起劳动，一起吃饭喂猪。晚饭后再相约集中到姑娘房里住宿，在一起做针线活、绣花、聊天、唱山歌。到了跳歌日、赶街日、赶会日，或外村其他民族未婚男青年结伴到本村时，这些小伙子就在窗下与姑娘们对歌，对歌对出感情的就可以进姑娘房，姑娘们会准备一些香烟、瓜子、糖果之类的小零食招待。在姑娘房里，小伙子们弹月琴吹笛子，姑娘们吹树叶或唱彝族“调子”，跳左脚舞，大家一起自由地玩耍，结交朋友，交流思想感情。最奇特的是，夜深了，来到姑娘房里的小伙子会被姑娘们留宿在姑娘房里，即相互有好感的一对男女青年一对一同床，和衣而睡，相拥而眠，谈情说爱。他们彼此相互尊重，用真情维系着纯真的感情，从来不会越雷池一步，千百年来，彝族少男少女在姑娘房里自觉接受几千年来的传统道德约束。

彝族姑娘房是个神圣自由的地方，是未婚男女的天地，但也有着许多严格的禁忌和规矩：姑娘房只准未婚男女青年出入。除此之外，已婚男女禁止进姑娘房，同姓同族的未婚男性也不能进姑娘房。在姑娘房中，若有自己的长辈或家族中人时，小伙子也不能进姑娘房。彝族男女青年在姑娘房留宿期间，一切均由姑娘们招待，做父母的也不能进姑娘房，最多只能在门外偷听或门缝中偷看。最严格的禁忌是小伙子们在姑娘房留宿期间，绝对不能对姑娘“动手动脚”，有非分之想或稍有越轨的小伙子，会遭到众姑娘的拳打脚踢，被驱赶出姑娘房，给他起个很难听的绰号，从此坏了名声，受到十里八乡彝人的鄙夷，今后任何姑娘都不会再与这样的人谈恋爱，一辈子的婚姻大事也就被毁了。彝家小伙谁也不愿自己成为遭世人唾弃的人，绝对是不会做出你想象的那种事的。这就是彝族姑娘房男女青年婚前同床动嘴不动手的奇特故事。

在姑娘房里留宿了一夜的小伙子们，不等天亮，就会早早起床，与姑娘们告别，相约再次来姑娘房的时间，然后悄悄地离去，姑娘们也各自回家参加劳动。如果第二天姑娘发现自己的手帕、头巾或其他物饰被昨晚来的小伙子偷偷拿走了，则表示这个小伙子看上了这位姑娘，下次见面时，小伙子也会回赠姑娘一件有纪念意义的礼物。如果姑娘对小伙子不满意，那么下次他再进姑娘房时，姑娘身边可能会是另外一位彝族小伙子，原先相好的小伙子就应该自觉而有礼貌地离去。

按照彝族风俗，小伙子在未看上意中人之前，是可以十里八寨随心所欲去串姑娘房的，有时一晚上从这寨串到那寨，连串几个姑娘房也不奇怪。但一旦选中了心上人之后，就不能移情别恋再去串其他姑娘房了，必须尽快告诉父母请媒人去提亲。若是男方在一个月内没派媒人来提亲，那就意味着婚事吹了。彝族男女青年在姑娘房中谈情说爱时，女子有绝对的选择权和决定权。男方来提亲，女方有权拒绝，无论哪方愿意或不愿意，一切都在姑娘房里表达或解决。

每当夜幕降临，姑娘们都会精心打扮一番，等待心仪的小伙子们来姑娘房约会。村寨中的姑娘房来的小伙子越多、越热闹，说明这个村中的姑娘越漂亮、越能干，人缘好，讨人喜欢。喜欢姑娘的小伙子越多，做父母的就会越有面子，脸上会越有光彩。彝族少女就是这样在姑娘房里选择自己的爱情，定下自己的终身，从此两个人幸福地生活在一起。她们忠贞、圣洁、坚韧，敢爱敢恨，视爱情为生命，姑娘房见证了她们忠贞浪漫的爱情故事。就这样，彝族青年男女通过姑娘房这个交流平台，传递思想感情，直到双方情投意合后，再请媒人说亲。有些地方姑娘出嫁时也是从姑娘房出发，姑娘房的所有姑娘陪同新娘一起给父母唱哭嫁歌。结婚后的彝族姑娘就不再进姑娘房了。

多么美妙奇特的彝族姑娘房！假若有一天你来到了南华咪依噜风情谷丫口村，一定要走进“夫妻树”旁的姑娘房看看。

（二）婚姻圈

小岔河彝族过去通婚范围较窄，婚姻圈较小。一般不与其他民族通婚，这里的人口，至今仍保持99.9%的彝族。但随着经济社会的不断发展，这一习俗已经有了很大转变，过去在姑娘房谈恋爱，如今姑娘房消失后，现在大部分彝族青年外出打工，多娶外地女子，订婚、结婚风俗不变。彝族实行一夫一妻制，历史上，通婚范围大致遵循着民族内婚、支系内婚、家族外婚、姨表不婚、姑舅表优先婚配的原则，不同班辈亦不得结婚。中华人民共和国成立前若与其他民族通婚，按习惯要处死或逐出家族。严禁家支内婚，同宗、同姓通婚视为乱伦，违者处以死刑。严格执行等级内婚。近年来，随着近亲结婚危害性的宣传，姑舅表兄妹结婚的现象有所遏制，与其他民族通婚的现象逐渐增多。彝族男女青年在婚前享有社交和恋爱的自由，父母对儿女婚姻很少干涉，男女婚姻自主。

（三）恋爱

小岔河彝族男女青年过去恋爱订婚比较早，少女成年，要举行成年仪式。彝族少女成年的换裙仪式，彝语称为“撒拉火”，意为脱去童年的裙子，换上成年的裙子，俗称“换童裙”，在少女13岁或十四五岁时举行。换裙前的女子梳单辫、穿耳线，着红、白两色两截裙，裙边镶有一粗一细两条黑边。彝族少女换裙的具体时间由母亲掌握，要选择吉日佳期举行，这一天家里像过节一样喜气洋洋，富裕者要杀猪宰羊，大宴宾客，穷困者至少也要杀鸡买酒，招待邻居。换裙仪式只邀请女性参加，不允许任何男子在场。仪式的主持人是村里被认为是无灾无祸、人财两旺的老年妇女，彝语称她为“衣者衣莫”。彝族少女举行成人礼时，由众姑娘携铺盖送行入姑娘房，从此即可以在姑娘房谈情说爱。

姑娘们白天放牧或做农活，晚上就到姑娘房歇息居住。她们在姑娘房，没有父母的约束和其他亲人的忌讳，可以自由的谈天说地，嘻嗔笑骂，结交男友，交流感情，直至找到意中人，男女双方禀告父母，请媒人说亲，需要谈婚论嫁缔结姻缘时才离开姑娘房。由于青年们能够自由交往，经过全面细致相互了解、情投意合后才恋爱结婚，所以这里的彝族大多数家庭较为和睦稳定。姑娘房作为男女青年谈情说爱交往的场所，是母系社会男方走婚制的遗留痕迹。姑娘房实质内涵是彝族原始公房的一种演变形式。随着社会经济文化的发展，新世纪以来，大部分年轻人外出打工，社交圈子不断扩大，对象一般需从外地带回，本地很难找到。完婚一般要遵循相亲、说媒、订婚、迎娶、回门的礼仪程序。

（四）相亲说媒

这里的彝族青年男女通过在姑娘房里相互认识，各自挑选互有好感的对象互诉衷肠，相互初步确立关系后，男方请一媒人作为婚姻中介人进行说媒，双方家长同意后确立恋爱关系。

相亲是指为未见过面的男女提供见面的机会；说媒是指相亲后如果双方中意，由媒人作为婚姻中介人进行说媒。订婚也称“吃订酒”，是经媒人和双方家长商定日期，由男方和媒人带上酒肉和订婚礼品到女家，宴请女方家长和长辈亲戚，商议结婚事宜。自吃订酒之日起，男女双方即属未婚夫妻，一般不得改变反悔。

（五）订婚

小岔河彝族青年男女经谈恋爱确立关系后，在正式结婚前，要举行一个订婚仪式，告知亲朋好友及邻里乡亲，她（他）们已订下终身大事。

“订婚”本地俗称“吃订酒”。“吃订酒”又有“吃小酒”和“吃大酒”之分。“吃小酒”是第一次上门提亲，男方家带烟酒糖茶即可，是试探性的，没有外人，显得比较简单，如不“吃大酒”，这“吃小酒”是不算数的。故在小岔河彝族，要经历“吃大酒”才算正式“订婚”。

在“订婚”仪式上，男方要给女方的内亲（爷爷、奶奶、父母、舅舅、舅妈等）一人买一套衣服，拿上一个猪腿子（腊火腿），20公斤白酒和一些瓜子、糖果、烟茶（在“订婚”仪式上供来客享用），再准备两瓶白酒，在瓶脖子上拴上红线，放在家堂上。然后在家里准备“订婚”宴席（一般是晚饭。当然，第二天早上还要继续招待亲朋好友）。等亲朋好友、邻里乡亲到齐后，就开始喝“口酒”。“订婚”的男女青年共同打开酒瓶盖，一瓶是“订婚”的男女青年及女方自己家人喝；另一瓶是端给亲朋好友和邻里乡亲喝，顺序都是从长辈到晚辈。喝完“口酒”后，即开始摆“订婚”宴席，席间，亲朋好友、邻里乡亲相互敬酒、“劝饭”，热热闹闹，其乐融融，说些祝福的话。“订婚”仪式完毕后，即表明这对青年已订下了终身大事，之后，其他青年男子也不再向已经“订婚”的女子求婚。这对青年男女也就向往着将来正式结婚办理仪式，开始新的生活了。

（六）迎娶

迎娶，即双方到达婚龄，经双方家长多次协商，择定婚娶吉日，期至，双方均杀猪宰羊，宴请宾客。

彝族的乡村婚礼很隆重，这不仅体现在菜肴上，更主要是体现在一些习俗上，按一些人的说法，就是礼数太多了。在4天的婚宴中，正客（迎娶日）1天，送亲或回门1天，相帮的人提前1天和退后1天，共4天。吃，一天4餐，除了正常的进餐时间外，晚上跳左脚舞的人到了凌晨两三点钟还要吃一次夜宵，帮厨的人也很受人尊重，在所有的人吃完夜宵后也享受单独用餐，最后一天东家还要唱着赞美厨师手艺的调子来谢厨。帮厨的每一个人都会得到一个红包。这红包是象征性的，20世纪六七十年代，红包里封一角六分钱，现在最少封一元六，或六元六、十六元六、三十六元不等，但都带一个六或八字以示吉利。

彝族有“舅舅为大”的习俗，这一习俗应该是母系社会遗迹的存留，已经有几千年的历史渊源了。至今舅舅在亲属家庭关系中的地位仍然是最高的。20世纪六七十年代，舅舅去参加侄女或侄男的婚礼，一般是牵一只羊或挑一个火腿，挑着糯米酒、红糖、豆腐等物若干，请一喇叭匠在前面吹着喜曲调，放着鞭炮前往。礼簿上舅舅与其他客人也是要分开的。第一页记舅舅礼，有的一个舅舅占一页，有的几个舅舅按大小排列挂一页，后一页才挂其他客人的礼。挂礼舅舅家要带头先挂，舅舅家挂了以后，其他人才能去挂。具体的还有以下仪式。

1. 披红戴花喝两次双杯酒

新郎官披红戴花这与汉族一样，但彝族给新郎官或姑爷披红戴花由舅舅亲自完成，大舅不在二舅来做，亲舅舅没到场的堂舅舅来做，但就是必须由母亲这方的男性后人来完成。披红时舅舅要说吉利话，也就是口彩。如果只披一条彩，说一次吉利话就行了，说了有人会敬上双杯酒，递上一个红包；若披双彩就要说两段口彩，喝两次双杯酒（共4杯），再递上一个红包。给新郎新娘戴花时也要说上几句祝福的话语，同样是喝双杯酒，得到一个红包。小岔河彝族常用的口彩是：一披彩虹红又红，披给新郎像条龙；喜结良缘生贵子，一代更比一代红。第二条口彩是：二披彩虹长又长，吉日辰时披新郎；夫妻恩爱多幸福，幸福日子万年长。

2. 舅舅压席

在彝族婚礼上，舅舅方的吃、喝、住会专门有人来“请”，吃被安排在正堂屋或其他显耀的地方，其他人则自己入席，席中舅舅又必须坐正上方。压席就是陪所有参加婚礼的客人吃饭，在没有散席之前，舅舅席的客人是不能离席的。乡间彝族婚礼一般是流水席，如果客人坐不下，第一巡客人吃完饭散席后会摆上第二巡，第二巡的酒菜照样会端到舅舅席上来或把所有酒菜换一遍。彝族婚礼舅舅压席一般要吃三巡，也就是东家会给你上同样的三次菜，你也要吃三巡饭菜，一个人等于吃了三桌酒菜。第三巡是厨师席，等厨师和相帮的人吃完了，舅舅席才能撤席，一般要吃上两三个钟头。

3. 喇叭匠吃独席

与舅舅压席一样奇特的风俗还有吹喇叭的两个喇叭匠吃独席。即吹唢呐的两人单独坐一桌。在酒席期间，每上一巡酒菜时，照样要给喇叭匠上酒菜，喇叭匠有时也会像舅舅席一样，吃两三巡酒菜，显示喇叭匠非常受人尊重。

4. 哭嫁

结婚当天，新娘梳妆打扮、穿戴整齐，媒人、伴郎等迎亲队伍到新娘家。当天天黑时，将新娘迎娶到新郎家，历史上新娘出嫁时还有哭嫁的习俗。

在过去，小岔河彝族姑娘的婚嫁之日是在哭声中迎来的，这一习俗我们叫做“哭嫁”。彝族新娘在结婚前两三个月就要开始赶做嫁妆，做公公、婆婆、丈夫、小姑的衣服和鞋子。这些针线活，大部分是刺绣，细致且繁琐，做起来十分耗时，好在彝族姑娘从小就绣花、唱山歌、跳左脚舞，个个心灵手巧，做起手工刺绣来极有悟性，绣出的花鸟鱼虫栩栩如生。在做这些针线活的时候，她们一边绣花一边唱歌，这些歌听起来悲悲戚戚、哀哀怨怨、缠绵悱恻，内容大多是此时她们心中的所思所想：对故土的依恋，对父母养育恩情的倾诉，对兄嫂姐妹情谊的眷恋，对媒婆花言巧语的痛恨，对到夫家后与公公婆婆相处的担心……歌词没有固定的形式，大多触景生情，即兴而作，呼之欲出。这些歌她们不仅做针线时唱，在田间劳动时唱，赶路时唱，就是夜深人静时想起也会唱，唱十天半月也唱不完，一直要唱到出嫁夫家后才停歇，俗称“唱雀子”。这些倾诉情感的歌又叫《哭嫁长歌》，是一首首动情的叙事抒情长诗。悠扬悲怆的旋律，时而欢快，时而凄凉，时而高亢，时而低沉，欢乐时旁人听着也会笑，凄凉时让你听着就想淌眼泪。

婚嫁日的哭嫁歌只是《哭嫁长歌》的一部分，由新娘主唱，两位伴娘陪唱，内容有《哭父母》《哭哥嫂》《哭伯叔》《哭姐妹》《哭媒人》《哭左邻右舍》《哭上轿》《哭辞祖宗》《哭戴花》《哭梳头》。其中大多是象征性的，一般唱中有哭，哭中有唱，就是唱到声音嘶哑仍不停地唱。这是彝族婚礼上一道奇异的民俗景观。

哭父亲：

爹的恩情说不尽，
回想起来心难平。
一把屎来一把尿，
只差拿来口中含。
一怕我们受饥饿，
省吃俭用给儿女。
二怕我们生疾病，
三长两短有闪失。
三怕穿戴比人丑，
丢人现眼没脸面。
四怕我们无文化，
做事不精吃大亏……

阿爹茶饭养大我，
滴水之恩还没报。
如今离别父母亲，

心里难过泪淋淋！
女儿今唱哭嫁歌，
养育之恩永不忘。

哭母亲：

太阳出来晒稻场，
女儿这时正出房。
一步一步朝外走，
每走一步痛断肠。
哪家姑娘离得妈，
为啥叫我离家门。
养育之恩还未报，
白养姑娘到如今。
哭声妈，妈不听，
喊声妈，妈不应，
回转身子望望妈，
只见阿妈泪汪汪，
心想不到婆家去，
又怕别人说短长……

哭哥嫂：

叫声哥来叫声嫂，
难分难舍忘不了。
哥嫂待妹千般好，
今生今世记心间。
大恩大德还未报，
燕子出窝就飞了。

阿妈年老又多病，
望嫂织巾暖娘身……

哭媒人：

饿嘴媒人来得早，
一滴露水一口草。
怀头揣个母狗碗，
这头吃了那头哄。
媒人嘴巴长得薄，
花言巧语由你说。
媒人嘴巴长得翘，
哄得两头喜眉梢。
媒人走路绕又绕，
哄了爹妈又哄我。
门前大路长又长，
做媒之人坏心肠。
后山小路窄又窄，
做媒之人心最黑……

当然，这骂媒人的话是不能当着媒人唱的。

小岔河彝族姑娘出嫁时除哭父母、兄弟姐妹、三亲六戚之外，在出门时，还要到青棚下“哭厨师”，但这“哭”与前面有所不同，而是对厨师充满感激和溢美之词。彝家人对为自己结婚成家帮忙的厨师及安置酒席的邻居款待规格也很高：一般来做客的客人一天只吃早、中、晚三餐，而厨师和帮厨的人在夜间十一二点时还要加一餐，叫“谢厨席”，共四餐。厨师及参与帮厨的人，还会象征性地得到新娘送的一个红包，红包由男方迎亲时根据女方门口张贴的帮厨名单封好交给新娘。在20世纪七八十年代，红包内一般封一角六分钱，现在最少封一元六角钱，钱数一般带个六或八，图个吉利。彝族新娘出嫁到夫家的那天，都不吃男方家的饭菜，而是吃自家厨师做的饭菜，由陪同的伴娘从娘家带来，这顿饭厨师做得精致，当然不比夫家的差，这一习俗叫做“一天不吃两家饭”，同时也表达彝族姑娘对爱情的忠贞不渝。厨师们把别人家的事当作自家的事来操办，为新娘的婚宴不拘一格，做出了数量很多、花样翻新的菜肴，新娘当然要感激，至今流传下来的彝族《哭嫁长歌》中有一首《谢厨歌》是这样唱的：

厨子师傅忙又忙，
杀了肥猪又宰羊。
肥肉切成梭子墩，
瘦肉切成木瓜心，
腰脊切成花蝴蝶，
肝子切成龙凤身，
萝卜切成绣花针。
扣肉堆成鲤鱼背，
凉片拼成菊花心。
滚水煮鸡正合适，
刚刚煮熟就捞起，
白白嫩嫩合口味。

橙子花开叶子黄，
我爹请你进厨房。
手提钢刀里面快，
鲤鱼草鱼笋子菜。
黄花木耳和海带，

海带要和排骨炖，
木耳要掺豆腐香，
黄花要煨火葱汤。
荞面粑粑蜂蜜拌，
核桃青果与茴香。
萝卜白菜莴笋菜，
细细切来多多装。
只有黄瓜不好办，
薄点切来做凉拌。

厨子出菜出得快，
先上凉菜后出汤。
蒸肉上席碗碗黄，
炒菜上桌碟碟香。
这些常菜何曾有？
都是厨师翻花样，
巧手办出十样锦，
把我贵客六亲待，
让我终生难忘怀！

彝族新娘讨进村时，要先点放爆竹，众人簇拥新郎新娘到喜神前站立，由毕摩（或婚礼主持人）（本地没有毕摩，一般到外地请）念诵《成亲经》，念毕，新郎、新娘用手勾松毛，新娘将上面三个勾散，新郎将下面四个勾散，意为夫妻和睦。接下来，新郎、新娘喝红酒，喝后将酒喷到对方的身上，谁先喷到对方的身上，就由谁当家。最后新郎、新娘到楼上灵牌前跪拜祖先，之后拜堂。当天晚上，新娘由伴娘陪宿，舅舅家及送亲队伍住在三天前搭好的青棚内，亲朋好友喝酒，年老的客人，安排在村内住宿，但年轻的一律不安排住宿，在青棚外跳左脚舞直到天亮。

第二天早上为正客，天亮时开始爬油杆。选一根根部直径为20厘米，长为10—15米的青松树，去其皮，抹上猪油，栽于新郎家的院子内，油杆顶部挂有一壶酒和一块肉，由新娘的舅舅或兄弟来爬。爬杆者必须是身强力壮、行动灵敏、善于攀登的人，爬杆时请来贺喜的亲朋好友围着油杆歌舞呐喊加油，直至爬杆者将油杆顶部的酒和肉拿下，歌舞呐喊方停。壶和肉意为女到男家“福如天降”。

爬杆结束后，新娘由媒人陪伴端酒认亲。吃早饭时，第一桌为压席人，压席的8人由舅舅家及送亲人组成，他们要吃到所有客人吃好才能结束。

第三天午后，新郎随新娘和伴娘前往岳父家回门，新娘回门期间，新郎新娘需到女方亲戚家中去“认亲”等。

彝族有招赘的习俗，或称“上门”或“招姑爷”。彝族婚后夫妻不睦，可以离婚。离婚若系男子先提出，女子除可得自订婚之日起的全部彩礼外，尚可分得男子部分家产；若系女子提出，则只能空手回娘家。彝族离异或丧偶，可再婚，再婚不受干涉。

彝族实行小家庭制。家庭成员一般由一对夫妻及其子女组成。男孩子长大娶妻后，除幼子外，一般与父母分居，自立门户，自耕田地谋生。彝族有强烈的宗族观念，同宗的人以“家人”自称。每逢婚丧、盖房或重大农事活动，均互相商量，互相支持，不计报酬。遇到天灾人祸，更是阖族无偿援助。

三、丧葬

古代彝族盛行火葬。火化时，所用之柴火均由后家[①]背来，火化

① 后家：指女方出嫁地的父母及较亲的人。

时遵循女七层柴男九层柴。遗体火化后，或插手播扬其灰，或装在陶罐中安埋，回归自然。自明清以来，才逐步改为土葬。

彝族的丧葬分正常死亡和非正常死亡两种：正常死亡的人埋在祖坟所在的墓地，而非正常死亡不能埋在祖坟所在的墓地。

过去彝族父母去世后报丧时，头系一根麻绳以暗示，在门外把亲戚朋友喊出。忌讳进主人家屋。

彝族的丧葬仪式与汉族的不同。临终之际，由看护的亲属喂口含钱，口含钱采用碎银片做成，拴一红线露于外。然后用鸡嘴伸入死者口中“接气”，再更衣、验尸入棺。入棺时为死者洗澡擦身，穿上新衣服，棺内垫白色的被子，枕头用麻布，在死者的双手中各放一个手指大的饭团和一根麻秆。此后，将棺木置堂屋正中或厦子上，一般要摆放两三天，请毕摩（外地请）祭祀，念诵《指路经》《供牲经》《招魂经》《制药经》等。守灵由正孝子女守。择日埋葬，出殡时，由长子背着篮子走在最前面，篮子内装有香、纸火、死者的用具等，孝子走在前面，举重队伍在孝子后。出殡时不绕棺，在出殡过程中，过桥时，在地上垫上毡子，长子面朝地背着过桥，路途较远需要休息时，棺材可直接放在地上，举重人休息喝酒。到了墓地后，在事先挖好的井内放上青松毛，在松毛上放一个纸人，纸人上面撒上米（撒成纸人状）和银子，将棺材放到井内，亲人背对棺材手抓起面前的土反手往肩后撒三把土后随即离开，最后垒土成坟。亲属带鸡、羊、酒、肉等赴丧。死者入土为安后，亲属所送的鸡、羊、酒、肉等须吃完，吃不完的分份由亲属带走，死者家不再留有祭品。

彝族认为“死”是“功德圆满”或“摆脱苦难”，是去找自己的祖先或父母。彝语称死亡为“唏嘟”或“灭嘿”。凡活到 80 岁以上的老人，丧事当喜事办。

死者晚辈所戴的“孝”于三年后清明节在死者坟前烧毁，称之为“脱孝”或“烧孝”。“脱孝”时，送葬时来的人都必须全部到齐，“脱孝”时间由“道师”在吃饭时宣布。过去三年“脱孝”，现在有的改为满月后就“脱孝”。

丧葬时的餐饮也有讲究，彝家丧葬一般称为白事，白事的肉食也是以猪肉、羊肉为主，其他蔬菜为辅，但办白事一般没有准备，有什么就吃什么。宴席也是摆在青松毛上，菜肴做单不做双（七碗、九碗、十一碗等），有坨坨肉、煮羊肉，然后根据实际情况加上其他蔬菜。

四、礼俗

岔河彝族是个注重传统礼仪，自尊自重的民族。长幼尊卑、待人接物等方面都有讲究和规矩，不守规矩者，则受到鄙视。见长者要问安、让路，给长者敬酒、点烟，不能呼叫长者名字。特别关爱老人、妇女和儿童，大人不能在小孩面前说脏话，遇儿童受伤、迷路等意外事情要尽力帮助。彝族好客，长辈、客人要请坐上座，敬烟、敬酒、盛饭要双手，鸡头、猪耳朵、鸡肝要给长辈或客人。岔河彝族乐于助人，一家有事，众人相帮，遇村中有人建房盖屋、讨亲嫁娶、妇女“坐月子”等事，即自动出力，送酒、肉、米、面等帮助。男子是田地里的主要劳动力，妇女除参加各项生产劳动外，还要负担炊事、缝纫、饲养家畜家禽等家务。老人和儿童也参与各项劳动，做力所能及的如放牧、拾柴、打草等事。岔河彝族勤劳朴实，习尚自食其力，不贪占便宜，即使受冻挨饿，也不乞讨或偷盗。

握手　是最常用的交际礼俗，见面或告别时均握手。

招呼　俗称打招呼，不论生人熟人相遇，都会互问“你要去哪呢”“吃饭了吗”。

点头　现实生活中，也常以点头相互打招呼。

传烟　递纸烟（香烟）或老草烟给客人抽，对喜欢吸水烟筒的递上水烟筒。水烟筒是小岔河彝族生活中的亲密至爱，干活累了回家，抱起一支碗口粗的水烟筒咕嘟嘟咕嘟嘟地在饭桌边上吸。彝族吸烟用的水烟筒，早先是拿竹筒做的，现在有白铁皮和黄铜做的，烟筒里面装水，起过滤二氧化碳、焦油的作用。小岔河的彝族老表，再高档的过滤嘴香烟，都会掐去那截高贵的过滤嘴，然后点燃了对着这水烟筒吸，还可以锻炼肺活量。

喝茶　远客到来时烧山泉水泡茶。女的泡糖茶，不喝茶者泡糖水或白开水。

喝酒　彝族热情好客，常以酒当茶待客，特别是男性客人，不用做下酒菜，不管几个人都是倒一海碗酒你一口我一口边聊边饮，即喝“转转酒”，也叫喝“寡酒”。小岔河彝族喝酒不说喝酒，而是说喝水。“啊老表，进来喝口水嘛！”即招呼你进他家喝酒。

做客　受主人口头、书面或电话邀请而到主人家去参加集会。做客有红事和白事，红事如娶妻或嫁女、起房盖屋、乔迁、小孩出生办祝米酒、给老人祝寿等。白事即亲朋好友中有老人或其他人去世，白事不专门邀请，知道后自己主动去。小岔河彝族一般有送礼和不送礼两种。参加婚礼等一般都时兴送钱物。

接客　客人到，出门相迎，客人离开，出门送行。

交谈　俗称“拉家常”或“款章”，即双方交流各自的学习、生活、工作情况等，以此增进相互了解，加深友谊。

五、歌舞文化

清康熙年间的南华旧志有这样的记载：“倮倮山居，凡遇婚丧男女团聚，吹丝为乐。”“罗氏乃倮倮种，授予蛮语，锁予胡笙，教小奚童学夷妇跌足为乐。”所以，彝族跳脚踏歌的历史悠久，源远流长，蕴藏着深刻的人文内涵。

（一）音乐

小岔河彝族的音乐，具有与其他地方彝族音乐相同的特点，又有其独特之处，与旋律与语调密切相关，朗诵性和歌唱性紧密结合，音乐基本上以五声音阶为基础，应用宫、商、角、徵、羽等多种调式，一个乐段内多应用调式的交替，并经常出现滑音、装饰音和颤音，使之富有柔和抒情的特点。小岔河的彝族音乐有弹拨乐、弦乐、吹奏乐几种。

1. 弹拨乐

岔河的弹拨乐器有月琴、大三弦、小三弦三种。其中镇南月琴最为有名，流传范围最广。月琴的形状有圆形、六边形、八边形和葫芦形。小岔河彝族弹凑的多为八边形月琴。

大三弦是当地彝族群众踏歌起舞、引吭高歌的主要伴奏乐器之一，弹奏时主要有单弹和滚弹两种，和弦是其主要表现形式，同时可使用颤音、泛音、滑音等多种技巧，旋律节奏对应所伴奏音乐种类。大三弦声音洪亮、粗犷，是彝家汉子必备的乐器，也是当地彝族“跳歌”时的主伴奏乐器。

小三弦是大三弦的“缩小版”，由于琴身缩小，便于随身携带，是彝家人农耕牧猎、外出游玩以及走亲访友时随身携带的“伙伴”。小三弦发音清脆尖利，是一件富有当地彝族特色的独奏乐器，彝家人无论是欢乐、郁闷还是朋友聚会、抒发情感的时候都要弹奏小三弦，直抒胸臆，极富表现力。

2. 弦乐

弦乐包括三胡、二胡（又称“南胡”）两种，过去的二胡是自己制作，现在的二胡一般是到商店购买。岔河的三胡是自己制作，过去会做三胡的只有新村的 68 岁老人李连昆。他的第一把三胡是 1961 年制作的，现已坏，据说三胡上还刻有“保卫世界和平”的字样；第二把三胡是 1963 年制作的，现在还在使用。其所需原材料是：楸树、蛇皮、弦线、金竹、马尾等。

3. 吹奏乐

小岔河彝族的吹奏乐有笛子、唢呐、筒子、过山号、木叶等。唢呐俗称喇叭，有大喇叭和小喇叭两种，专门在婚礼上吹奏。筒子和过山号一般在节庆仪式上吹奏，木叶一般在山间田野娱乐吹奏。

唢呐吹出新气象

小岔河过山号

（二）舞蹈

岔河彝族是一个痴情于歌舞的民族，它的舞蹈分为左脚舞和老人舞。

1. 左脚舞

左脚舞，彝语称“姑别”。舞姿轻快潇洒、热情活泼、老少皆宜，是一种自娱性很强的集体舞蹈。每年的农历二月十二日、三月二十八日及六月二十四日等节日会期，彝族男女青年汇集城区、沙桥镇或本村跳歌场，环围起舞，踏地而歌，彻夜不停。平时宾朋相聚，喜庆节日，农事闲暇，不为场地所限，山巅、凹地、火塘旁、空旷场所均可起舞。左脚舞以歌伴舞、起舞必歌、歌催舞动，情趣甚浓，尤其是用小嗓高八度唱“罗哩罗、罗哩罗……”声腔，形成特殊风格，

节日里的岔河左脚舞场面壮观

唱词多为即兴而作的情歌。跳舞时，多为领舞者持伴奏乐器（月琴、笛子、二胡等）走于队列之前，其余参舞者则手挽手、臂连臂或搂腰搭臂，随乐曲环圈起舞，沿逆时针方向进行。舞中有跺脚、甩脚、伸腰、闪腰、翻身、摆手等舞姿变化，遇转翻动作时，不相互紧靠，摆手而舞，舒展大方。近年来与外地交流中，左脚舞广泛吸收外来艺术，新的舞套名称及内容不断出现，显示了更新、适时的活力。

2. 老人舞

老人舞，彝语称“玛姑”，即玛姑舞，是当地老人年轻时从父辈手里学下来的舞蹈。由于老人舞节奏慢，动作变化多，不受年轻人的欢迎。在表现形式上有其古老的规矩，在任何场合围圈跳舞时，首先要让老人跳，老人跳完后，年轻人才能跳左脚舞。老人舞分为直歌和杂歌两大类，伴奏乐器有三胡、三弦、笛子、月琴等，音乐婉转优美流畅，曲调与舞蹈紧密结合，风格独特。几百年过去了，至今我们还能找到南华岔河彝族与牟定腊湾彝族存在历史渊源的有力证据，那就是这两个地方的彝族老人，都跳一种十分古老的玛姑舞，即老人舞。这种节奏缓慢、动作变化多样的老人舞是当地彝族老人年轻时从父辈手里一代一代传下来的一种左脚舞，至今已流传500多年了。玛姑舞是把彝族歌舞、农耕文化、礼仪习俗、伦理道德、宗教历法等内容结合起来展示的一种风格奇异的舞蹈，基本舞步有直脚、甩脚、踮脚、跺脚、踏脚、提脚、赶脚、合脚等。著名导演李亚威在拍摄41集电视纪录片《火之舞》时，就多次到岔河咪依噜风情谷和牟定腊湾韭菜地拍过这种濒临失传的彝族玛姑舞。玛姑舞的独到之处还在于老人跳舞时伴奏的乐器是三胡，而非二胡或京胡。三胡是彝族先人自己发明创造的一种乐器，三胡的制作与二胡有所不同，二胡只有两根弦，而三胡有三根弦，分别代表着彝族生活的苦难、辛酸与坎坷。这三根弦线不是钢丝线也不是一般的彝弦线，而是一种纳鞋底的麻线。弦筒处则是用羊皮绷成一个小鼓，弦线就从鼓上跨过。巧妙的是三胡拉弓上的马尾是连在中间那根弦的两侧，拉三胡时两侧的马尾根据音阶的需要分别作用于两边的弦线，相当于一把二胡有两把弓。这样，三胡独特的弦线与独特的鼓面天然合一，拉出的音乐就会有一种缠绵、婉转、浑厚的感觉。跳玛姑舞时，男的每人手持一架三胡，胡筒别在腰部，左手的五个指头则在弦索上灵巧地滑动，右手舒缓地拉弓，这时三胡便发出铿锵有力、清脆而有节奏的旋律。李连昆老人不仅会制作三胡，而且是会演奏三胡的老人。他拉三胡发出的音质曲调高扬而有力，音质低沉而古朴，音色浓重而古老，充满沧桑感。

（三）小岔河彝族其他娱乐活动

1. 民族民间体育

小岔河彝族的民间传统体育项目是民间祖传的体育运动，主要用于强身健体及节日活动的比赛表演。项目有摔跤、爬油杆、打陀螺、射弩等。一般在节庆等重大节日举行，其中打陀螺传承得非常好，有场地，有陀螺队，爱好者有数百人，场上每晚都有人打陀螺。曾在州级民族运动会夺冠。

2. 游乐活动

游乐活动有躲猫猫、老鹰叼小鸡、铸犁头、爬油杆、打陀螺等。

（四）民歌和山歌

岔河彝族民歌形式多样，从形式上可分为情歌、节庆歌、贺喜歌、祭祀歌等。情歌一般是青年男女谈情说爱时唱的歌，节庆歌、贺喜歌大多是在喜庆节日时唱的歌。歌词有的是前人传下来的，有的是即兴创作的。

祭祀歌歌词一般是根据死者的家庭情况编的，唱者一般是德高望重的老人，唱得最多的是那些给死者教路的毕摩。

歌谣在形式上比较自由，每句字数不同，韵律也较严格。

情歌对唱

六、小岔河彝族天文历法

彝族有自己古老的文字和历法，同楚雄州内所有彝族一样，小岔河彝族遵循彝族的“十月太阳历法”及“十八月太阳历法”。

十月太阳历法，顾名思义就是把一年分为10个月，一个月是36天，另有5天或6天为“过年日”。过彝族新年时，平年过年日为5天，全年合计为365天；每隔3年，即第4年加1天，过年日为6天，全年为366天，即闰年。十月太阳历一年分5季，分别以土、金、水、火、木为代表；一季分两月，双月为雌，单月为雄。一年每个月的日数整齐，季节准确。

彝族十八月太阳历即把一年分为18个月，一个月有20天，这刚好是一个人手脚的 20 个指（趾）数，另加 5 天是“过年祭祀日”，全年共 365 天。相传它是远古伏羲母系氏族部落时代最古老的一种历法，距今已有一万多年的历史了。

十八月太阳历的每一个月每一日都有自己的不同叫法。1 月叫风吹月；2 月叫鸟鸣月；3 月叫萌芽月；4 月叫开花月；5 月叫结果月；6 月叫天乾月；7 月叫虫出月；8 月叫雨水月；9 月叫生草月；10 月叫鸟窝月；11 月叫河涨月；12 月叫虫鸣月；13 月叫天晴月；14 月叫无虫月；15 月叫草枯月；16 月叫叶落月；17 月叫霜临月；18 月叫过节月。一个月 20 天的叫法依次分别为：开天日；辟地日；男子升天日；女子辟地日；天黑日；天红日；天紫日；火烧天日；水冷日；洪水日；葫芦日；伏羲皇帝日；伏羲姐妹日；寻觅人日；野蜂日；蜜蜂日；出人日；天窄日；地宽日；地缩日。这些月份日子的名称充满了古代彝族巫术文化的气息。

第三节　节　日

一、春节

春节，即大年三十，小岔河彝族过年叫“库戏么”。“库戏”为“新年”，“么”指“过”。过年时间从腊月三十吃晚饭时到正月初五吃过中午饭时止。这是彝族十月太阳历的遗迹之一。每当进入农历腊月，家家户户都要为过年作准备，诸如砍年柴、备年货、杀年猪、采松毛、祭祖坟、打扫房屋庭院、接送灶君、收拢本户农具等。在过年这天栽天地树、贴门神对联、接祖供祖，进入过年吃晚饭时燃放鞭炮和铁炮，门旁竖青松毛柴块，半夜杀鸡吃夜宵、贴封条、人人绕红线，全家坐夜守岁。

正月初一清晨鸡鸣后，每户去一人或大人领着少年去祭土主、祭财神、祭山神。前来祭祀的人天亮后集中在山神庙前，大家将各自带来的肉酒饭端出来一起用餐。正月初一午饭后，进新一轮的人要穿新衣裳，特别是满第一轮（年满 12 岁）进第二轮（进入 13 岁）的人要举行成人仪式，彝族语称之“椰抖”。椰抖后的年轻男女进入姑娘房、晚上到跳歌场跳歌等行为视为正常。

正月初一午饭后，全村老少到跳歌场尽情跳歌，散场后有的去祭龙、有的去放牧野炊。祭龙即全村每户来一男主人，带一定数量的猪肉、米、酒、香，若上年添丁的家庭按生男孩抱一只阉鸡，生女孩抱一只母鸡的习俗聚到上年最先添丁的人家，该户称为“鲁务”即“龙头”，在“开心”（村里有威望的头人）主持下进行祭龙。

正月初二、初三、初四，妇女们一般是缝补衣裳；男人领小孩去放牛羊或嫁接果树。

正月初五的中午饭如年三十一样隆重，饭后送祖灵回堂，全家人下午出工做农活，视这一天为一年农活的开工日，并带着炊具到地边地头野炊。在以后的日子里择日（一般是彝族认为的好日子，如正月初五、十五、二十二、二月初八）扫青松毛出屋，送天地树到人踩踏不着的地边让其自然腐烂。

二、元宵节

元宵节，时间为正月十五，意为新年第一个月圆的日子，预祝新年里全家团圆，杀鸡宰鹅庆贺，年轻人乘着月色到附近跳歌场跳歌，结交异性朋友谈情说爱。

三、正月二十二

正月二十二被彝族称为新年的第一个狂欢节，每年此日四面八方彝族汇集县城，通宵达旦跳左脚舞，同时进行各种子种交易，故民间又称“种子会”，至今依然盛行。过去这一天汉族群众在南华鹦鹉山公园赶庙会，成千上万人排队到一尊石像前跪拜祈祷，将一瓶香油从石像头顶上倒下去，故称其为“灯油会”。因“文化大革命”破四旧时石像失踪，灯油会也不再复存。

四、插花节

插花节，彝族称其过小年。每年农历二月初八是彝族人民的传统节日，是为纪念除暴安良的彝家美丽少女咪依噜。是日，家家户户杀鸡、煮肉，从山上采回马樱花、山茶花，分别插在住房门、畜厩门和田间地头并到田地间杀鸡、烧香、插花，为土地叫魂。祈祷五谷丰登、六畜兴旺，祝福吉祥。汉族正月十五元宵节后算过年结束，小岔河彝族要过了二月八才算过年结束。

五、二月十二

农历二月十二，彝族过第二个狂欢节，地点在沙桥镇。汉族称其为“火教会”。岔河彝族民众主要参与物资交流，出售土特产，男女青年前往赶会跳左脚舞。

六、三月二十八

农历三月二十八日是彝族第三个狂欢节，地点在县城边土城大石桥，境内汉族称其为“哭丧会”。岔河彝族民众主要到城里参与物资交流，出售农副产品。

七、清明节

彝族清明节时间为阳历，与汉族相同，是祭祖上坟日。过去是挑着炊具及米菜油盐等食物上坟山，在山神树下杀鸡祭奠，在坟前煮饭野炊。现为防止森林火灾，斋饭一律在家中煮熟后端到坟山上祭祀。

八、端午节

彝族端午节为农历五月初五，时间与汉族相同，但过节不是吃粽子，而是吃面食，即糖包子、菜包子或糯米饭炒油渣包子。

九、立秋会

彝族立秋会为农历立秋日，地点在岔河杨梅山野外跳歌场。是日，参会彝族群众万余人，年轻人主要是来跳左脚舞谈恋爱，跳脚曾把山头跳平一尺余。杨梅山立秋会过去甚为热闹，现在年轻人外出打工略显冷清。除跳左脚舞外，还进行野生菌、松茸、牛肝菌等农副产品的物资交易。

十、火把节

农历六月二十四日是彝族火把节，这天宰羊或杀鸡宴请至亲，并在荞地边立三杈松祭荞神，再祭包谷神；夜燃火把，撒木香（陈松木面）于火把上，撒遍屋内院心及地边，驱邪杀虫。同日，在火把山上举行物资交流会、跳歌，俗称“串会日”。康熙《镇南州志》记载：“六月二十四日，束松为燎，高丈余，燃之，老小围坐火下食生饮酒，谓之‘火把节’，又谓之‘星回节’（相传汉彝酋阿南，夫为人所杀，南誓不从贼，于同日赴火死，国人哀之，因为此会；又唐南诏亦假同日宴会，召五诏醉而焚之；又云，孔明于同日擒孟获，侵夜入城，父老欢呼，设燎以迎。未知孰是，今但相沿，为晏乐）”。

十一、七月半

七月半，时间为农历七月十四、十五两日，祭祖的日子。过去小岔河彝族的七月半与城区不同，岔河不叫“七月半”而是叫“送鬼”。送鬼是几个彝族村寨组织集体将“鬼”送到一支山头上，众人杀鸡宰羊驱“鬼”庆贺。即先在山顶上用泥巴塑一鬼怪，把鸡毛鸡肠塞于其腹中，然后用铁耕索将鬼五花大绑，由毕摩念经诅咒鬼怪，然后众人用大刀将鬼劈成数瓣捣毁，大家载歌载舞，喝酒吃肉，甚为热闹。现在岔河此俗已改，彝族“送鬼”与汉族“七月半”几乎一致，当年新亡者七月十四要烧包封，请包封客。老亡者七月十五烧包封。烧包封即给死者捎去冥界的“衣服”及“纸钱”，将“衣服”“纸钱”装在一个白纸或黄纸大信封里，上写阴曹地府及逝者姓名。

十二、中秋节

彝族中秋节为农历八月十五，习俗与汉族相似，中秋节彝族认为既是个团圆的日子，同时也是一个庆贺丰收的日子。年轻人此日到附近跳歌场跳左脚舞，谈情说爱。

十三、尝新节

每年八月属蛇日为尝新节，两蛇尝头，三蛇尝尾。尝新这一天主人要把亲朋好友请到家中，杀鸡、宰羊（家庭富裕户）、煮腊肉等，饭菜煮熟后要先祭家祖，后祭土主、树神，祭祀土主、树神时要生、熟同献。“生”是用一穗籽粒较多且又饱满的谷子结成团挂放在土主像前。“熟”指的是祭奉饭菜。祭祀完祖宗、土主、树神后，在吃饭前要先喂狗，因为传说谷子是狗找回来交给人种的。喂完狗后人才能尝新。

十四、十月朝

十月朝是彝族与清明节同等重要的祭祖上坟活动，比城里的隆重。“十月里来十月朝，农家户户把钱烧”，说的就是这十月朝上坟，是农村秋收结束后农闲下来时对祖先的一场感恩或年成汇报，又称给先人“送寒衣”。时间一般在农历十月初十前完成。但在小岔河彝族中，农历十月 30 天内都可以去上坟，故有“十月朝，上通稍”之说。

十五、过冬（彝族年）

彝族年时间为农历冬至节第一天，饮食习俗主要是吃糍粑，即糯米粑粑蘸蜂蜜。“冬至大如年！”冬至节是“嘴巴的节日”，现已被定为“彝族十月新年”，为楚雄彝族自治州法定假日，所有单位放假三天过彝族年，摆长街宴大快朵颐。冬至节过，意味着猪肥牛壮，快到屠宰的日子了。

第四节　信仰崇拜

一、土主崇拜

小岔河彝人客栈后半山至今保留有完整的一座土主庙，位于小岔河村后约 100 米的山坡上。土木结构，占地面积约 60 平方米，建筑面积 20 余平方米。庙内立有土主王、山神、龙王、土地、王前搏、牛王、童子。建庙年代无史可考，根据当地老人讲约 100 年的历史，主体建筑在“文化大革命”期间被毁，现仅存 10 尊石雕神像和一圈半截土墙，是小岔河彝族世世代代信奉朝拜的土主庙。每当遇到节日或村中有人起房盖屋、家添人丁、婚丧嫁娶时，到农历初五或十五，当地彝族群众就准备祭品，纷纷前往祭祀，香火连绵不绝。

这里的彝族的崇拜活动场所一般在土主庙。土主庙是彝族举行崇拜神灵祭祀祖先，祈祷风调雨顺、祛病避灾、人畜平安的活动场所，与彝族图腾崇拜和彝族毕摩信仰也有着密切的联系。彝族是古老民族之一，源于古氐羌人，与唐宋的乌蛮有渊源关系，不同的地区有不同的称谓，元明以来称“罗罗”“倮倮”等，分布在我国云南、四川、贵州、广西和东南亚一些国家，有自成体系的彝语（属汉藏语系藏缅语族彝语支）、彝文（史称“爨文”或“夷书”，有音节文字 1 万余个）。公元前 5 世纪，哀牢、滇、夜郎等处的彝族社会分为兹、莫、毕、革、裹、得六个等级。兹施令，莫断事，毕祭司，革工艺，裹经商，得务农。彝族进入宗教神权与世俗政权相结合的时代，凡国之大事、军事行动都要在祭坛由毕摩主持举行规模宏大、庄严隆重的祭祀活动。公元738年，唐朝封南诏王为云南郡王，确定了南诏彝族地方政权在云南的统治地位。汉唐以后，中央王朝对西南彝区控制加强，彝族社会区域性政治开始瓦解，道教、佛教渗透并盛行，中原文化逐渐成为主流，彝族毕摩神权文化与政治分离走向民间。在彝族民间的节庆、祭祀和一个人的生长、娶嫁、治病、丧葬的活动，都要有识彝文经典、懂地理天象、知阴阳八卦的毕摩来主持和指导。这种宗教活动的场所逐渐形成另一个固定的地方，即土主庙。土主庙盛行兴建于南诏时期，南诏十三代王殿宇的象征便是土主庙盛行的诠释。

据考证，彝族土主崇拜始于南诏国时期，即唐开元二年（714年）。云南土主文化的中心在大理白族自治州巍山彝族回族自治县，是彝族先祖细奴逻土主庙。土主神是所有彝族全民的一种祖先崇拜，过去建盖土主庙的现象遍及广大彝族地区，在南华，汉族、白族均有土主庙。土主是村社保护神，一般一个村子建一个土主庙。彝族以左为尊，土主是村之大神，人人必须尊敬，故土主庙建在村后左上适当位置，小岔河房背后的土主庙，完全符合这一民族特征。彝族崇拜的土主形式多种多样，有的有房，房内有的供石像，有的供泥像，有的供画像。有的无房，立一石为土主，或砍一棵三杈青松立于院内，即为土主。

咪依噜风情谷小岔河土主庙供奉石刻诸神。中间为三头六臂土主，左为马王大将、五谷神、青苗童子、虫王；右为牛王、水神、送子娘娘、土地公公、山神。供奉土主是为了保佑村民平安、健康、快乐和幸福，保佑村民来年风调雨顺，六畜兴旺，五谷丰登。

二、自然崇拜

彝族传统认为，日月星辰、雷电、风雨、山、水、火、巨石悬崖、飞禽走兽等，都具有神灵，人若惹之，会遭灾祸报应。另外，彝族尚有相信兆头和占卜的习俗，巫术气息比较浓厚。

小岔河彝族主要信奉原始宗教。信奉人世间万物有灵，主要有自然崇拜、鬼神崇拜以及祖先崇拜。其中以祖先崇拜最盛行，一方面是寄托儿孙对祖先的孝思，但主要的是祈祷祖先保佑子孙昌盛、五谷丰登。另外，还有部分相信预兆、看鸡头占卜。就是山上的一草一木皆视为神仙，都必须敬畏，不能惹怒。岔河彝族的宗教活动场所一般在土主庙、楼上先祖的灵牌位前、山神树下、水井龙树下、马樱花树下等。

岔河彝族信奉万物有灵，崇拜对象众多，主要崇拜对象有虎、龙（蛇）、蝴蝶、树木、竹子等。

虎蛇崇拜　彝族认为虎是百兽之王，龙（蛇）是吉祥的象征，虎龙是自己的祖先。自称“倮倮颇”：中，“倮倮”意为虎和龙，“颇”意为人和族，即彝族是虎和龙的传人或后代。

狗崇拜　认为狗是勇敢、忠诚的化身，狗还为人类找来了谷种。狩猎时，狗能找到猎物，并促使狩猎成功；平时对主人忠诚老实，看家护院，是家庭生命财产的保护者，遇到危险时，发出警报；同时认为狗能洞察阴阳两界，能预知吉凶。

蝴蝶崇拜　彝族认为人死后会变成蝴蝶，即鬼。蝴蝶也是祖先的化身，不能捕杀。

火崇拜　火是彝族的魂，开荒种地，烧火做饭，狩猎取暖，离不开火，锅庄火塘的火经年不熄，直到人横陈柴薪烈焰中（彝族过去实行火葬）。彝族是火的民族，岔河山高箐深水冷，彝民们在家时经常要“向火”。不仅仅是他们的日常起居离不开火，更因为他们的性格如火，耿直，豪爽，做事风风火火，待人热情如火。踏进他们的家门，首先看到的是正堂屋进门处，每家都有一个火塘。火塘的火，一年四季不熄灭。那是在靠墙的地下刨出一个浅坑，支一个铁三脚架，用一个大枯树的柴疙瘩，经常燃炼着火。火塘上方，从屋顶挂下一根藤条，用木勾挂着一个熏得黑不溜秋的铜锣锅，铜锣锅里平时煮着开水，客人来的时候，用于泡茶。到要做饭的时候，就用吹火筒，把火塘的火吹燃，用铜锣锅煮饭。待饭煮好后，在火塘三脚架上放小铁锅炒菜。每户人家，在火塘上方，还挂满了腊肉，甚至野味，他们叫火熏肉。一家人围着火塘吃饭、喝酒、聊天、煨茶，其乐融融。

树崇拜　这里的李姓家族崇拜松树，视松树为自己的祖先，先人去世后所设立的灵牌均用松树根制作而成。因此，岔河李姓家族一般不用松树根做床板。周姓和紫姓家族则崇拜竹子，他们供奉的祖先灵牌是用竹根制作。另外，当地彝族还把有上百年树龄的树木视为龙树、后头树、树神来崇拜。位于水源处的树都认为是龙树。后头树是指位于坟墓后的一棵或一片树木。神树是指位于村中或路旁树龄上百年的树，认为老树已成神，能保佑人畜平安。以上三种树均神圣不可侵犯。

三、祖先崇拜

彝族崇拜祖先，信奉鬼神，在家中堂屋或楼上供奉祖宗灵牌位，还在祖先坟地后的山神树下供奉祖宗牌位。彝族认为人死后有三魂，一魂到祖先发祥地，一魂守坟，一魂在家接受供奉。到祖先发祥地之魂最后升天转世，守坟之魂保佑子孙发达，在家之魂保佑家人顺利吉昌。在岔河进行社会调查的过程中，我们看到很多岔河的彝民都盖起了自家漂亮的小洋楼，在那现代化的建筑里，仍然供奉着他们去世父母的灵牌位。虽然与漂亮的洋楼显得十分得不协调，但他们仍然把祖先的灵位摆放在重要位置，经常供茶饭水果，烧香烧纸给予祭奠。

四、岔河毕摩文化

毕摩是彝族中的知识分子，是彝族民间传统知识和生存经验的集大成者，宗教祭祀活动的主持者，是彝族历史文化的传播者。他们一般都通晓彝文经典，熟知天文、地理、历法、谱系、伦理、史诗、风水、神话传说等彝族文献，他们是彝族在人神之间的沟通者，大凡生死、年节、集会、病灾等都会请毕摩到场念经作法。凡彝族人遇到疫病或灾祸时，如时运不顺、疾病缠身、庄稼歉收、妻儿死亡、牲畜瘟疫、身体欠佳等，往往认为这是神灵不佑、鬼怪邪魔作祟，因此必先请毕摩算经占卜后行各种禳祓仪式。

小岔河彝族在“文化大革命”之前有多名能做法事的毕摩，当地彝族俗称“道师”或“老道师”。岔河彝族毕摩属世袭，有专门手抄的彝文经书，念诵经文全用彝语，只传男不传女，在传承过程中遵循“彝话教，汉族不教”原则。岔河毕摩经书种类繁多，一般分为祭祀经、占卜经、驱鬼经、送鬼经、指路经、招魂经等几大类。除经书外，毕摩做祭祀活动时借助的工具有鹰爪、鹰翅、法扇、法帽、法铃、签筒等神器。

在岔河村委会比较偏僻的阿鲁碑，几年前还有能给死者教路的老道师，但自20世纪60年代后期，小岔河就再也没有专门从事做法事的毕摩了。据我们了解，在“文化大革命”破四旧期间，县里的工作队专门到小岔河收缴彝族毕摩们使用的法器，当场销毁，严禁搞一切“封建迷信”活动。由于小岔河离县城近，又处在公路两边，当时只要毕摩做法事的法器一响，就会招来麻烦，由于没有传承，咪依噜风情谷一带至今无一名能做法事的毕摩。但老人去世后仍要按彝族传统请道师教路，超度亡灵，所以要到较远的牟定县凤屯乡一带或姚安县太平乡一带去请教路的道师。小岔河现今虽没有毕摩，但毕摩文化在此渊源悠远，根深蒂固。

由于缺少了毕摩传承，如今，一些大型祭祀活动在小岔河趋于消失，如祭天地、祭龙王、祭火神、祭土主本是彝族传统的祈求风调雨顺、五谷丰登、人畜平安的祭祀仪式，几个村寨几百人集体参加，因为没有本地彝族毕摩传承人，很多年已经不再举行这样隆重的祭祀仪式。就连家族里祭祖仪式也都在程序上简单化，大部分人祭祖时由于各种原因请不到毕摩，就只好在家里简单地摆上些祭祖的用品，凭着自己看到的和老人简单传授的经词诵念一番，再磕几个头，仪式就算完毕。

五、禁忌

小岔河彝族在长期的生产生活及社会交往中，约定俗成，存在各种禁忌。

（1）晚上忌在村子里吹笛子或吹箫，只能在野外或跳歌场上吹。也不能在屋里吹口哨。

（2）火塘左边靠墙的地方是彝族主人家的坐处，除主人让座外，外人不能随便去坐。

（3）火塘是圣洁的地方，人不能从火塘上方跨过。

（4）火塘中的三脚不能乱动。烧柴不能从柴梢烧起。烧火填柴不能用脚。

（5）晚辈的烟锅杆不能长于长辈的。给老辈教路处后辈不能用长烟杆吃烟。

（6）过年除夕晚上贴封门纸后不能再出去串门，至初一早饭前不能把水泼在地上。初一不能扫地。大年三十不能吹火塘里的火。初一不吃猎物。

（7）吃饭时不能把筷子直插在饭碗里，只能平放碗上。

（8）不能坐在床上梳头和洗脚。

（9）栽下小秧后不能跳歌；撒下荞麦后也不能跳歌。荞麦是五谷之神，不能做祭品。

（10）戊日（属狗日）不动土。立秋日不进庄稼地，也不能上山。

（11）牛马牲畜忌进入房屋。

（12）不能砍村边大树；不砍雷打树做柴。杉松、白秧条、野樱桃树不用于建造房屋。

（13）办丧事披麻戴孝者不能进入别人家门。女人不能跨过犁田用的牛担、背板等生产工具。

（14）杀年猪不能在主人生日杀。

（15）孕妇不能参加婚礼；孕妇丈夫不能参与抬死人棺材；产妇满月前忌进别人家门；孕妇不能爬果树；新儿媳妇接来时婆婆不去半路迎接。

（16）见箐鸡窝不吉；见拖白羚不吉；见雀子窝几窝连一起为不吉。忌打喜鹊和燕子。见自家小鸡吊母鸡脖子上为不吉；上山放牛牛尾巴缠在树上不吉。

（17）见蛇缠在一起不吉。立秋日见蛇、听到雷声、听到狗哭声为不吉。竹子开花为不吉。

（18）小孩子不能在院心犁地玩；院心不能做打场。

（19）帽子不能重叠戴，衣裳不能反着穿。

（20）中午饭后不打扫整个房子；不能用扫把打鸡。晚上不照镜子。

（21）初一和十五不磨面，不舂碓，不打布谷鸟。

（22）平时不能用同样大的碗互罩。有生育能力的男人不能做杵棒。妻子健在的男人不能做织布用的“伴”和“厦筛”。

（23）嫁出去的姑娘走亲回娘家不能顺便背柴回家（彝族古代实行火葬，父母去世后，火葬所用之柴均由亲戚背来）。

（24）不能对着太阳大小便。

（25）嫁出去的姑娘不能在娘家分娩。背摇篮不能横挎在肩膀上。

（26）农历三月和五月不理发。

（27）彝族忌吃猫肉和蛇肉。因彝族自称虎族，拜老虎为祖先，猫是老虎的化身，蛇是龙的化身。

（28）禁忌食狗、马、熊等动物的肉，因这些动物与人类同源于雪，是雪的子孙。

（29）妇女忌食难产而死的家畜之肉；忌肉食露天进屋，否则鬼魂会附其上。

（30）禁过年七天内推磨，否则会使家境贫困；禁平日反向推磨，否则会给家庭带来灾难；忌推磨时磨心突断，俗信是鬼在作怪，磨出的粉不能食用。

（31）忌讳女人跨过男人的衣物，更不能从男子身上、头上跨过。

（32）忌讳女客上楼，妇女不能上房顶。

（33）忌讳女性触摸男子的“天菩萨”（指头发），犯忌者要宰牲，打酒谢罪赔礼；中华人民共和国成立前等级低下的犯忌者，还有被断臂、处死的危险。如果被妇女抓摸了“天菩萨”，此男子将终身不吉，事后“天菩萨”必须剃尽，否则死后不能魂归祖界。

（34）忌讳妇女送男子的首饰、衣物给别人，俗信认为妇女的生育魂“格非”最爱附在这些物件上，若送与别人，会影响生育和孩子的顺利成长。

（35）日常生活中，忌舀汤时反手用木勺。

（36）忌和麦面时顺时针方向搅动，因为这些都是丧葬时的习俗。

（37）忌人出远门便扫地，忌讳言死，忌称“老子”。

（38）忌讳影子被别人踩踏，被踩者一定会为此报复。

（39）禁止在放置有祖灵牌位的山箐附近鸣枪行猎，或砍树烧荒。

（40）禁止在坟场或墓地打猪草、放牧。

（41）参加祭龙祈雨仪式时，禁止男子戴帽、女子打包头。

（42）禁止跨越火塘或踩踏锅庄。

（43）忌用餐后把汤匙扣于碗盆的边沿上，因这是给死人敬食的方式。

第五节　文化教育

一、学校的发展变化

通过采访曾经在光绪年间获“九品御职”紫文彩的后人得知，清

1983 年 7 月岔河完小毕业照

代曾在岔河三家寨设有私塾。民国时期，岔河从姚安请先生而设私塾，即几家人出资请人教书。新中国成立后，为培养少数民族参加社会主义建设，开始在小岔河村里开办初小，后办高小。师资多为本土彝族民办老师。学校经历三次大的搬迁。经历岔河初小、岔河高小、岔河完小至岔河春蕾小学。过去小岔河彝族村寨大多有小学校，孩子读书比较方便。近年大量撤并学校，给孩子们上学造成诸多不便，特别是幼小的学龄前儿童。目前，岔河有岔河春蕾小学一所，设置 5 个班，包括 1 个学前班，一至四年级 4 个班，有 100 多名在校学生，教师 7 名。

二、受教育程度

小岔河村民在改革开放之前受教育面不广，至今 70 岁以上老人虽无文盲，但平均受教育年限仅为 5 年。“普六”后的中青年多数读完小学 6 年，上初中的占 65% 左右，“普九”后有 95% 的人读完初中，现在 35 岁以下的人都具有初中文化水平，上高中、大学的较少。除外出工作人员外，村民受教育平均年限不到 9 年。

三、成人教育

村里的成人教育起源于改革开放之后，教育者为县镇农业科技部门，内容主要围绕农业、养殖业、种植业来开展。如培训农民种植玉米、水稻、施肥、洒农药的方法，如何科学养殖家畜、家禽等。咪依噜风情谷景区建设后，各方面的人来旅游，从而带进了很多科学的管理知识和生产知识。2008 年，县旅游局在咪依噜风情谷组织 8 期旅游培训班。培训内容包括南华旅游业发展形势、服务人员基础知识以及餐饮、客房服务规程和技巧。通过文化部门的专门培训，一支由30人组成的咪依噜阿哥阿妹业余艺术团，可以向远道而来的客人充分展示彝族人“会说话就会唱歌，会走路就会跳舞”的歌舞人生。成立了彝族刺绣协会，吸收会员46人，发展了2个刺绣经营店，集中展示岔河彝绣文化的精彩和与众不同。镇南月琴被云南省政府公布为省级非物质文化遗产传承项目，并扶持镇南月琴代表性传承人李树明建了传习所，收徒长年制作销售月琴。还专门培训了一批农家乐餐饮业人员，致使这一部分人在小岔河村率先富起来。

四、科普教育

中华人民共和国成立后，南华县、文笔区、龙川镇先后有不少科技人员深入村里搞科普教育，如如何改变不卫生局面，如何加强防疫工作，如何搞农田基本建设，如何提高山地、稻田单产量等科学知识。效益最显著的是2006—2016年这一时期开展社会主义新农村建设，开始打造“咪依噜风情谷”旅游业，对咪依噜风情谷6个自然村进行分片分村提升打造。村里人积极参加这些活动，开了眼界。对如何建造好自己的家园有了底和理想，使人们在短短的十多年内得到多少代人没有的飞跃式发展和变化。人们从全封闭状态跃入全开放理念。随之，县镇科技队伍也经常进村普及科普知识，县文化部门专题进行歌舞、酒歌、餐饮、礼仪等全方位学习培训。

第六节　医疗卫生

一、古代至民国

（一）卫生

1. 环境卫生

旧时岔河没有任何公共卫生设施，环境卫生较差，岔河彝族分散在山坡上，一户与另一户之间没有院墙，也没有围墙，民居多为垛木房、闪片房、土掌房等。垛木房即用一根根木头垒成木头墙，分上下两层，上面住人，下面一般关猪、鸡、牛、羊等牲畜。厕所简陋，人畜没有分开。这种状况一直维持到改革开放前。

2. 家庭卫生

小岔河是一个讲究家庭卫生的村寨。门前的岔河长年清澈流淌。衣服常洗，基本无斑迹。小岔河彝族过去无环境卫生设施，但有每天起床首先扫地的习惯。先扫屋内，后扫庭院，环境卫生是一户家庭的脸面。

（二）医疗

中华人民共和国成立前，村里均无医疗设备和医护人员。但是村子周围到处长满植物，有很多名贵中草药，如石斛、透骨草、接骨草、猪鬃草、木通、重萎等。村里人就用这些中草药治病，民间懂中草药的人也不少。但村民多信迷信，若病用中草药治疗不好，就认为是妖魔鬼怪缠身，就请巫婆跳神弄鬼。

1941 年 11 月，为滇缅铁路民工服务的上海南洋医科大学毕业生李重影向云南省卫生处申请，经批准承办镇南县卫生院。原址设在县城北鼓楼东侧多级小学院内。自此，镇南始有公立医院机构之设置。小岔河离县城较近，重病之人到县城医疗机构看病。

自21世纪初国家制定合作医疗政策后，小岔村基本改变迷信习俗，有病即到医院就医。

（三）民间医药

在长期的生产生活实践中，彝族人民积累了丰富的医药卫生知识。现摘部分单方如下，这些单方都是当地彝族家庭日常应对一些小毛病的，好处是简单实用，但仅限于当地家庭中应急所用，仅供参考，得了病还是建议到医院治疗。

中暑　采用刮痧搌痧治疗，位置在背部、脖颈、手腕等处，刮出紫黑色血迹为佳。

急性胃炎　方法一：刮痧搌痧；方法二：开水泡生石灰，取上清液，喝石灰水；方法三：菖蒲粉开水送服；方法四：木香开水送服等；方法五：用草烟杆汲生水。

腹胀　方法一：用草烟屎涂于肚脐周围；方法二：服土碱或小苏打水；方法三：服菖蒲或木香；方法四：翻白叶水煎服等。

腹泻　方法一：核桃壳烧成炭后开水送服，相当于炭药，适用于脂肪泻；方法二：小茶罐炒茶沏水后倒在杯中，将烧红的食盐一小块放入茶水中，然后服下，称为红盐茶。

扭伤　用食酒以火点燃后按摩伤处，或用草乌粉加食酒加热后按摩伤处。

头痛发烧　方法一：用苞麦骨头烧成灰烬，沏于开水中，澄清后喝上清液；方法二：用蒿子头3个，臭灵丹头或叶子开水泡服；方法三：竹叶、桃叶各10余个，或掐桉树尖3个，煎水服，治咽喉肿痛。

脓疮、疖或瘀血　方法一：疮待脓包出头后，用缝衣针灯头上烧一下（消毒），戳破引流后再用草烟屎涂于疮周围。如有猪苦胆涂患处；或用生重娄粉敷于患处。方法二：治疗瘀血要用青刺或缝衣针引流，再用火（水）罐拨脓或瘀血，最后用猪苦胆涂患处；或用生重娄粉敷于患处。

骨折 用“打不死”、雪上一枝蒿、接骨草、藏红花等捣碎，用饮用酒或米酒拌和加热，包于伤处，再用夹板固定。

二、中华人民共和国时期

（一）环境卫生

中华人民共和国成立后，中国共产党的民族政策照耀到这里。从土地改革时期开始，经常有县镇卫生人员进入村寨宣传卫生与健康知识。人民开始重视环境卫生，清除牲畜粪便、疏通沟渠、排出污水。每逢有传染病发生，除吃大锅药整体防治外，全村都要用石灰和药物消毒，这种做法，沿袭至开发咪依噜风情谷旅游景区前。景区开发后，对环境卫生的要求很严格，道路上不能出现人和牲畜的粪便。在游客出现的地方放置垃圾桶。2004 年 6 月，小岔河作为全州“群星文明工程”的试点，建造了 11 个垃圾处理池，改善了原来乱倒垃圾的现象。咪依噜风情谷自开发建设以来，基础设施建设日臻完善。新建厕所 10 个，畜厩搬迁改造 1632 平方米，人畜饮水管线建设 7000 米。实施以“三改三清”（改路、改厕、改灶；清污水、清垃圾、清违章建筑）为重点的环境整治，实现全村卫生厕所全覆盖。抓住咪依噜风情谷乡村旅游服务业标准被省质监局列为试点的契机，南华县结合服务业标准化试点工作实施方案，编写了《南华咪依噜风情谷乡村旅游服务业标准体系框架及标准明细》，制定完善了《环境卫生管理标准》《绿化标准》《节能降耗标准》《垃圾处理标准》《医疗卫生应急救援预案》《特殊事件应急预案》等标准。

（二）医疗卫生

中华人民共和国成立后，小岔河村设有乡村医生，一般小病在村里就能医治，较严重者就送到龙川卫生院或县人民医院治疗。岔河村委会设有岔河卫生室，医生2名，能处理简单的病症。国家实施合作医疗改革后，全村人都参与“新农合”，村民生病可以按病情送各级医院检查治疗。

第七节　文学艺术

一、咪依噜风情谷“十怪”

南华县这几年声名远扬的咪依噜风情谷，在旅游家眼里这里简直就是人间仙境，世外桃源。在这样一个国家AAA级旅游景区，每到一处都充满了新奇。它的魅力即来于它的十大特色，即“十怪”及由“十怪”衍生出来的沉甸甸的彝家酒文化。

第一怪　古树夫妻谈恋爱

苍天作证，古树作证。彝族零星地居住在穷乡僻壤之间，他们的思想纯洁得如山箐里的清泉，少男少女间的谈情说爱没有那么多繁琐的程序，更没有那么多的信誓旦旦的誓言，只要男女双方彼此爱恋，男方到女方家提一下亲，一对男女约在一起来往几次，说一些相互爱慕的话，婚姻就算成了。村前村后大树下是男女谈情说爱的地方，也难怪这里的千年古树也成双成对挨在一起，含情脉脉地对视着，多年过去了，它们不离不弃仍像一对初恋的情人。古树夫妻谈恋爱也就成了咪依噜风情谷的一个看点。

岔河丫口彝寨的夫妻树

第二怪 姑娘房中被自带

彝家姑娘满十五六岁，就必须住到父母为她准备的离父母居房较远的小屋——姑娘房。姑娘房是彝族的小伙子和小姑娘的领地，成婚后的男女一般是不能进的。彝族青年男女相约住进姑娘房，用歌声、调子表达他们相互间的牵挂与思念，恋爱中他们的感情热烈却不轻浮，他们彼此相互尊重，维系着纯真的情感，从不越雷池一步，自觉接受着民族传统道德的约束。情侣们在姑娘房中定情后，小伙将实情告知父母，父母托人到女方家提亲，一对情侣的爱情步入了“公开化”。“姑娘房”是男孩女孩爱情的开发和制造地，姑娘房中的青年男女可同床共枕，却只能动口不动手。在世人眼里，姑娘房永远是一个神秘的青春地带。

第三怪　夏天还需太阳晒

咪依噜风情谷房前房后都是苍天古树或茂密的原始森林，房屋躲在绿荫之中，即便是到了炎热的夏天，阳光也不容易挤进屋去，这里也仍是凉飕飕的，被清凉气候宠坏的人们，见到一点阳光也感到好奇，在阴凉处待久了，总少不了要到太阳下晒上几分钟。绿是风情谷的底色，浓得化不开的绿里释放出大量的氧离子，咪依噜风情谷是一个不折不扣纯天然的大氧吧。

第四怪　土房更比洋房帅

无论生活多么富足，彝族人民还是喜欢居住土瓦房。在他们眼里，钢筋混凝土盖起的房子热天太热，冷天太冷，住进里边如进了火柴盒，不像土瓦房那样住在里面四季如春。土房是土了一点，但经过主人们的装饰，土房比洋房还要美丽，墙脚经过勾画，同样像青砖砌成一般，白色的外墙上绘着一幅幅反映彝族人民农耕、涉猎、婚嫁、图腾等多种画，从逼真的画面中你能了解到彝族的许许多多民族风情，认识到这是一个勤劳勇敢、善良的民族。青色的瓦与墙壁浑然一体，搭配得十分和谐。咪依噜风情谷将自然美景与民族风情融为一体，在美景的掩映下，土房显得更加美丽，更让人羡慕。

第五怪　水车更比汽车快

青山绿水，二者的关系似乎永远都无法剪断。那流淌在峡谷间的清泉，绿得像童话一般，看一眼，便绿到骨头缝里去了。吱呀吱呀，大的小的，一个个水车不知疲惫地转动着。隐藏在高山峡谷中的咪依噜风情谷，水自然是这里最丰富的资源，在水流的冲击下，欢快的水车飞转着，像是跟山前公路上的汽车叫板、比赛一样。风情谷散落的景点，有的横在公路边，有的躲在半山腰，到风情谷来，驱车上山显然只能缓慢前行。在风情谷，相比之下，汽车跑得没有骡马快，也没有风情谷的水车快。

第六怪　野菌飘香无人卖

土房更比洋房帅

众所周知，南华是“野生菌王国”。到咪依噜风情谷来，采野生菌比吃野生菌更重要。到这里来，采野生菌是一项比较有趣的活动。茂密的丛林中，牛肝菌、鸡油菌、青头菌；红的、黄的、白的、绿的；大的、小的野生菌傻乎乎地躲在枯枝下，只要稍有一点耐心，一顿饭工夫就能采摘好多。物以稀为贵，随便都能采摘到的东西，自然不太值钱，谁还会拿来卖，谁又会在这买？野生菌是风情谷一定要吃的美食，不可缺少的美食，进入风情谷，就能闻到一股淡淡的菌香。

第七怪　女人只抽旱烟袋

彝族的老人不分男女都爱抽烟。在他们心中，烟是解乏解困的“灵丹妙药”，苦累了的老人们聚集在屋檐下，一边闲聊，同时把自己家里自制的烟丝拿给他人品尝，这不是为了炫耀，而是一种礼节。

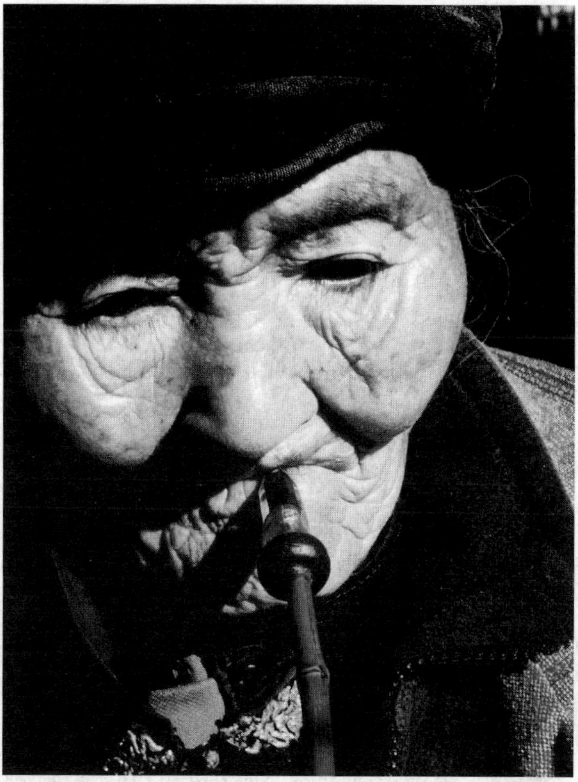

抽烟的老人

彝族抽烟的女人不多，但老年女性抽烟不是稀奇事。她们是不抽卷烟的，而只抽自家栽的老草烟。只要仔细观察，都能看到彝族大妈的包头或腰带上别着烟锅袋儿，从她们身边走过，准能闻到一股淡淡的草烟味。

第八怪　羊角酒杯不准卖

来到咪依噜风情谷，少不了要喝上几杯羊角酒，喝羊角酒是这里的招牌礼仪。热情好客的彝族青年男女，用他们的歌声表达他们对客人的热情。他们每向客人敬一杯酒都要唱一首代表彝族风情的敬酒歌，这种礼仪和藏族同胞敬酥油茶一样，是一种真情的流露，而作为盛酒的羊角杯，代表真挚情感的酒具怎能卖呢？卖掉羊角杯，等于断了财路。到咪依噜风情谷来，可以买到彝族服饰，买到彝族的许多土特产，帅气的伙子还可以把彝家的妹子带走，但就是这羊角酒杯是买不到的。

第九怪　姑娘敬酒不吃菜

彝族人热情好客，客人一来，敬酒是饭桌上少不了的插曲，为了表达对客人的敬意，他们唱一首祝酒歌敬一杯酒。敬别人一杯，自己也喝一杯，每一桌客人，无论你来自何方，他们一样对待，直到都喝得脸颊灿如桃花，才肯罢休。但是敬酒的姑娘只是敬酒，从不吃一点菜，目的是不使自己火热的祝酒之情降温或打扰客人的雅兴，以此表达她们的真诚。

第十怪　不喝两杯不自在

“阿老表端酒喝，阿表妹端酒喝……喜欢呢你要喝，不喜欢也要喝，管你喜欢不喜欢也要喝……”会说话就会唱歌，会走路就会跳舞。歌、舞、酒成了彝家人生活的调料。歌舞不分家，歌酒同样不分家，酒歌是彝家人最好的下酒菜。再者，到这来喝的酒可是自家酿的小灶酒。这酒不掺假，味醇、酒香，吃了不打头，绝对的纯粮食酿制。再说遇到这么多纯天然的好菜，好酒配好菜，不喝两杯不枉来一场了吗？真是舒心的酒千杯不醉，知心的话万言不赘。贪点杯也是身不由己之事。

在我们眼里，咪依噜就像是一部镌刻在大脑的书，一幅镶嵌在山水间的画，一首流动于天地间的诗，一曲铭记于心的歌。发掘这么一个景点，畅游于这个魅力之地，饱尝到了全新的自然风光，感受到浓浓的文化风韵，陶冶到极致的人文风情，心中满含的都是依恋。

二、民间谚语

小岔河彝族人民在长期的生产生活过程中，积累了丰富的生存经验及聪明智慧，留下了很多通俗易懂，充满哲理的谚语。

会看的用眼瞄，不会看的傻望。

渣管三天，汤管七天。

出门三里，不比家里。

人胖在于食，地肥在于粪。

一日不劳，十日无食。

杂草多则庄稼少，空话多则知识少。

人哄地皮，地哄肚皮。

吃得苦中苦，做得人上人。

庄稼不用夸，要等收到家。

养儿不用夸，要等养爹妈。

前人栽树，后人乘凉。

前人砍树，后人遭殃。

春天到，农活起，犁地栽秧农活忙。

夏天到，烈日炎，移苗植苗要看天。

我撒种，你盖粪，粪上盖土要盖好。

薅锄施肥要搞好，精耕细作多打粮。

秋天到，收割忙，摘完豆子掰包谷。

冬天到，天气寒，下年农活准备好。

背着你要搂，牵着你要走。

立夏不下，犁耙高挂。

小满不满，芒种不管。

云彩跑东，越跑越空；

云彩跑西，骑马送蓑衣；

云彩跑北，有雨下不来；

云彩跑南，越跑越蓝。

猫洗脸，雨不远。

三月发河水，五月晒河底（指农历）。

布谷叫到六月六，迟早谷子一齐熟。

秋雨不过沟。

雪落高山霜落凹。

天上扫帚云，三日雨淋淋。

雾露雾田坝，有雨不会下。

早起三光，迟起三慌。

家有千金，不如日进分文；家有万金，不如薄技在身。

人在实心，火要空心。

死水不经瓢舀，生意要知时刻。

嘴上无毛，办事不牢。

出门看天色，进门看脸色。

晴带雨伞，饱带干粮。

天狂有雨，人狂有祸。

蛇有多粗，洞有多大。

吃不穷，穿不穷，不会计划一世穷。

攒钱好比针挑土，花钱好比水冲沙。

酒肉好吃，不如说话好听。

人哄地一天，地哄人一年。

剩秧如剩草，缺秧如缺宝。

麦倒一包糠，谷倒胀满仓。

清明前后，种瓜种豆。

深栽洋芋浅栽秧。

宁栽三天陈秧，莫栽隔夜馊田。

逢贵莫攀，逢贱莫懒。

七月葱，八月蒜，秋分豆子白露菜。

宽秧脚，窄菜园。

谷子要翻梢，就要训杂交。

若要庄稼好，踩死田边草。

扫把响，肥堆长。

上肥不及换种。

头道松根，二道雍身。

庄稼一枝花，全靠肥当家。

香甜的米酒越喝越醉人，友谊的手越牵越温暖。

能分清糠和米容易，要识别真与假不易。

战马不怕枪声哮，飞鹰不惧路途遥。

九句话里总有一句可信，九条路中总有一条可走。

愿群山变成亲人，愿峻岭变成朋友。

山与山靠白云相连，坝与坝靠绿水相依。

远飞的雄鹰见得多，勤学的人们懂得多。

学会巨石那样稳重，莫学柳枝那样飘摇。

一只无底的金杯，不如有底的木碗。

大雁能知冷与暖，蜜蜂能辨西与东。

猎人最熟悉山路，渔人更能识水性。

不知西东望日月，不知南北望星星。

不知高低莫爬坡，不知深浅莫过河。

鹿耳再长遮不住鹿角，高山再高挡不住阳光。

要学好需用一辈子，要学坏只需一刻钟。

一树能容千只鸟，千鸟却难共一树。

一家和气得安乐，一家和蔼得温暖。

猫儿虽大吞不下一张牛皮，蚂蚁虽小能把牛皮吞噬掉。

一人难挑千斤担，众人能移万座山。

洗头红绳要选最长的，知心朋友要交最长久的。

眼睛望着天，走路会摔跤。

向上抛石头，留心自己头。

酸石榴，总有味甜的一天。

好书读得越多，心胸越开朗；

大山爬得越高，视野越广阔。

如果你过分夸耀自己，你得到的不过是冷笑。

庸俗的人容易高兴，高兴后又容易烦恼。

只要自己努力，命运会为你效劳。

躺在床上的聪明人，不如动手干的笨人。

毡做的袋子灰尘多，学问浅薄的人傲气大。

庙小妖风大，水浅王八多。

人行千里路，胜读十年书。

读万卷书不如行万里路。

一生没有遇到困难的人，永远不会成为真正的人。

三天不念口生，三天不做手生。

拳不离手，曲不离口。

青蛙常常忘记，它曾经是蝌蚪。

牛尾巴再长，也盖不住屁股。

金窝银窝不如自己的狗窝。

三、民间歇后语

歇后语又称“俏皮话”，是一种来自于民间、百姓喜闻乐见的语言形式。也在小岔河彝族人民中得以留传。

猫扳甑子——狗发财。

木匠戴枷——自凿（作）自受。

狗拿耗子——多管闲事。

十字街头抬木头——直来直去。

草席做中幅——不像话（画）。

肉包子打狗——有去无回。

狗头上绑皂角——装羊。

鞋帮烂了——丢底。

城隍庙里拉二胡——鬼扯。

吃荞粑粑打哈欠——张口就黄。

牛屎公公戴眼镜——冒充风水先生。

癞蛤蟆跳秤盘——自称。

耗子钻书箱——咬文嚼字。

大年三十的砧板——一家都不得闲。

猪鼻子里插葱——装象。

耗子钻风箱——两头受气。

阎王讨媳妇——一窝鬼。

老虎屁股——摸不得。

十五只吊桶打水——七上八下。

猫哭耗子——假慈悲。

茶壶煮汤圆——倒不出来。

泥菩萨过河——自身难保。

和尚戴东帽——与众不同。

老鼠舔猫尿——找死。

蚊子叮菩萨——看错人了。

瞎子点灯——白熬油。

倒吃甘蔗——节节甜。

黄连树下弹琴——苦中作乐。

小和尚念经——有口无心。

癞蛤蟆穿套裤——蹬打不开。

猫吃糍粑——抓不开。

老南瓜煮稀饭——稀里糊涂。

蜻蜓咬尾巴——自家吃自家。

麻雀吃豆子——要与屁股商量。

耗子拖秤砣——自塞门路。

哑巴吃黄连——有苦难言。

茅草盖山门——好事（寺）在后头。

光光头上的虱子——明摆着。

聋子的耳朵——摆设。

四、岔河彝族敬酒歌

彝族善饮，日常生活中少不了酒，随之产生了许多内容丰富生动的彝族酒歌。岔河每逢迎客或婚宴喜事，都会唱酒歌相互敬酒，其词其曲妙趣横生，让你如醉如痴，酒不醉人人自醉。

（一）最霸道的敬酒歌《管你喜欢不喜欢也要喝》

阿老表端酒喝，阿表妹端酒喝。

阿老表喜欢不喜欢也要喝，阿表妹喜欢不喜欢也要喝。

喜欢呢你要喝，不喜欢也要喝。

管你喜欢不喜欢也要喝，管你喜欢不喜欢也要喝。

（二）《彝山美酒等你喝》

月亮出来太阳落，火塘边上团团坐。

喝上几口小锅酒，喝了心里才快活。

远方老表欢迎你，路过岔河来坐坐。

彝家表妹等着你，彝山美酒等你喝。

（三）《好良心》

青菜心，白菜心，老表好良心；
青菜薹，白菜薹，老表好人才；
瞧着老表人才好，好人才，人才好，小妹喜欢您；
喜欢您人好又仁义，喜欢您快点把酒喝。

（四）《请你留下来》

你莫走，你莫走，彝家盛情把你留；
喝碗米酒舒心醉，跳脚对歌不害羞。
你莫走，彝家盛情把你留呀、把你留呀、把你留。

五、文艺团队

（一）阿哥阿妹艺术团

1998年，岔河成立阿哥阿妹艺术团，由李宗禄担任团长，李宗成担任副团长，并进行演出。主要以月琴、京胡和男女独唱、合唱敬酒歌和集体左脚舞的形式进行即兴表演。十多年来共为县上的重大节日，以及龙川镇、各社区、村委会、学校、机关、各种婚庆活动等演出各种彝族歌舞上千场次，观众达几十万人，受到广大人民群众的好评。2005年至2012年共演出190多场。到过很多地方进行文艺表演，如到楚雄紫溪山、大过口、三街镇、九街乡，南华县五顶山乡、一街乡、罗武庄乡、五街镇、沙桥镇天申堂村，姚安县仁和乡、太平镇、祥云县普棚镇、折苴乡村委会。目前，咪依噜风情谷开设的乡村农家乐，都能独立完成为客人敬唱彝族敬酒歌。

（二）岔河刺绣协会

2006年4月，岔河民族刺绣协会成立，周开存担任会长。她是彝族刺绣楚雄州非物质文化遗产传承人。目前，周开存带有徒弟20余人，如李天秀、李兰英、周存丽等。协会制作的刺绣产品，远销海内外。

（三）镇南月琴传习所

2010年6月，李树明被公布为云南省第二批非物质文化遗产传承人。

2016年，在大岔河村李树明家里建立起一座小型的镇南月琴制作传习馆和月琴博物馆，传授镇南月琴制作技艺，免费对中小学生、游客及群众开放。2008年，镇南月琴列入云南省非物质文化遗产名录。同时，由南华县人民政府财政支持，民营企业家和民间人士捐赠，建立“镇南月琴制作工艺”保护基金，对被认定的重点保护传承人提供生活补助。

第八节　体　育

岔河彝族在节庆组织开展群众性文体娱乐活动，有自己民族独特的体育竞技项目。

一、荡秋千

荡秋千亦称“吊秋”“甩秋”“荡秋”。一般支于木架或大树横枝上，高低不等，秋绳为粗实而韧性的皮条、藤条或麻绳。分为双吊秋与单吊秋。双吊秋为两根秋绳，下拴一块横板，人立或坐于横板上，双手紧握秋绳，运用自身撑力前后摆动，由慢而快，腾空飞荡，以荡得高、幅度大者为佳。单吊秋仅悬一根秋绳，绳末系一短木棒供人站立。荡秋者不但要有勇气，还要有高超技艺。单吊秋重心不稳，摆荡不定向，甚至会撞到木桩或树干，擅荡者荡起来左转右旋，横躺平卧，花样翻新。

二、摔跤

小岔河彝族传统角力活动，也是现代民族传统体育运动的比赛项目。男青年在工余时，不论田边地角，找块平地，即可摔跤。这种娱乐性摔跤，无详尽规则，只在摔跤前做些口头规定，以摔倒对手，让对手服输为胜。

三、铸犁头

铸犁头是小岔河彝族传统婚宴时迎宾活动之一，即在树枝架好的青蓬下，垫上厚厚的青松毛，四个彝族小伙或四个已婚妇女提着来宾的手脚，在青松毛地上荡秋千。此项活动只针对游客中的年轻男子，是一种好客的表现形式。

四、打陀螺

打陀螺是小岔河彝族传统体育项目。陀螺种类有平头、圆头、尖头和响嗡四种。大小不一，小者直径 5 厘米，大者 20 厘米，鞭索用皮条或麻制成，粗细不一，视需要而定。场地大小不限，玩法多样，有少年儿童的戏玩，亦有成年人的比赛；有两人互较高低，也有组队参赛。比赛方法有抽旋、比旋和对抗等几种。抽旋先由比赛双方抽旋各自的陀螺，谁的陀螺旋转时间长即为胜方，取得攻打权利，亦称“熬乐”。熬败的一方要一一抽转陀螺，让胜方对应的对手在数米以外的基线上抽旋其陀螺来撞击，若攻方的陀螺撞击到守方陀螺，并使自己的陀螺立地旋转的时间长于对方，即为获胜。比旋的陀螺直径在10厘米以上，用1米长的鞭索缠于螺身，比赛双方同时放旋于地上，比谁的陀螺旋转时间长。陀螺对抗则分个人和集体两种，一攻一守，守者将陀螺抽旋于地为靶螺，攻方在一定距离之外抽旋陀螺抛击靶螺，以将靶螺击倒而自己的陀螺仍在旋转为胜。

五、爬油杆

爬油杆流行于小岔河彝族地区。婚娶时，男方家准备一棵高而直的松杆。先将松杆去皮、抹上猪油或香油，再在杆上扎几道包有猪油或香油的纸袋。然后将松杆插在地里固定好。婚礼中亲友欢聚一堂，围杆起舞，这时由男方舅家表兄弟中推选一人爬上杆顶，取下杆顶上挂的肉酒。如顺利爬上杆顶，女方则满饮清酒一杯表示祝贺，否则女方代表中的表兄弟选一人来爬。爬杆技术佳者，可以绕过杆子上的油纸袋，技术较差者，碰破纸袋，满杆满身都是油，不但爬不上去，反而往下滑。

六、射弩

彝族弓弩制作考究，弓体多为木质，弦用皮筋制成。箭杆多为木质，也有铁质。箭旋有铁质、铜质和骨质三种，又分有毒和无毒两种。射弩比赛是彝族节庆、吉庆活动中的重要内容。古代射弩比赛，有射准和射远两种形式，即所谓：“村间比远射，入村比射靶。”射远比赛系大家站成一排，同时向一个方向射去，以远近分胜负。射准一般都有固定的目标，距离远近、目标大小由竞射双方确定。射准又可分为骑射和步射两种，步射有固定的位置，骑射则驰马而射。

第九节　手工技艺

一、民间艺人

民间艺人是一个村落的灵魂，是文化传承的根基，也是不可复制和研究古村落的一部活字典。从中你能读懂一个民族的历史脉络。这里的传统文化能持续发展到今天，与本寨民族民间传统文化传承人的活动有关，让我们看看这里的彝族民间艺人。

（一）三胡艺人李连昆

李连昆，男，已故，三胡制作人。年轻时，看到长辈演奏三胡，根据自己的木匠基础自制三胡。到目前为止，他是这里唯一的一个会做三胡的人。

（二）彝绣艺人周连英

周连英，女，1966年出生，是这里的传统刺绣的代表人物。刺绣是岔河传统的工艺，历史上年轻女子都会刺绣，周连英的刺绣工艺精细，独具特色。她的刺绣品有衣服、围腰、头饰、鞋子、裹背、挎包、枕头、鞋垫、荷包。图案有鸡脚花、牡丹花、梅花、石榴花、扇子花、蝴蝶花、牵牛花、樱花等。她的刺绣深受国内外朋友的喜爱，近几年来，她的刺绣品已销往国内外。

（三）镇南月琴传承人李树明

李树明，男，彝族，1963年3月出生，南华县龙川镇岔河村委会大岔河小组人。镇南月琴制作技艺传承人。

李树明家是世代相传的木匠户。他年轻时，经常听长辈们用月琴演奏优美动听的音乐，当地群众用月琴弹跳左脚舞。1997年，李树明凭借掌握木匠技术的有利条件，开始制作月琴，随着对月琴制作工艺的不断改进，李树明制作月琴的技艺独具一格。他制作的月琴形状为八方形、圆形、如意形，规格大小可根据需要制作，琴框上的图案有火把、龙、花卉，并大胆进行改良、创新。制作月琴的原材料包括楸木板、水冬瓜、樱桃木、金竹、弦线、油漆、颗粒胶。

他既是月琴制作艺人，又是弹琴高手，多次被云南省文化厅邀请参加昆明文化遗产日"非遗"展示弹奏表演，参加过北京文化艺术节的现场展示，参加过省文化厅组织的上海2010世博会云南活动周的月琴制作弹奏展示。他制作的月琴被省、州有关领导和省、州"非遗"中心收藏，被香港理工大学设计学院教授收藏研究。目前，在文化部门的关心支持下，李树明已在家开办了镇南月琴传习所，带有徒弟4人，开展镇南月琴生产、加工、销售、传习一条龙服务。

2010年6月，经云南省文化厅、云南省民委批准，李树明被公布为云南省第二批非物质文化遗产传承人。

（四）歌舞艺人李宗禄

李宗禄，男，彝族，1963年4月出生，南华县龙川镇岔河村委会小岔河村人。岔河彝族文化保护区歌舞艺人。

他从小喜爱彝族的调子和歌舞，1978年拜本村的月琴演奏艺人周发新为师，学习二胡、三胡、月琴等民族乐器。

经过多年的刻苦学习和实践，他已熟练掌握当地的各种左脚舞曲调，歌舞表演水平在不断提高，是当地有名的左脚舞组织者。1998年在他的倡导下，成立了岔河阿哥阿妹艺术团，他担任团长，每逢喜庆节日，就带领阿哥阿妹艺术团在县内各乡镇、各单位和农家大院进行演出，深受广大群众喜爱。在近30年的艺术生涯中，把技艺传授给许多年轻人，并培养出了李天荣、周开俊、李开富等一批有名的歌舞表演传承人。

2010年5月，经楚雄州人民政府批准，李宗禄被公布为楚雄州第二批非物质文化遗产传承人。

（五）彝族刺绣传承人周开存

周开存，女，彝族，1962年7月出生，南华县龙川镇岔河村委会小岔河村人。岔河彝族传统文化保护区彝族刺绣传承人。

她出生于世代相传的刺绣家庭，奶奶李涉丫和母亲李永秀自幼喜爱民间刺绣。她于1974年开始学习刺绣、剪花、构图、配色等传统手工艺。剪花只要一看就会，不用绘制，自创自剪，手法精细，剪出的图样惟妙惟肖，绣在衣服上活灵活现。

2006年4月起，她担任南华县龙川镇岔河民族刺绣协会会长，是当地出名的刺绣能手。她制作的刺绣产品，远销海内外，是当地有名的手工艺制作艺人。目前，周开存带有徒弟20余人，如李天秀、李兰英、周存丽等。

2013年9月，经楚雄州人民政府批准，周开存被公布为楚雄州第三批非物质文化遗产传承人。

（六）民族民间舞蹈艺人李宗成、周开先

李宗成　男，彝族，1965年10月出生，南华县龙川镇岔河村委会小岔河村民小组人。民族民间舞蹈艺人，民族民间技艺传承人。

他当过兵，后在家务农，任村民小组长，是当地有名的民族民间

歌舞艺人。近10年，多次参加省内外传统民族文化活动，在当地很有影响力。

他自幼喜爱彝族乐器弹奏和歌舞表演，1977年小学毕业后跟随大哥李宗禄学习二胡、月琴弹奏和歌舞表演。经过多年的刻苦学习，如今已经精通二胡、月琴弹奏的技能和歌舞表演。

十多年来，他自编、自导、自演了多场彝族歌舞表演，培养了一批优秀的月琴爱好者。如李天富、周开发、周开武、李天顺等，都是岔河月琴文艺团队的主要演员和骨干。

1998年，他担任了岔河村成立的阿哥阿妹艺术团的副团长。十多年来共为县上的重大节日，以及龙川镇、各社区、村委会、学校、机关、各种婚庆活动等演出各种彝族歌舞上千场次，观众达几十万人，受到广大人民群众的好评。

2013年4月，经南华县人民政府批准，李宗成被公布为南华县第三批非物质文化遗产传承人。

周开先　男，彝族，1964年12月出生，南华县龙川镇岔河村委会小岔河村民小组人。民族民间舞蹈艺人，民族民间技艺传承人。

周开先于1973年开始跟老艺人周建兴、周开顺、李发亮三位长辈学习彝族歌舞及民族乐器演奏。1978年初中毕业后，他已熟练掌握了本地彝族地区的民歌演唱及左脚舞、老人舞等各种舞步，精通月琴、二胡、京胡、板胡和树叶吹奏。

2005—2012年共演出190多场。到过很多地方进行文艺表演，如到楚雄紫溪山、大过口、三街镇、九街乡，南华县五顶山乡、一街乡、罗武庄乡、五街镇、沙桥镇天申堂村，姚安县仁和乡、太平镇、祥云县普棚镇、折苴乡村委会。

2005—2010年共培训了左脚舞表演队学员30多名，其中学民族乐器的学员就有9人，如三街鲁绍东，五街罗思华，沙桥曾冬有（京胡表演），一街周学华、周正相、七三，罗武庄阿所、罗增富、普正先（月琴演奏）。

周开先家是世代相传的传统音乐传承人，他年轻时，受当地生活环境的熏陶和影响，经常听长辈们用二胡演奏优美动听的音乐，从此对民族音乐情有独钟。再加之自身的探索与实践，已熟练掌握了各种彝族乐器的演奏技巧，而且还会制作多种乐器，如二胡、三胡、四胡、京胡、三弦等。目前，周开先带有徒弟 12 人，如李天寿、李天宝、周开秀等，徒弟遍及南华各个乡镇。近几年，他接待过一些国外专家、学者、游客及国家领导，深受各界人士的好评。

2013 年 4 月，经南华县人民政府批准，周开先被公布为南华县第三批非物质文化遗产传承人。

（七）传统彝医、彝医药传承人紫光顺

紫光顺，男，彝族，1970 年 1 月出生，南华县龙川镇岔河村委会飞家村民小组人。当地出名的传统彝医、彝医药传承人，民族民间技艺传承人。

紫光顺自幼在祖父、母亲祖传中医的熏陶下，传承了风湿、中风、半身不遂、妇科病等治疗方法。他 18 岁时就自己上山采药，熟知各种药材，22 岁便自己独立行医，曾在南华、楚雄、牟定、姚安、大姚等多地行医，救人无数。特别是在妇科疑难杂症上，只用自家配制的草药进行内服调理，很有奇效。近几年，随着紫光顺医术的成熟，越来越多的人上门求医。

2013 年 4 月，经南华县人民政府批准，紫光顺被公布为南华县第三批非物质文化遗产传承人。

二、镇南月琴制作技艺

月琴是彝族民间乐器，因形似满月，声脆如琴故名月琴，云南民

间俗称“弦子”，是成年男女跳歌场上不可缺少的伴奏乐器。

这里的月琴以工艺精湛、造型美观、发音精准、节奏明快、音色清脆悦耳而深受人们喜爱。月琴既是一种民间民族乐器，也是一件绝美的民族工艺品。当你轻轻拨动琴弦，有如丝丝细雨飘落；当你急促拨弄时，犹如万马奔腾，激烈奔放，让人心情欢畅。月琴有四轴四弦，每两弦同音，用五度定弦法调音，琴颈至面板上设7至13个品台不等，音域为两个八度。演奏时，琴斜置于胸前，左手持琴按弦键，右手用一竹片或牛角片拨动琴弦发音。弹奏技巧已发展到弹、拨、撮、滚、扫滚、按、颤、滑、吟等30多种。其中还有一种独特音响效果的“刮品”。这里的月琴不但可用于歌舞伴奏，还可以是一件出色的独奏乐器。在这里每逢节日，不论是山顶箐底，还是田边地角，人们都可以听到月琴“铮铮”的声音，深受百姓喜爱。月琴既是这里彝族跳左脚舞时不可缺少的伴奏乐器，又是小伙子谈情说爱、抒发情感、传递信息的工具。小伙子们常常用优美的琴声，表达情意，表达自己对姑娘的爱恋之心。在月光如水的夜晚，姑娘们踏着琴声，走过村寨，走过田野，去跟自己的情人约会，相互倾诉爱慕之情。在云南楚雄彝族自治州，不论男女老少都把月琴视为其生活中不可缺少的一部分，每天劳作之余或吃过晚饭后，他们便会抱上一把月琴在自家院里自娱自乐，跳左脚舞，消除一天的疲惫。这里彝家人说：“听到弦声（月琴）脚就痒，没有弦子不跳脚。”遇到节日或村中喜事，常是在宽敞院子里烧一堆篝火，数百人围成圈伴着月琴声跳左脚舞，三天三夜，通宵达旦。“跳脚跳得黄灰落，只见黄灰不见脚，跳出黄灰做得药”，“阿哥跳穿千层底，阿妹跳烂绣花鞋”。

讲咪依噜风情谷月琴故事，就必然要讲镇南月琴的故事，咪依噜风情谷月琴与镇南月琴一脉相通，相辅相成。云南省非物质文化传承人李树明就生活在咪依噜风情谷，他的月琴制作传承了镇南月琴的传统制作工艺并发扬光大。镇南月琴历史悠久，驰名中外，最为有名，

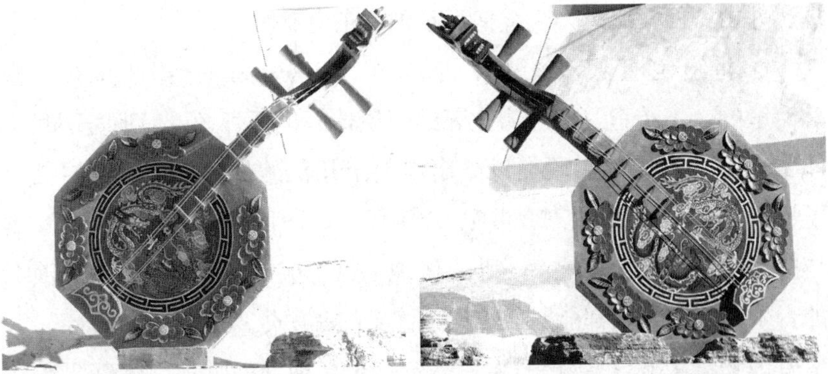

月琴雕像

清代即誉满三迤（即整个云南）。光绪《镇南州志略》记载：“州人杨氏世袭其业，所造者皆有美音，市之者甚重。”清朝福建籍著名军旅作家黄大琮于宣统元年正月在镇南（今南华）写下了《镇南杂咏》：“秋街一片沸人声，齐上山坪抱器行；自鸣岁时娱乐意，月琴竹笛和芦笙。”这说明清朝时镇南月琴就已经深入彝族的娱乐歌舞之中。据镇南（今南华县）“月琴世家”第十代传承人郭庆云介绍，其祖上制作月琴至今已有 300 余年历史了。传承到民国他爷爷这一代时进入鼎盛期，那时的“镇南月琴”作坊多集中在镇南州城内西街上，有抱月斋、得月斋、得月楼、玩月轩等 20 余家，尤以抱月斋店主郭纯熙所售最为著名：制作精细，音色清脆，浑厚悦耳，深受各民族群众欢迎。除了当地人来定做外，远道慕名求购者甚多，销往泰国、缅甸、印度等邻国。每当马帮过镇南，就有马锅头来买镇南月琴，一次买好几把。一是转手倒卖，二是自己在路途中以月琴消解寂寞。那时常是这样一种景况：一晚上会涌进几起赶马人等着要买抱月斋制作的镇南月琴，但月琴一下子又赶做不出来，他们十多个人就一边等一边在院子里弹起月琴跳起民族歌舞，到第二天等月琴做好才满意地挎在身上去赶路。于是，镇南月琴随马帮“走夷方”，琴声沿茶马古道响遍大理、保山、西双版纳乃至缅甸、泰国及东南亚。

20世纪30年代末，滇缅公路通车，来华抗战的美国兵看中了抱月斋里的一把传世月琴，店主郭纯熙说什么也不肯卖，但那美国兵又非常非常喜欢，最后硬是以高出本地十几倍的价格把这把月琴买走了，引起了全城轰动。20世纪60年代，南华西街“镇南月琴社”制作的月琴，打包销往上海、北京等地，供不应求，只要西洋乐器演奏的音乐，镇南月琴都能跟上，奇异优美的音质令人惊叹。1996年，云南省博物馆带60把镇南月琴到香港展出，观众一听是“镇南月琴”，不到一天时间就被抢购一空。

关于镇南月琴，民间流传着一个动人的故事，在古老的彝族山寨，有一位阿波养着一匹母马，时常到龙潭边去放。不知什么时候配上了种，第二年，下了一只小马，长得很丑很脏。一天，有一云游和尚，看到这匹小马，便告诉主人说，这是一匹龙马，你杀一只鸡，用鸡毛水清洗小马。主人照着做，果然，小马的鼻子里长出了小龙须尖。这对龙须一天比一天长了起来，身上也长出了一层鳞甲。更为神奇的是，轻轻抚摸小马的马尾会听到铮铮美妙的音乐。此事传到皇帝的耳朵里，传令阿波把龙马当贡品牵到皇宫。皇帝要赏赐阿波，善良的阿波什么也不要，他非常喜欢自己的小龙马，想要一个时常带在身边，能解乏、解闷，看得到龙头会发出铮铮美妙音乐的物品。皇帝便亲赐一把龙头月琴给阿波。镇南月琴的传承人就是以精雕细刻出不同造型龙头来区分各自门店及手艺，这虽只是传说，但也说明了文化传承的力量。

（一）镇南月琴用材及其结构

1. 用材

镇南月琴取南华本地树龄在50年以上楸树、水冬瓜树、马樱花树、野樱桃树、华山松，10年以上香笋竹作材质，需在深秋树木成熟时砍伐，解板后阴干定形1年以上才能使用。楸木，被誉为“木中之王”，木质细腻轻巧，有光泽，虫不蛀。木纹自然美观大方，干燥速度慢，不易变形，用于制作琴盘，弹奏时产生共鸣，音质浑厚。水冬瓜木，吸水性好，干燥后木质紧密，韧性好，不易断裂，做琴杆。华山松，木质疏松，易于雕刻，做琴杆或龙头。马樱花木做出的龙头最好，野樱桃木做琴簪，香笋竹做品台。

2. 结构

镇南月琴有八方形、圆形、如意形三种，结构均由琴杆、琴簪、琴盘、琴品、琴台、琴胆六部分组成。琴杆顶部呈弧形，雕有“老龙含珠”之龙头；下置7—13品不等竹制琴键直达琴盘中部，两侧置4个琴簪，相互错位，做调弦纽用。琴盘是产生音响的部件，需精细加工，薄而轻者为佳。古时琴盘内特置“琴胆”，系用钢丝将一枚铜钱固定在琴盘内，可产生特殊音响。弦线系于琴簪及琴正中下部琴码上。琴头大都雕成一个龙头饰以龙须。琴的正面板上雕龙刻凤，有的还在琴面正中镶上一面小圆镜。小伙子们抱琴弹奏时，龙须上下颤动，圆镜闪闪发光，龙飞凤舞，灵气活现。

（二）镇南月琴制作工艺

1. 制作琴框

用前一年砍下晾干的水冬瓜木8块拼成8边形，每块之间以榫衔接，用牛皮胶粘合，不用一颗钉子。整个琴框用24—56个榫固定，在琴框中间装上一根横杆。圆形琴和如意琴在此基础上打磨成圆形或肾形即可。

2. 制作琴板

选3块上好的楸树板拼琴板（少于3块琴板易凸凹变形），根据琴框的大小镶嵌于琴框里。琴板根据琴框大小直径为2.7—4.7厘米不等，琴板厚1.5—2毫米。

3. 琴面镂空

琴板须3块拼成，整体镂空。图案根据各自喜好自由选择，镇南月琴一般刻链子图、马樱花、兰花、火把、龙、凤等图案。如意琴除刻花草外，也有在琴上刻古诗词的。镂空过程相当费时耗力，且艺术含量甚高，是个技术活儿。

4. 制作琴杆

用水冬瓜树木或华山松制作琴杆，琴杆的长短根据琴框的大小而定，在琴杆上凿4个用于安装调弦的圆形洞及一装弦线的凹槽，上端安龙头，下端安琴码，即“钓鱼台”。

5. 制作琴簪

琴簪俗称“弦耳朵”，用野樱桃树或水冬瓜木为好。琴簪做成一锥形，旋钮刻楞方便旋转调试弦线，并将4个琴簪装在琴杆的两侧。

6. 制作龙头

制作龙头用马樱花树最好，华山松也可。先用小锯大体镂空，再用刻刀精细雕刻，做工十分考究。龙头形态花样繁多，有30多种，龙头（弦子）是镇南月琴的主要标志。龙头安装在琴杆最上端，配彩色绣球，跳舞时一闪一闪的，非常好看。

7. 制作琴台

琴台用山箐里生长的香笋竹做成，琴台上尖下宽，固定于琴杆上，用于弹奏音阶。1个琴台为1品，一般安装7—13品不等，9品以上可弹奏山歌、曲调及花灯，13品可与西洋乐器媲美，可弹奏任何曲谱。

8. 制作琴码

琴码俗称“钓鱼台”，形似虎头，须精细雕刻，并安装在琴杆下端。月琴的琴码是固定的，作用是固定另一端的弦线。

9. 安装弦线

早年使用的弦线用上好麻线煮蜡精制而成，历史上也使用羊肠线做弦线。20 世纪六七十年代用尼龙线，现多采用钓鱼线。弦线固定在琴簪和琴码上，共有 4 根，两两为一组，上是低音，下是高音；品高处是低音，品低处是高音。

10. 月琴美化

月琴做好后，为了使月琴美观漂亮，还要上两三道油漆，素琴上清漆。另根据镂空图案的需要，上各种色彩鲜艳靓丽的桐油漆或生漆，在琴板中间装一块亮堂堂的小镜子，月琴美丽无比。

11. 配制琴带

琴带多为彝族少女手工刺绣品，长 1 米左右，图案多为花鸟虫鱼，色彩艳丽，拴在琴杆两端，便于跳左脚舞时将月琴挂于胸前。

（三）镇南月琴的保护价值

镇南月琴是驰名中外、享誉世界的彝族民间乐器，是南华人民 300 多年传承下来的一块金字招牌。它在云南民间音乐中占有一席之地，久盛不衰，且为海内外众多乐团所使用，被列为云南省民族民间传统文化重点名录，是有文化历史渊源的。镇南月琴不仅作为乐器深受专业、业余文艺工作者喜爱，就是普通民众也十分喜爱，是普及率很高的一种大众乐器。它还是一件工艺精良的雕刻工艺美术品，有较高的鉴赏和收藏价值，有很高的文化艺术保护价值。抱月斋传承人郭庆云制作的月琴被云南省博物馆、楚雄州博物馆和外国友人收藏的有 40 余把。蟠龙村委会大村的李发枝珍存的一把百余年的龙头圆形琴是龙川镇西街李书先制作的。

八方形琴共计 4 把，在民族文化宫参加“楚雄——神奇美妙的彝州”彝族民族风情展，受到音乐家们一致好评。镇南月琴独特的生产技艺，独特的形状、音质、音色、音量，已成为大众喜爱的优秀传统文化产品，此项目的保护、开发、利用，必将促进民间艺术的繁荣，促进文化旅游、文化产业的发展。

镇南月琴承载着南华历史文化和彝族文化，是中华龙文化的重要组成部分，伴随南华从镇南到南华华丽转身的历史脉络，深深地打上了历史印痕。无论是光绪《镇南州志略》中的记载，还是清朝福建籍著名军旅作家黄大琮在宣统元年正月在镇南（今南华）写下的《镇南杂咏》，都在说明一点：沿袭300余年历史的镇南月琴因制作精细，音色清脆，浑厚悦耳，深受各民族民众欢迎，镇南月琴已深入人心。

镇南月琴曲目多，如《思乡调》《喜庆调》《合心调》《进门调》《散闷调》《梦香》《草皮调》等。在漫长的发展过程中，镇南月琴逐步赋予了歌舞文化、婚礼文化、祭祀文化、服饰文化、农耕文化、广场文化等内涵。镇南月琴对促进民族和睦，传承民族文化具有不可替

镇南月琴

著名作家黄尧、白山考察镇南月琴

代的作用。

20世纪60年代，南华西街“镇南月琴社”制作的月琴，打包销往上海、北京等地，供不应求。近几年，一些国外专家、学者、游人到岔河寻根问祖、考察观光时，被李树明制作的镇南月琴深深吸引。从此，李树明的月琴或作为礼品馈赠给亲朋好友，或作为商品被游客争先抢购。他制作镇南月琴20年来，参加各类展览、展演和比赛，制作销售月琴上千把。他制作的月琴深受附近友邻地州月琴爱好者青睐，大量销往上海、昆明、大理、腾冲、保山等地，被国家、省、州各级博物馆和外国友人收藏。随着市场经济的发展，他的手工艺制作水平也不断提高和创新，月琴从20年前的几十元一把，上升到现在的上千元一把，具有较好的市场前景和发展空间。

三、彝族刺绣

彝族是一个勤劳而又富有智慧的民族，有自己的语言文字和历法，彝族音乐歌舞相伴，传统工艺富有特色，彝家人热情好客，酒文化纯朴真诚，具有悠久的历史和古老文化。彝族人世代在云贵高原和康藏高原的东南部边缘地带的高山河谷间生产劳作，繁衍生息。彝族主要分布在云南、四川、贵州三省和广西壮族自治区的西北部。云南省楚雄彝族自治州南华县彝族人口占总人口的33.9%。神奇秀美而广袤丰饶的土地江川养育了一代代彝族人，也孕育出彝族人悠远的历史和朴素而多彩的民族文化。

彝族刺绣图案精美、色彩艳丽，是彝族最具代表性的文化表述和载体，也是中国传统民族民间工艺的重要组成部分。与中国“四大名绣”苏绣、粤绣、湘绣、蜀绣相比，彝绣以红、黄、黑为三大原色，具有技法粗犷、色彩浓烈、集中反映彝族人图腾崇拜、民俗风情等特点。彝族妇女大多擅长挑花刺绣，每个村寨都有刺绣能手。在彝族居住地区，彝族妇女都穿着精美的花衣裳。彝族绣女从小在母亲的指导下学习绣花、挑花、补花的技巧，针法主要有平绣、绉绣、缠绣和帖绣。彝族服装多为宽边大袖的左衽衣服，在衣服的胸襟、背肩、袖口或整件衣服上用红色、金色、紫色、绿色等颜色的丝线挑各种花纹图案，在衣领上还镶嵌有银泡。此外，还喜欢在头巾、衣襟、坎肩、衣裳的下摆、围腰、腰带、裤脚、裙边等处绣上各式色彩鲜艳、寓意深刻的花纹图案作为自己心仪的装饰。

咪依噜风情谷的男女都喜欢穿绣花衣、绣花鞋、羊皮褂，刚柔相济，古朴大方，绚丽多彩，粗犷与秀美并存。服饰自然协调，这里有来自他们对自然模仿的因素，如秧鸡、锦鸡、山茶花、马樱花、山猫、豹子的颜色都可能是模仿的对象。小伙子上穿蓝色对襟排扣服，领子、袖口、衣襟上用大红底色绣花布缝制，下着黑色长裤。女青年的上衣多为粉红色或白衬衫，穿着黑色长裤，外面套上镶着花边的黑色背褂，围腰上的绣花鲜艳夺目，围腰带光彩灿烂如云霞。彝族服饰上的刺绣，花团锦簇，五彩缤纷，灿烂夺目，精妙绝伦。充分展示着彝族对火、虎、花的三大图腾崇拜，体现宗教理念和服饰审美观念。

男子的衣服绣有火把、老虎的图案，女子的围腰绣有大红大绿的马樱花。刺绣一般以黑、青、蓝为底色，图案源于对自然生物的模仿，有着浓厚的自然色彩。彝族妇女绩麻、捻线、织布、剪裁、缝制、刺绣，样样精通，充分显现着她们的聪明才智、精湛手艺和人与自然和谐的生活意识。

她们也戴银饰品，手镯、耳环、簪花、链子等都是银制的，当他们跳脚时银饰品会发出叮叮当当的声音，和她们的笑声混在一起。未婚女青年的包头上装饰着毛线绒球，时髦的还用花绢来装饰，她们入城进镇会引来一串串目光。有的男人会把公锦鸡的尾羽插在毡帽上，以示刚阳雄俊。在彝族令人眼花缭乱大相异趣的服装中，羊披褂更令人瞩目。羊披褂具有其他服饰不可代替的作用，比如御寒保暖，防雨防潮，劳动保护，既可披又可垫，甚至还可以作社交娱乐活动用具。因此，羊披褂在这里的彝族群众中穿久不弃，长期流行，特别在山区羊披褂普遍流行，无论男女在普通服装外都要加上一件羊披褂。现在

正在刺绣的岔河彝族妇女

有的地方将羊披褂进一步加工成制作精致的羊披马褂，价格在千元以上。羊披褂凝聚着彝族千百年的历史，正是它叙述着彝族是来自澜沧江上游青藏高原那个赶着牛羊四处迁徙的古代羌族，羊披褂之所以千年流传、盛行不衰，其内在的原因正在于此。羊披褂已成了这里彝族悠久历史的缩影，古老文化的象征。

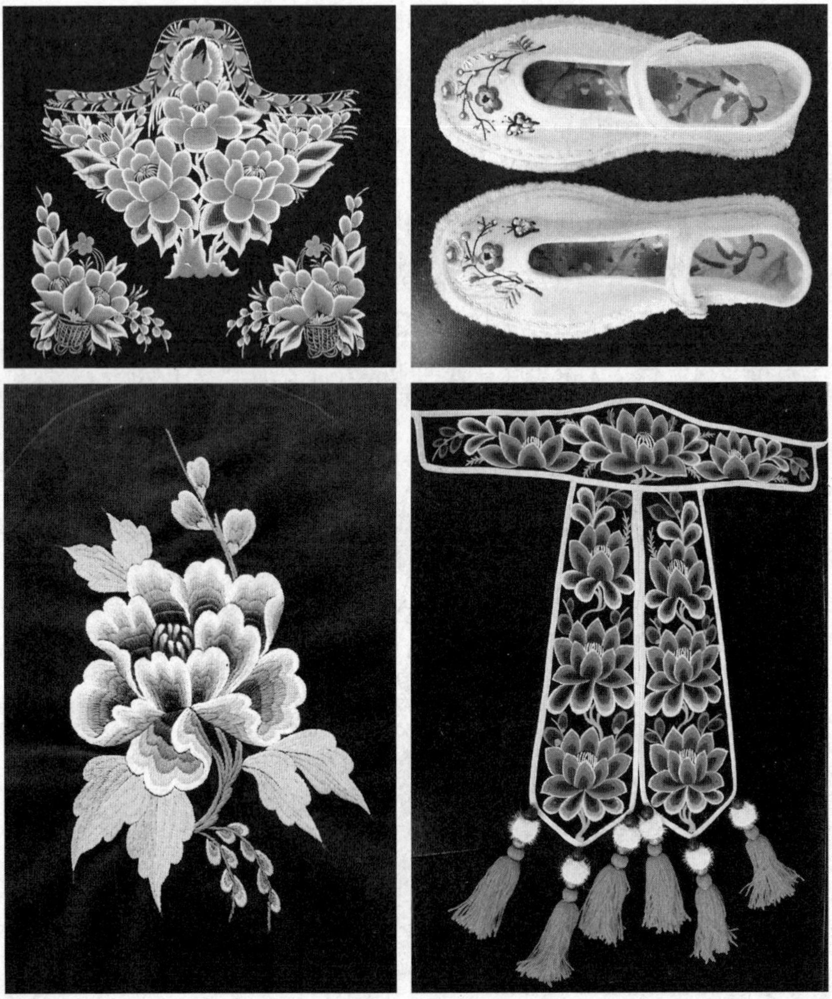

岔河彝族刺绣

彝族少女善于刺绣，得益于母亲的从小就教。女孩到了十二三岁的时候，一般都会做针线活、绣鞋垫之类。到出嫁时，婆家每人一套衣服、一双鞋子要做一年之久。刺绣是彝族妇女最重要的生存技能之一，过去，不会做针线活的女孩一般没有夫家会要。

刺绣是小岔河传统民间工艺。刺绣工具材料主要有针、线、布等。刺绣品的种类有衣服、围腰、头饰、鞋子、裹背、挎包、枕头、鞋垫、荷包等，绣线现多用色彩斑斓的毛线，20 多年前用较细的丝线，因丝线容易掉颜色，后来就改用毛线，颜色通常有大红色、桃红色、绿色、黄色、粉红色、天蓝色、白色等。刺绣图案有鸡脚花、牡丹花、梅花、石榴花、扇子花、蝴蝶花、牵牛花、马樱花等。岔河刺绣工艺独特，制作精细，深受彝族同胞和国内外朋友的欢迎，近几年，刺绣工艺品已销往国内外，小岔河 20 号周连英户和 29 号周开存户，每年的刺绣收入都在 10000 元左右。

岔河彝族妇女擅长在各种布料上刺绣，传统的刺绣图案有花、鸟、虫、鱼 20 多种，根据需要，还可以自创图案。100 多年前流传下来最著名图案有百子图、百鸟朝凤、富贵牡丹等。

四、三胡制作技艺

（一）关于三胡

三胡是彝族特有的弓弦乐器。南华岔河的三胡及老人舞（玛姑舞）均从牟定凤屯腊湾韭菜地随老祖宗传入。三胡因马尾分开两股，不论拉奏里弦、外弦或中弦都同时发音，形成美妙的自然和音。三胡因琴弓短小，弓法上多用灵巧的分弓，指法的特点是滑奏，多用装饰音。旋律多变，音响丰富、甘润。

300 多年过去了，至今我们还找得到南华岔河彝族与牟定腊湾彝族存在历史渊源的有力证据，那就是这两个地方的彝族老人都跳一种十分古老的玛姑舞，即老人舞。这种节奏缓慢、动作变化多样的老人舞是当地彝族老人年轻时从父辈手里一代一代传下来的一种左脚舞，至今已流传500多年了。玛姑舞是把彝族歌舞、农耕文化、礼仪习俗、伦理道德、宗教历法等内容结合起来展示的一种风格奇异的舞蹈，基本舞步有直脚、甩脚、踮脚、跺脚、踏脚、提脚、赶脚、合脚等。不论在什么场合跳舞，首先要让彝族老年人跳玛姑舞，老人跳完后，年轻人才能跳欢快的左脚舞。老人舞分为直歌和杂歌两大类，伴奏乐器主要是三胡，还有三弦、笛子、月琴等，音乐婉转优美流畅，曲调与舞蹈紧密结合，风格独特。著名导演李亚威在拍摄41集电视纪录片《火之舞》时，就多次到岔河咪依噜风情谷和牟定腊湾韭菜地拍过这种濒临失传的彝族玛姑舞。

玛姑舞的独到之处还在于老人跳舞时伴奏的乐器是三胡，而非二胡或京胡。三胡是彝族先人自己发明创造的一种乐器，南华过去会做三胡的只有岔河新村的68岁的彝族老人李连昆。他是南华县唯一会做三胡的人，他这辈子也就一共制作过三把三胡。三胡的制作与二胡有所不同，二胡只有两根弦，而三胡有三根弦，分别代表着彝族生活的苦难、辛酸与坎坷。这三根弦线不是钢丝线也不是一般的彝弦线，而是一种纳鞋底的麻线，比前二者要粗得多。弦筒处则是用羊皮绷成一个小鼓，弦线就从鼓上跨过。巧妙的是三胡拉弓上的马尾是连在中间那根弦的两侧，拉三胡时两侧的马尾根据音阶的需要分别作用于两边的弦线，相当于一把二胡有两把弓。这样，三胡独特的弦线与独特的鼓面天然合一，拉出的音乐就会有一种缠绵、婉转、浑厚的感觉。跳玛姑舞时，男的每人手持一把三胡，胡筒别在腰部，左手的五个指头则在弦索上灵巧地滑动，右手舒缓地拉弓，这时三胡便发出铿锵有力、清脆而有节奏的旋律。李连昆老人不仅会制作三胡，而且是会演奏三胡的老人。他拉三胡发出的曲调高扬而有力，音质低沉而古朴，音色浓重而古老，充满沧桑感。遗憾的是老人已于2012年离世。

经过南华文艺界人士多年的不断呼吁，政府部门的重视，继李连昆之后，沉寂了多年的岔河彝族独特乐器三胡及玛姑舞，又有了李宗禄、李宗成等三位传承人，南华的三胡及玛姑舞文化有望一代一代传承下去。

（二）制作技艺

三胡的制作与二胡差不多，其不同点是三胡是三根弦，三胡的马尾连在中间一根弦的两侧，相当于有两把弓。三胡一般演奏老人舞的音乐，音调轻柔舒缓，深受老年人的喜爱。其制作技艺分 6 个阶段：

一是取长为 15 厘米，直径为 0.8 厘米的晒干的楸树，用凿子将楸树的树心凿空，成竹筒状，在上面刻上自己喜爱的图案。

二是取蛇皮（没有蛇皮可用青蛙皮或薄的楸树板）固定在圆桶上。

三是用楸树制作弦杆，并在弦杆上凿三个洞，刻上自己喜爱的

三胡制作艺人周开先

花纹。

四是制作调弦杆，将调弦杆装在三个凿好的洞眼上。

五是装上弦线，历史上用的弦线是羊肠线，现在一般到商店购买尼龙线。

六是取活的金竹在火灰里炮制定形三胡的弯弓，再用马尾将弓子和三胡连在一起。

五、碾米磨面

粮食加工是小岔河彝族生活中绕不开的话题，特别是碾米和磨面，在过去是一项十分繁琐的劳动。稻米最早的加工办法是一批一批地拿到石碓里去一下一下地舂；面粉要拿到大的石盘磨上一下一下地

岔河旧时的水碾

磨，效率非常低下。但小岔河历史上的碾米和磨面已算得上先进，一般用水碾、水碓、水磨。水利条件不好的村寨，就只能用手碓、脚碓、手磨、推磨、杵臼舂米和磨面了。

水碾　彝语称“依尼子”，以流水为动力，是小岔河古老的碾米工具，比石碓、杵臼舂米要先进得多。现已被碾米机代替。

水磨　彝语称“依尾”，以水为动力旋转磨面粉，比手磨、推磨先进。

水碓　彝语称“依青陡”，以水为动力，比脚碓先进。

杵臼　彝语称“青陡”，舂米工具，臼是用坚硬的大石头，中央凿一曲凹盛谷子。杵为两头粗，中间细的大木棒，用于舂米，不省力，比脚碓还要落后。

脚碓　彝语称“青陡”，应用杠杆原理，用脚踩下一端，另一端

石磨

起，接着脚放，另一端落下砸在舂谷物，比杵臼舂米先进，但比水碾落后。

手磨 彝语称“扎尾”，磨由上下两扇有络纹的石头合成，上部有把手用于旋转磨盘，即手磨。

推磨 彝语称“尾阿”，石磨上半部用一长扁的木棍抵及腹部或用手推，沿磨盘圆周运动。

六、酿造技术

小岔河彝族善饮，与生俱来具有良好的传统酿酒技术，家家会酿甜白酒和烤制小灶酒。在那没有市售酒曲和酵母的年代，还能采集蓼草等自配酒曲、自制发面用的酵母。

（一）土制甜米酒

制作甜白酒的原料是糯米、小米、饭米和酒药（酒曲）。其制作过程是将糯米、小米或饭米放在冷水中浸泡1天，放在甑子中直接蒸，蒸熟冷却后，拌上酒曲药（拌匀），放在糠箩或松毛堆中保温，等待发酵。这个过程冬天一般要4—5天，夏天2—3天即可食用甜白酒。待时间一长，甜白酒就会变得辛辣如烧酒一般。

（二）烤小甑清酒

烤小甑清酒的主要原料是玉米、大麦、小麦、高粱、荞子等粮食作物和酒药，再加适量的米糠皮。其工艺流程是将玉米、大米或荞放在锅里煮熟后拌少许米糠皮，冷却后再用酒曲拌匀，放入木桶或陶罐中发酵7—10天，直至有酒汁，然后再放入专门用来烤酒的木甑中蒸，上置一口锅作为冷却水，被蒸腾的酒精遇冷却水即变成为酒。故冷却水须不停更换。每100公斤粮食可以酿制30—40公斤50度的清酒。在岔河酿制清酒几乎是以户为单位，自酿自用，未形成商品。俗称“小灶酒”。

七、榨油技术

在过去缺肉少油的年代，山上的很多野果实都能榨油供人们食用，如山茶花开败后结籽可榨油，黄连木结籽后也可榨油，山上有一种叫小葫芦的果实如水果，软后吃肉其核可榨油，铁核桃、核桃、青刺果晒干后都能榨出油，只是这些来自山野的油放多了，就会有些许苦涩味，并没有纯菜籽油那么好吃。

小岔河彝族榨油全是生活逼出来的智慧。1975 年以前，小岔河均用木榨榨油，70 年代以后，传统的榨油工艺逐渐被机械榨油所取代，现在木榨榨油工具已基本消失，年轻人已不知道古人是如何在“骨头里榨油”了。所幸的是当地部分 60 岁以上的人还懂得木榨的制作及榨油的工艺流程。

木榨制作　首先选择一段杆直长约 3.5 米，切面直径约 50 厘米的红栎圆木，将其树干掏空成圆槽状，槽底口面再挖一小斜槽，槽头的一端通一小孔为出油口，槽的另一端留一大口，这一个口主要用于将油饼放入槽中和榨油时放木楔。

辅助工具　直径与木榨内径相当的红栎圆木墩头和规格不一的木楔子若干个，重量 10—15 公斤的石锤或木锤 2 把。

油料作物　山上找来的野果核、油菜籽、小葵花籽、蓝花籽、核桃、大麻籽、山茶树籽等。

工艺流程　把油料放在铁锅中炒黄出香味，用碓冲成末，然后把末放在大木甑中蒸，蒸至能把末搓成团，再把它做成饼，饼要用干净的棕或稻草包紧，饼的大小与木榨的槽相近，做好的饼称之为“油饼”。最后将油饼放入木榨槽中，放两个油瓶加一个木墩，直至把榨槽装满木楔，这时由两人不停地敲击木楔，不断地敲，适时加楔，一直要把油挤干为止。另一个方法是应用杠杆原理，不用锤敲打木楔，而是在一长杆的另一头不断增加重量，从而挤压油饼出油。

八、榨糖与制糖

糖是生活中的美味，在过去贫困年代尤其如此。小岔河彝族不种甘蔗，却能寻觅到自己需要的元素。用大麦芽和玉米秆榨糖是岔河的传统手工制糖方法，但随着生活水平的提高，这些生活技能现已失传。

麦芽糖 彝语称“比树”，味甜且粘牙。其制作过程是将大麦淘洗后放在水中浸泡 1 天，再放入瓦罐或塑料布中焐 2—3 天，待大麦长出麦芽，之后将麦芽放在锅中煮，煮至糖浆出来后，用纱布将麦芽滤出，再将糖浆水放在锅中煮，煮至成糖即可。

玉米秆糖 彝语称“书白嘎嘎”。过去的老品种玉米秆多像甘蔗，外表呈红色，汁多且甜。制作过程和方法与麦芽糖大致相同，将玉米秆洗净切成小段，放在锅中加水煮出糖分，煮到糖浆出来后，用纱布将玉米秆滤去，再将水熬制成糖即可。

九、皮革制品

彝人喜欢狩猎，喜欢猎物皮革制品。相对而言，小岔河彝族同胞使用皮革的历史悠久，习惯将牲畜的皮制作成生活用具，主要有羊皮褂、麂皮褂、麂皮兜肚、麂皮刀壳、麂皮烟盒、皮条等。

羊皮褂 彝语称“阿赤飘”。取羊皮并在其上擦上猪油，用力搓揉，直到羊皮变软后，将羊皮制作成领褂，即为羊皮褂。制作一件成年人的羊皮褂需两只大山羊的羊皮。至今每晚来龙泉广场跳三弦舞的老人中，还有七八人穿着羊皮褂，在夜色下洁白绵软，长及腿弯，是彝族男子一种标志性的穿着。羊皮褂分四脚羊皮褂和齐头羊皮褂两种，前者留有羊皮原有的形状模样，后者裁剪比较齐整。这种羊皮褂，冷天把羊毛一面穿在里面，保暖；夏天翻过来穿，凉爽；下雨时还可以当雨具用；背篮子、抬物体时则用于垫背和护肩，故山区彝族不论下田劳作，还是上山活动，一年四季都喜欢穿羊皮褂。清末福建诗人黄大琮来南华有诗言："一衣长此无冬夏，黑白羊皮足蔽身"。

麂皮褂　彝语称"此几皮褂"。麂皮褂是用猎获麂子取皮后制成，与羊皮褂不同，不需用猪油搓揉，取麂皮缝制成领褂即可，历史上一般是有钱人才能穿。制作一件麂皮褂需 4 张麂子的皮。

麂皮兜肚　彝语称"此几飘若"。取麂子皮后，经过裁剪缝制即可，麂子皮比较柔软、暖和。麂皮兜肚一般为男人所佩戴。

麂皮烟盒　彝语称"依活"。取麂皮后，需用烟盒状的模型进行加工，将麂皮套在模型上，直到麂皮干了，再将模型取出即可。

麂皮刀壳　彝语称"阿托黑"。与麂皮烟盒相同，先要制作刀子样的模型，才能制作麂皮刀壳。

现在，因麂子是国家保护动物，已不再用麂皮制作生活用品，只用羊皮制作羊皮褂。

十、林产品加工

由于岔河禁止砍伐树木，因此没有专门的林产品加工。偶然会有人出售用木料制作的犁架、犁耙、锄头把、连枷等农用工具，或零星出售用竹子做的簸箕、筛子、挑箩、提篮、背箩、粪箕、鸡笼等篾器。

第三章　生产方式

据我们考证，小岔河彝族祖先来自相邻的牟定县凤屯乡腊湾和姚安县太平乡。传说那时的牟定腊湾的李姓彝族，因打猎寻访来到岔河，认识了这个山川秀丽、物产丰富、人烟稀少的世外桃源。有一年，因遇到严重的干旱自然灾害，兄弟分家后，就有牟定县凤屯乡李姓彝族搬迁来小岔河居住。据我们考证李姓彝族家谱18代，小岔河彝族村寨历史在450年以上。

这些来此定居的彝族先民，早先可能以打猎、烧炭为生，后来可能种点荞麦、洋芋、豆类之杂粮，少量饲养家禽家畜。这里的彝族，直到民国时期，仍很少种植蔬菜，也不用人畜粪便浇灌菜园或农作物，也从来不吃浇过粪便的蔬菜，他们认为蔬菜浇粪便后不吉利，人吃了浇过人畜粪便的蔬菜后会得病。最流行的农业耕种方式就是刀耕火种，即冬季在山坡上砍倒一片树林，待春天树枝晒干后放把火烧山，以燃烧后的草木灰作底肥，种下洋芋、豇豆、荞麦、蔬菜等一类作物，仅收一季，下一年在另一片山坡上再砍再烧，如此轮流播种，产量极低。故有“种一披坡，收一提箩”之说。100多年前，清末福建诗人黄大琮随军来到镇南（今南华）写下诗言：

荒芜园圃乏人锄，
但见蓬蒿不见蔬；
遗利谁知勤艺植，

青青畦菜客民庐。

（土人不种菜，其种者多客民。）

烧山红透两三尺，

取土浇田计太迂；

要识上农勤粪溉，

力耕可使瘠成腴。

（正月烧山，透土三尺，取以浇田，云：可大熟。）

小岔河彝村生产方式的转变是从大集体到包产到户，从包产到户到土地经营权的流转。农家乐也是经历了全村人出工出力的集体经营模式向以户为单位的经营方式的转变。

第一节 耕 作

南华县龙川镇岔河村委会总户数有361户，总人口有1601人，其中彝族人口为1594人，占99.6%。平均海拔2100米，平均气温14.9℃。有森林面积6.9万亩，森林覆盖率达72%。这里是一个典型的彝族聚居村。

一、作息

旧时，小岔河村遵循日出而作，日落而息，天阴下雨停工休整，春秋两季农忙时，披星戴月地劳作。大年三十，小岔河彝族过年为“库戏么”。过年时间从腊月三十吃晚饭时到正月初五吃过上午饭时止。正月初五的中午饭如年三十一样隆重，饭后送祖灵回堂，全家人下午出工做农活，视这一天为一年农活的开工日，并带着炊具到田边地头野炊。二月育秧苗；三月收割小麦、做田插秧；四月种包谷、种荞；五月栽谷子；六月除草、施肥；七月收荞；八月收割稻谷；九月种蚕豆、小麦、大麦。

二、农田基本建设

岔河村委会2015年有耕地面积1340亩，其中水田面积629亩、旱地面积711亩。2015年底全村农村经济总收入达3092万元，农民人均纯收入8742元，粮食总产量688.9吨，人均有粮430公斤。小岔河村有农户50户225人，有耕地183亩，其中水田93亩、旱地90亩。2015年底经济总收入212.6万元，农民人均纯收入9062元；粮食总产量87吨，人均有粮387公斤。

岔河在历史上多用木槽引渡灌溉。随着政府加大对农田水利设施建设的投入，岔河的引水灌溉发生巨大的变化，灌溉设施从原来的木槽变为现在的沟渠，但目前还存在着极少的木槽引渡灌溉。

三、岔河的物类

（一）植物

小岔河境内森林资源丰富，主要天然林群树种是云南松、麻栎、桤木树、旱冬瓜。同时，有丰富的中草药资源，有低等植物菌类、高等植物苔藓类、蕨类、裸子植物、被子植物等200多种。

木本类有桃、李、梨、樱桃、杏、花红、柿子、苹果、大白花、小杨梅、香椿、毛竹、金竹、山楂、板栗、核桃、花椒、臭菜等20余种。

草本植物有芋类、薯类、萝卜、山药、百合、茄子、莴笋、川芎、莲花白、青菜、白菜、大头菜、豇豆、黄瓜、西红柿、辣椒、南瓜、小葱、蒜苗、芫荽及各种药材等。

（二）动物

小岔河境内野生动物共有20多种，其中主要保护的珍稀鸟类为鹰鹫、白腹锦鸡、白鹇，国家级保护动物为穿山甲、果子狸、香猫、麂子、狐狸、水獭猫、野兔等。

动物类有黄牛、水牛、骡、羊、猪、狗、猫、兔、鸡、鸭、鹅等十多种。

（三）野生菌类

主要有松茸、牛肝菌、香蕈、鸡油菌、香根、鸡坳、干巴菌、虎掌菌、栗窝、青头菌、灵芝等200多种。

小岔河山珍

果园里套种豌豆

四、农作物

小岔河主要种植稻谷、玉米、大麦、小麦、豆类（蚕豆、豌豆、大白芸豆）、蔬菜等，主要经济作物为核桃、樱桃、岔河刺梨、冬桃、魔芋等。

（一）传统种植业

1. 主要粮食作物

小岔河夏季主产水稻和玉米，春季主产小麦和蚕豆。其他粮食作物有大麦、荞麦、豌豆、白芸豆、黄豆、扁豆、红薯、洋芋、芋头等。

过去的小岔河彝族生产生活方式相对落后，20 世纪 60 年代以前，这里的人们用于充饥的食物最多的还是荞麦或豆类，不种稻谷，而是栽一种稗子，很少能吃到白米饭。

小岔河彝族过去种植的水稻和玉米都是些老品种。收获的时候，先得把饱满的谷穗和玉米留种，因籽种自留自用，产量都很低，但口感极好。现在已有近20年自己不留谷种了，而是每年都到市场上的种子公司购买杂交品种播撒，稻谷现在多数栽种楚粳27号或28号，产量比早先的老品种高了两三倍。玉米过去栽的也是本地品种，产量低，在小岔河算是主食，现在玉米种的也是新品种，产量极高，但人几乎不食用了，而是用于喂鸡和饲养肥猪，有一部分则用于烤小灶酒。

在小岔河彝村，蚕豆和小麦现在种的也都是新品种，收获的蚕豆粒比过去的老品种大了一倍。尽管蚕豆的产量不高，但蚕豆秆粉碎后可做猪饲料，再说蚕豆容易种植，好管理，其根部有根瘤菌，有固定氮肥的作用，对夏季水稻的栽插有利，故彝民们喜欢种。小麦栽种的品种有燕麦、阳麦，产量都可观。有一种叫"光头麦"的小麦，麦穗沉甸甸的，看着就很招人喜爱。

在传统农业上，小岔河彝族最钟情于荞麦，对荞子这种粮食有着浓厚的感情，把荞麦称为"五谷之神"，故不准用荞麦做的食物祭祀祖先。荞麦看上去黑不溜秋，大如麦粒，瘦果呈三棱形，俗称"荞子"。这种荞子，就是磨出来的面粉也黄得很难看，且味苦，不是很好吃，却很受当地的农民欢迎，被居住在山区的彝族同胞们誉为五谷之王，将其顶礼膜拜到了神的地位，每年农历的六月初六，家家户户都会杀鸡、喝酒、焚香祭之，名曰：祭荞神。

荞是一种草本植物，耐寒，极易在贫瘠的土地上生长。彝族多居住在边远偏僻的高寒山区，田少地多，就喜欢种这种容易生长的荞子。不仅如此，荞子说来还是山里人的救命粮：每当夏季洪灾降临、颗粒无收的时候，因为节令不合，补种稻子、包谷等农作物都显得有些晚了，唯有这荞子，"出土就开花，八九（七十二天）就到家"，还不挑肥力，就是在那些被洪水冲走了土壤的山地，或临时开垦一块生荒地，随便撒一把荞子，它都能开花结果，大获丰收。就是到了立秋，在滇中谷子都低头了，要是此时因天灾田地被毁，来补种这种荞子，都还来得及，并能与其他农作物一同有收获，故有谚语曰："立秋荞麦白露花，寒露荞麦收到家。"从播种到收获才只需区区六七十天。这种奇特的荞麦，不怕火烧天，也不怕连连雨，"十八天出苗，十八天开花，十八天结籽，十八天归家（谚语，共计72天）"。在那自然灾害频发的年月，这种荞子不知解决了多少穷苦人家的吃饭问题。

小时候，荞面我们吃过不少，因其味苦，小孩子都不喜欢吃，大人们却不嫌它苦，反而觉得吃了它比其他粮食耐饿、抵饱，非常喜欢吃这种用荞面做出来的荞粑粑。每当人们要出门远行的时候，比如要去县城赶街，或去山上打猎，都要烤几个黄生生的荞粑粑带上，就着甘甜的山泉当饭吃。吃了这种荞粑粑，人干起活来就会有使不完的力气。在楚雄，有一味彝家人经典的美食，叫做"苦荞粑粑蘸蜂蜜"，常在火把节、彝族年等重大节日上用来招待外宾，很有地方特色。荞粑粑清香养人，味道虽有些苦气，但蘸上一点彝山土蜂（即中蜂）冬季酿出来的白蜂蜜，吃起来不仅味道不苦，还别有一番风味，很受来宾赞誉。

在过去的小岔河彝族中，人们喜欢栽种一种叫稗子的粮食作物，直到20世纪90年代还有人家在种植，现已绝种。经询问，这种稗子，不是公秧，也不是所谓的谷子。栽种方法与水稻一样，所结穗子似高粱，只是穗子没高粱大。稗子粒结实，比谷子难舂去外壳，稗子米熬粥时需要不停地搅动，否则易糊。在甑里蒸出来吃，糙嘴，米粒满嘴跑，没有大白米饭好吃。

2. 主要经济作物

油菜、烤烟、草烟、板栗、核桃、花椒。

小岔河彝族栽种的这些经济作物，只房前屋后零星栽种，目前还没有形成大规模种植，只供自家享用，少量在市场出售，对家庭收入贡献甚微。核桃过去要栽下去四五年才嫁接，七八年甚至十一二年才挂果，现在新品种核桃栽下三四年即进入挂果期。板栗也有新品种，老板栗八九月才成熟，新板栗六七月即成熟，且个大，市场上有优势。

3. 蔬菜

萝卜、茄子、莴笋、莲花白、青菜、白菜、大头菜、豇豆、黄瓜、西红柿、辣椒、南瓜、小葱、蒜苗、芫荽等。

咪依噜风情谷山高林深水冷，早晚温差大。每当夕阳西下，山谷顿生寒意。冬天的早晨，风情谷低洼处的河两边，白霜皑皑，跟下了一层雪似的。据七八十岁的老人说，由于气候关系，过去这里竟然种不出茄子、辣子、荷包豆，茄子和辣子栽植后主要是不会开花，荷包豆点下去长大后也是不开花不结豆，但现在好像是适应环境了，茄子和辣子都能种植。

4. 水果

小岔河传统栽培的水果有梨、桃子、樱桃、李子、柿子、花红等。因缺乏改良嫁接技术，过去的老品种品质都不高，没市场。现在种植的梨和桃有新品种，如梨有黄金梨、云南红等。桃树有水蜜桃、油桃、冬桃等。新世纪引进的水果有美国大杨梅、黄金梨、苹果、板栗、大樱桃、油桃、冬桃等。

（二）粮食储存形式

旧时储存粮食一般用盾箩、海簸、灌槽等，现在一般用木柜。“盾箩”彝语称“喷噜”，呈圆柱体，上下底直径为 1.2 米，高为 1.3 米，用竹子编制。“海簸”彝语称“灌丛”，也是用竹子编制，呈圆锥体，上底直径为 2 米，下底直径为 1 米，高 1 米，可用于储存粮食，也可用作收谷子的工具。“灌槽”彝语也称“灌丛”，用木板制作，可根据需要制作成不同的形状。

五、农具

从原始社会的钻木取火到彝族的刀耕火种，这是一个缓慢发展的社会变革过程。半个世纪前，小岔河彝族的耕作方式还比较原始落后，犁田耙地全靠耕牛，牛是彝族农民的一宝，没有一样现代化的电动机械农具。近年来，随着农业现代化的逐步实现，小岔河彝族的耕作方式有了根本性改变。犁田耙地有了手扶拖拉机，收谷有了收割机，挖沟有了挖沟机，脱粒包谷也有了半机械化，碾米磨面舂粑粑全用上了机器，人们一天的劳动强度大大下降。废弃的石磨、舂米的石杵臼被丢弃在墙角落，随处可见，很多影响了几代人的古老农具被遗弃在路边墙角，渐渐淡出人们的视野。传统生产农具主要有以下几类。

打谷机　彝语称"切代都"。古老农具，以脚踏为动力，靠旋转脱离谷子，算得上是半机械化农具。自 20 世纪 90 年代之后，陆续被电动打谷机所替代。

风柜　彝语称"科奔基"。古代农具，以旋转三片叶面为动力，煽去瘪谷或米糠之类，至少用了几百年，现在仍在使用。

连枷　彝语称"微可"。以一长一短、一粗一细两根木棍用棕绳联结组成，用以打落晒场上的麦子或谷物。民间有谜语："你爹高，你妈矮，你爹抱着你妈甩。"

海簸　彝语称"灌拍"。呈圆锥体，上口直径为 2 米，下底直径为 1 米，高为 1 米。可用于储存粮食，也可用作收谷子的工具。由于海簸是用竹子编制的，内外壁凸凹不平，收谷子时，将割下来的稻谷在海簸内壁上敲打，谷粒就会脱落在其内。

盾箩　彝语称"喷鲁"。呈圆柱形，上下底直径为 1.2 米，高为

海簸

1.3米，用于储存粮食。

灌槽　彝语称“灌丛”。用木料制作，根据材料大小形状的不同，可做成不同形状、不同规格的灌槽。其他还有簸箕、挑箩、提篮、背箩、粪箕、鸡笼等。

犁　彝语称“斯角”。从商店买回犁头，自己制作木犁架，现在一部分已使用拖拉机耕田。自制木犁架的规格是犁底1.7米、犁箭0.9米、犁檐1.65米，牛担子有8个眼，长为1.3米。

耙　彝语称“决”。主要是木齿耙，岔河木齿耙的制作过程是先砍一根较直的木头（沙松），把木头砍成两块后加工成大小形状一样的两块木板，在每块木板上凿一些小洞，在洞内插上木齿或铁齿，两块木板之间用弯木头（彝语称“回头”）连在一起，前一块是固定的，后一块是活动的，耕田的人站在木齿耙上，用牛拉着耙走。木齿耙的规格：耙身长 1.3 米，宽 0.7 米，木齿长 0.11 米，齿间距 0.2 米，耙手长 0.65 米。

镰刀　彝语称“妹可”。分弯镰刀和锯齿镰刀两种，弯镰刀用于割水稻和草，锯齿镰刀用于割麻树。

锄头　彝语称“字么”。用于挖田、挖地、开沟。

刀　彝语“阿托”。彝族刀具品种很多，有上山砍柴用的，有下田干活用的。除尖刀外，彝族砍柴时喜欢用一种弯刀，即刀子前端是半圆形的钩，这种刀的好处是避免上山砍柴时刀口砍在石头上。

斧　彝语“库搓”。又叫斧子，用于砍伐大的树木，小岔河彝族用于破“花椏子柴”。现已很少用，砍大树一般用电锯。

锯　彝语“争”。过去用于解板。镇南曾（今南华）出解板匠。

六、采集与渔猎及工具

采集及其工具　小岔河四姓的彝族祖先因狩猎来到咪依噜风情谷居住，少不了与山野和田园打交道，但自然界的采集方式非常简单，好多山野果实伸手可得。如采集橡子做橡子豆腐，拣大橡子回家喂养肥猪。人吃的如毛栗和锥栗，烧熟很好吃，那是乡下儿童贫穷年代最好的美食。只有挖药需要有点常识，就是要知道什么山什么环境生长什么草药，像土茯苓更要会看松树根，并有挖掘技巧。

小岔河森林植被好，是野生菌类的盛产地。2015 年 8 月，中国·南华野生菌文化产业研讨会在南华大酒店召开，来自北京以及辽宁、广东、陕西、浙江等省的 25 名菌类科学家到小岔河采集野生菌，一个多小时共采集到野生菌标本 75 份，并根据随身携带的资料，对 75 份标本进行编号鉴定，用中文、英文、拉丁文标注得清清楚楚。小岔河主要野生菌种有松茸、虎掌菌、栗窝、黄香菌、牛肝菌、葱菌、鸡油菌、青头菌、鸡纵、香菇、木耳等。采集野生菌是岔河的主要经济来源之一，除了野生菌外，还采集野菜和野果，野菜主要有水芹菜、蕨菜、树花、棠梨花、刺白花、刺头菜、大白花等。人们常食的野果有黄刺果、黑刺果、马桑、山梨果、老鸦果、大杨梅、小杨梅、多依果、锥栗、毛栗等。采集工具有竹竿、棍子、镰刀、竹篮、撮箕等。

渔猎及其工具　小岔河彝族过去狩猎工具主要是火药枪（又叫“铜炮枪”），还有弓弩、弹弓、铁夹子、猎网、猎扣等。鱼则用背篮撮，或渔网捞，或渔竿钓。现在倡导人们爱护野生动物，林中禁止打猎打鸟，这些狩猎工具已逐渐消失。

七、生活用具

木盆　彝语“思打腊”。砍伐过的树桩等废料用凿子挖凿成能盛东西的容器。大的如木盆，可洗衣服；小的如盐臼、饭碗等，现已用陶瓷碗。

火盆　彝语“阿朵打腊”。烧栗炭用于烤火取暖之用，过去彝族姑娘出嫁时必备用具。四周用木架做成，中间为铁铸圆形盆，但盆边较宽。

火钳　彝语“阿朵车罗波”。用于搛火炭的钳子，长七八十公分，大部分彝族家里仍有，但现已很少用。

吹火筒　彝语“阿朵们堵”。系七八十厘米长的竹筒，用于锅洞或火塘生火时吹火之用。很方便且实用。现不烧柴时都不需要吹火筒。大部分家庭已失传。

水桶　彝语“依图”。用十余块曲面木板箍成，用于挑水，必须常年浸于水中，一干则散架。

铁三脚　彝语“喝期”。用于火塘支锅烧水的铁架，不能随便移动，彝族很敬重灶神之类。

筛子 彝语“瓦辣期”，篾器。筛子分大小不等规格，有十多种，从蚕豆到大米，再到糯米面，用于分离大小不一的粮食。

簸箕 彝语“我基”。篾器，用于扬弃灰尘、米糠等杂物。

筲箕 彝语“基苦”。篾器，用于过滤米汤，或洗菜之用。

篮子 彝语“布鲁”。篾器，大小形状不一，有数十种之多。花篮较大，背篓较精致，便于携带不同物品。

水缸 彝语“依基堵”。家中盛水容器，彝族水缸过去多用石头打造，20 世纪 80 年代后多用水泥铸造，21 世纪用上自来水后均废弃，现多用大塑料缸盛水。废弃的水缸现在很多家庭用来盛米。

水瓢 彝语“么摆”。彝族早期用木瓢或葫芦瓢，木瓢用木料挖凿而成，现大多用铝瓢或塑料瓢。

木勺子 彝语“么摆若”。用木料挖凿而成，不与金属锅具磕碰，生态环保，有利身体健康。

八、生活用具

据 2006 年《岔河调查报告》显示：李炘，彝族，男，80 岁，小岔河 2 5 号。当时在李炘家看到了许多彝族古老但仍在使用的炊具：铁三脚架、罗锅、铁土锅、蒸饭用的大铁锅、木甑子、木勺、和面和洗脸用的木盆等。铁三脚放在火塘上，上面可以用茶壶煨水，锣锅煮饭，铁锅炒菜、烧烤肉食等。锣锅是一种很古老的锅，有铜制的，也有铁制的。铁土锅形似葫芦，上小下大。

杵和臼 也是这里彝族生活中必不可少的生活用品之一。主要用于舂米。一般用木头制作，杵的形状为两头粗，中间细，长为 120 厘米；臼也是用木头制作，中间挖空，底部较厚，有大有小。

盐盆 在历史上，食用的盐需要舂，用木材或石头制作舂盐用的盆，其性质与杵和臼大致相同。盐盆除了可以舂盐外，也可用来舂花椒、辣子、草果等。这里境内森林资源丰富，历史上的许多用具都是用木头制作而成，有木桌、木桶、木碗、木勺、木瓢、木筷等，也有少数用葫芦瓢。

木桌子　用实木材料制作，有方形，也有圆形，与汉族制作方法大致相同，有的还在木桌上漆上颜色。

木桶　用十几块弧形木板拼成，外用篾圈箍住。一般用它挑水，也可用作容器。可根据需要做成大小不同的木桶。木桶即使不用也要浸泡在水里，否则漏水或散架。

木盆　有圆形的也有方形的，可以用来装水、装米等，有的是专门制作成和面的面盆，现在大多数已用塑料盆、铁盆等。其他的还有木碗、木勺、木瓢、葫芦瓢等，现在已很少用。历史上这里彝族山寨的炊具有葫芦壶、瓷器用具等。

海簸、盾箩　装谷子用具，一般堆于墙角，现在多用蛇皮口袋装谷子。用竹子编制而成，把竹子破成一指宽的竹条，削薄，编成不同形状的大筐。

木柜、瓦罐、陶罐　一般用于装米，装水和装酒。

挑箩　主要用于挑各种物品。

升子　历史上是一种计量工具，也可用于装其他物品。

九、商品交换

小岔河彝族不善经商，至今人们的商品意识仍然不强。彝族过去上山狩猎，只要打到猎物，见者人人有份。你喜欢的东西，他宁愿白送给你，也不会要你的钱。

过去岔河彝族商品交易主要是“以物易物”。即用自己多余的物品换回自己需要的东西，以物易物曾经是岔河彝族传统的贸易形式之一。过去人们常在农闲时相约到一起，用自己剩余的东西与别人交换自己需要或没有的东西。例如，用3升米换一把犁头，用织好的麻布换粮食及生活用品等。近年来，随着生活水平的提高，大多用货币购物，但仍有部分人在进行以物易物的买卖。有些外地做生意的人拉上洋芋、西瓜、时鲜蔬菜或茶叶、香烟等到小岔河与彝族农民们交换大米、野菜、杂粮等，也顺带收烂铜废铁、头发等物。

十、集市贸易

小岔河彝族从古至今有赶山街子的习俗。如农历六月二十五日杨梅山赶会，一是跳左脚舞，二是以物易物或进行简单的商品交易，自古有之。其余赶集一般都是街天到10公里外的县城赶集，购回自己需要的物品，一辈子过着一种田园牧歌式生活。计量单位如下：

衡度单位 小岔河彝族民间衡度单位有兀、拃、五尺杆。一兀即双臂展开为一兀，一兀大约为5尺。大拇指与食指展开为一拃，一拃约为5寸。

计量单位 小岔河传统的老秤是13.8两等于1斤，现代使用的秤10两等于1斤。另还有碗、升、斗计量器具，它们的关系是10碗等于1升，10升等于1斗，10斗等于1担。现在均用国家标准计量单位。

十一、传统家庭手工业

纺织 织麻布，彝语称“麻卡”。旧时的岔河彝族同胞，由于经济滞后，生活困难，大多都是种火麻，织麻布，穿麻布衣服。织麻布时，先将麻树砍回来晒干，放在河水深处浸泡两三天后，取麻树皮；将麻树皮捻成麻线，在草灰水中煮成白色；制作成白色麻线后，将白色的麻线穿在织布机的梳子上，按织布的方法操作，麻布即可织成。

编织　岔河彝族山寨的彝家人擅长用竹子编织各种用具，其中包括背篓、花篮、摇篮、粪箕、海簸、盾箩等。其他还有簸箕、筲箕、挑箩、提篮、背箩、鸡笼等。比如摇篮，彝语称“本布鲁”，在制作使用上有着独特的风俗习惯，在女子生小孩时，由娘家送来，一般由舅舅家制作，上口是直径为 1 米的椭圆形，下底是直径为 0.8 米的椭圆形，用竹子编制。

十二、养殖

小岔河养殖的大牲畜主要有黄牛、水牛、骡、马等。除在家喂些干草外，大部分都是野外放养。水牛的喂养方法与黄牛差不多，但要经常牵到河里或水塘里洗澡和喂水。岔河村委会 2015 年年末大牲畜存栏 821 头。

小岔河其他畜禽养殖主要有羊、猪、狗、猫、兔、鸡、鸭、鹅。2015 年末生猪存栏 1260 头，羊存栏 2860 只。土鸡以野外放养为主，早晚喂适量麦子、玉米等，任其在庭院或山坡上自由走动。羊吃草，除在家喂些干草外，大部分都是放养。猪的饲养方法与汉族差不多，大多为圈养，喂的食物以青饲料和粮食为主。近年来，随着乡村旅游的不断升温，岔河的养殖业也在不断发展壮大。

第二节　社会经济

一、经济来源

（一）乡村旅游

在咪依噜风情谷旅游景区形成之前，小岔河村以种植、养殖业为主，村民以务农为主。原始生活岁月，人们没有经济观念，对于做生意感觉难于启齿，更没有到外面观光旅游，拓宽视野的念头。金钱对岔河人不是那么重要，每年农活做完，便狩猎跳歌，青年男女串姑娘房，寻觅知音，到秋收才下地收割。

随着市场经济不断深入人心，尤其是收购野生菌带来的商品交换意识，再加上旅游经济的发展，小岔河率先进行社会主义新农村建设改造并取得了较好的效果。现开设乡村旅游农家乐 7 户，分别是彝人客栈、年猪饭、丫口村生态园（3 户）、丫口村生态园二分店、彝家老厨；日用百货、旅游彝族刺绣店 2 家；全村拥有货运车 9 辆、皮卡车 2 辆、面包车 21 辆、轿车 3 辆。如周开富家，不仅开设彝人客栈，还开设龙川镇岔河村电子商务服务站 1 个，县城经营木材加工厂 1 个，经营收入近千万元。如张天宝家，经营乡村旅游接待点年猪饭，投资 150 万元新建餐馆 1 个，新建养猪场 1 个，全部营业收入 200 余万元。全村养殖山羊近 3860 只。这些乡村旅游农家乐及附属经营，解决了全村 100 余农村剩余劳动力。

（二）外出打工

2006 年小岔河开始进行社会主义新农村建设，岔河人对经济意识有了跨越性的飞跃，人们意识到，要使家庭富裕，村寨强盛，必须有雄厚的经济力量来支撑。在县打工经济政策的推动下，小岔河村外出打工劳力50余人，这些人用打工得来的钱供子女读书，建设房屋。随着咪依噜风情谷旅游景区的开发，他们中大多数又返回村里自己创业，把从外地学来的管理经验、生产技术用于建设本村的行动上来。加之，各级党委、政府的有力支持，使岔河在短期内摆脱贫困，走向了富裕的道路。2016年在外打工的人只有30人，这些在外打工人员的家庭主要居住在村子最偏僻的地方，没有能力搞乡村旅游或农家乐建设，而子女读书、老人生病又急需用钱。

二、精准扶贫

2006—2011年，财政及挂钩部门整合投入640.63万元、村集体投入116万元、农民自筹220万元，共投入资金976.63万元。

从2011年10月16日至2012年11月，咪依噜彝族特色旅游村寨建设，总投资70.5万元。2013年，建成投资230万元的景区游客接待中心主楼，通过招商引资引进投资商投资240万元建设的游客接待中心停车场、娱乐场、旅游接待包间等旅游附属接待设施建成并投入使用。

2016年10月，南华县岔河彝族塑木特色民居建设，整合资金1530万元，规划新建彝族特色民居10幢，占地面积20.3亩。同时，对南永公路沿线进行樱花大道景观改造。

咪依噜风情谷自开发建设以来，共投入资金1548万元，基础设施建设日臻完善。新建停车场9个、跳歌场4个、土主庙1个、厕所10个、文化活动室650平方米、瓜果长廊372米、观赏型瓜果庭院4个、风车7台、水车7台、水碓13付、篮球场1个。进行村庄道路硬化6750平方米，民居墙体装饰5.4万平方米，畜厩搬迁改造1632

平方米，人畜饮水管线建设7000米。在沿线种植各种绿化苗木3530株、播种树籽300公斤、播种草籽70公斤，发展经济林果500亩、退耕还林300亩。加大对生态、文物、古建筑的保护和修缮力度，坚持修旧如旧的原则，对100余间垛木房、姑娘房和传统民居进行修缮维护，对200余棵古树名木进行挂牌保护，成为旅游区的一道独特景观。

按照党中央的扶贫政策，南华县岔河彝族塑木特色民居建设项目与精准扶贫有机结合，项目建成后将解决岔河村委会20户贫困户住房问题，同时将进一步提升南华对外乡村旅游形象。通过扶志和扶智相结合的办法，鼓励积极开展黑山羊、土鸡养殖，主动参与到乡村旅游业（咪依噜风情谷）发展之中、保护并利用好林下资源（野生菌）、应用科技手段进行农业种植。目前，小岔河已脱贫，走上了富裕的道路。

第四章　社会交往

第一节　探访寻根

一、名人探访

咪依噜风情谷独特的民俗和民居引来不少学者、专家和文艺家前往考察、观光。2014 年 2 月 12 日至 13 日，中央电视台新闻频道《春节大联欢》节目播出了南华咪依噜风情谷彝族文化篇。该节目拍摄于 2014 年 1 月 21 日至 23 日，依托南华咪依噜风情谷优美的自然风光和底蕴深厚的人文风情，通过央视著名节目主持人崔永元等人进行客串，充分展示了南华咪依噜风情谷无穷魅力。中央电视台的著名主持人阿秋，歌唱家曲比阿乌、陶建阿成，著名舞蹈家戴爱莲，著名导演李亚威等曾经探访过南华咪依噜风情谷。1999 年 2 月 11 日，云南师范大学外事处组织 34 名美国留学生、4 名美国教师和 2 名中国教师到龙川镇岔河彝族村进行旅游考察。

咪依噜风情谷是山水形胜之地，传承中有创新，彝韵中有时代感。这里流传着大力士（彝语“我罗波”）留下的脚印，走马皇帝驻足歇脚的故事。有一件特别让小岔河彝族人民自豪的事。2007 年 9 月 2 日下午，这一天整个岔河河谷天高云淡，风和日丽。时任中共中央政治局常委、全国政协主席贾庆林，在云南省委、省政府领导的陪同下，到南华岔河新农村示范带视察、看望慰问彝族群众。一听说贾庆林同志来了，咪依噜风情谷像过年似的热闹：地上铺满了翠绿的青松毛；男女老少翻出崭新的彝族服装穿在身上；铮铮的弦子响彻山谷，姑娘小伙儿们跳起了彝家欢快的左脚舞。贾庆林同志穿上岔河彝族的火草领褂，村民们有的抬来小板凳，有的拿来花生瓜子，有的端来刚刚采摘下来的鲜核桃仁，纷纷来到了村民周开富新开的“彝人客栈”，与贾庆林同志坐在一起，度过了一段幸福美好时光。

二、日本学者岔河寻根

南华岔河咪依噜风情谷，是一片古老而神奇的土地。20世纪80年代初，一些热衷于“寻根”的日本学者纷纷来到南华岔河，他们惊异地发现了这个至今仍完整保留着古老生活习俗的原生态彝族部落：人们说着地地道道的彝话，唱着激扬高昂的彝族山歌，跳着欢快的左脚舞，所有的人都穿着本民族的传统服装，就是下田劳动、上山砍柴穿的也是民族服装，还有那引人注目的标志性装扮——羊皮褂。这样的境况，在中国其他地区已不多见。日本学者来这里考察民俗，研究彝族语言、生活习俗、图腾崇拜，就连几个月大的彝族婴儿臀部的胎记这样的细节他们都不放过。后来日本学者在考察了众多彝族聚居地和查阅古籍文献之后，认为从生活习俗、语言发声、服饰颜色等诸多方面来看，历史上的日本人与当今居住在金沙江南岸的彝族有同源性，有些日本学者甚至认为他们的“根”就在云南的彝族之中。

1990年4月，日本国立民族学博物馆的横山广子，千里迢迢来到南华岔河咪依噜风情谷，对世代居住于此的彝族生活作了细致的考察研究，岔河彝族的民俗风情被她详细地记载到了她的一本书中，在日本公开出版，引起了更多日本“寻根”者们的兴趣，神秘的南华岔河咪依噜风情谷成了云南的另一个“香格里拉”。

1990年8月，日本国家文化部官员大城学一行24人来到咪依噜风情谷考察，对这个原生态彝族部落的民风民情赞叹不已，还与县里有关领导和专家学者开了座谈会，共同探讨了彝族史诗《梅葛》《玛莫岩》及彝族的生活习俗和图腾崇拜。大城学认为，“日本先民的一部分来自中国云南的少数民族，但具体是哪一个民族，现在还是扑朔迷离，有待于进一步考证。岔河彝族的语言、服饰、生活习俗、图腾崇拜等都和日本民族有着相同相似的地方”。在中央民族大学留学的日本镜味惠子小姐到岔河咪依噜风情谷考察后感慨地说：“原来人家说我像中国云南的彝族姑娘，我还有点不自在，今天看到这里山美、水美、人美，我真的希望自己能够像这里的彝族姑娘一样生活，一样美丽。”

咪依噜风情谷，一个丽山丽水的地方。当你穿过马鞍山隧道，明媚的阳光洒满山谷，蓝天白云下几架庞大的水车即刻映入眼帘，随水流缓缓旋转。岔河种稻，在历史上多用木槽引渡灌溉，用水碾、水碓、水磨、脚碓、手磨、杵臼等碾米和磨面，保存了完整的稻作农耕文化。2000年4月30日，是岔河彝族开秧门插小秧的日子，日本NHK国家电视台《彩云之南》摄制组一行，在总导演佐佐木的率领下，在岔河咪依噜风情谷摆开阵势，进行气势宏大的卫星电视现场直播，以高清晰度的画面向日本和世界展示岔河彝族悠久的稻作农耕文化。当彝家汉子赶着水牛，唱着豪放的牛歌，踩着彝语叫“决”的木齿耙在波光粼粼的水田里耕作时，这样的现场画面通过卫星传到日本，把那些以为大米是长在树上的日本小朋友们都惊呆了。相比在从育秧到收割自动化程度高达99%的日本，是一场多么生动的农耕历史文化教育。这次岔河彝族稻作农耕文化直播，除展示了岔河彝族栽插小秧的全过程外，还穿插介绍了岔河彝族的左脚舞、坝子腔，彝族民居垛木房和姑娘房，民间体育运动上刀山、爬油杆、打陀螺、荡秋千，插花节插花等民俗风情的场景，引起了世界轰动。

第二节 和谐岔河

一、团结树

咪依噜风情谷马鞍山有一棵叫“团结树”的树，也让来这里游览的人们大开眼界，在巴掌大的地方，竟然紧紧相连地生长着山茶树、樱桃树、柳树、青冈栎、老冬梨、楸树6个树种，人们自然就给它起了这么个很有和谐意味的名字。彝族有互助的传统，不论做什么请工，主人只供饮食，不付工钱。对发生天灾人祸之家，众人乐于接济，所以彝族中无乞丐。这是和谐的象征。

二、村规民约

旧时，这里彝寨的村规民约的大致内容：邻里要团结，家庭要和睦，不虐待老人和小孩，不偷盗、不乱砍滥伐，不准通奸，不得损害他人利益。如违反规定其惩罚的措施是：对不讲团结，虐待老人、小孩者由村邻、家族进行劝导、说服、教育；对偷盗者由保长组织各寨村民在大岔河开现场大会进行吊打（历史上小岔河专门栽有一根吊人杆）。对乱砍滥伐者，由村中有声望的长者组织，每户参加一人到土主庙与乱砍滥伐者论理，乱砍滥伐者要买一只大骟羊办伙食招待参加论理的村民。对通奸者的惩罚是由“乡倮”（相当于现在的民警）将通奸者捆绑游村示众；损害他人利益且造成对方经济损失较为严重的要赔偿，经济损失较轻的要赔礼道歉。

村寨文化是社会生活的重要组成部分，有了约定俗成的村规民约，不仅净化了社会文化环境，对村落的和谐发展也起到了决定性作用。小岔河现行的村规民约由村委会统一制定，各村民小组执行，群众互相监督，个人自觉遵守。

（一）社会治安

（1）每个村民都要学法、知法、守法，自觉维护法律的权威尊严，同一切违法犯罪行为作斗争。

（2）村民之间应团结友爱，和睦相处，不打架斗殴，不酗酒滋事，严禁造谣或搬弄是非。

（3）自觉维护社会秩序和公共安全，不扰乱公共秩序，不阻碍公务人员执行公务。

（4）严禁偷盗、敲诈、哄抢国家、集体、个人财物；严禁赌博，严禁替罪犯隐藏赃物。

（5）严禁非法储存和买卖爆炸物品。

（6）爱护公共财产，不得损坏水利、交通、供电、生产等公共设施。

（7）严禁非法限制他人人身自由，或者非法侵犯他人住宅，不隐匿、毁弃、私拆他人邮件。

（8）严禁私自砍伐国家、集体或他人的林木，不准在村附近或路边路旁乱开挖土；严禁损害庄稼、瓜果及其他农作物；严禁牲畜（牛、羊、鸡、马、猪）啃农作物及果树。

（9）认真遵守户口管理规定，出生、死亡要及时申报和注销；往来人员，需要在本村短期居留的，应向村治保汇报办理临时手续。

（二）村风民俗

（1）提倡社会主义精神文明，移风易俗，反对封建迷信及其他不文明行为，树立良好的社会风尚。

（2）建立正常的人际关系，不搞宗派。

（3）搞好公共卫生和村容村貌，不随地倒垃圾秽物。

（4）服从村镇建房规划，不扩占，搬迁拆迁不提过分要求；旧房翻新须经村委会批准，统一安排。

（三）邻里关系

（1）村民之间要相互尊重，相互理解，相互帮助，和睦相处，建立良好的邻里关系。

（2）在经营、生活、借贷社会交往过程中，应遵循平等、自愿、互利的原则。发扬共产主义风格，不斤斤计较。

（3）依法使用宅基地，老宅基地要严格尊重历史状况，新宅基地按村镇规划执行，不得损害整体规划和四邻利益。

（4）村民饲养的家畜造成他人损害的，饲养人或管理人负经济责任，没有或限制行为能力的人给他人造成损害的，监护人应负经济责任。

（5）邻里间发生纠纷，能自行调解的自行调解处理，不能自行处理的要依靠组织解决，不得仗势欺人。对不听劝阻制造纠纷的当事人，情节轻微的予以教育，造成人身或财产损坏的，必须承担医疗费用和赔偿损失。

（四）婚姻家庭

（1）全村村民要遵循婚姻自由，男女平等，一夫一妻，尊老爱幼的原则，建立团结和睦的新型家庭。

（2）婚姻大事本人做主，反对他人包办干涉，不借婚姻索取财物。

（3）自觉做到计划生育，晚婚晚育。

（4）夫妻在家庭中的地位平等，反对男尊女卑，不准打骂妻子，夫妻双方共同承担家务劳动，共同管理家庭财产。

（5）对丧失劳动能力无固定收入的老人，其子女必须尽赡养义务，保证老人每年的口粮及衣服、就医等费用。

（6）父母、继父母承担未成年或无生活能力子女的抚养教育，不准虐待病残儿；不准使继子女和收养的子女小学阶段辍学。

（7）对父母的遗产，男女有平等的继承权。

（8）农户拖欠尾款和不交的户，村委会不办理任何手续。

（9）以上条款达不到法律处罚的，村委会有权批评教育，根据情节给予50元以下处罚（不包括林业处罚）。

（五）伦理道德

这里的彝族具有悠久的传统美德，具体表现在以下几个方面。

团结互助 在生产、生活中村民互相帮助，遇天灾人祸时，一方有难，八方支援。

尊老爱幼 这里的彝族尊重老人，赡养老人，关心爱护儿童。

尊敬老师 彝族具有悠久的文化传统，在现实生活中，对有知识、有文化的人特别尊重，认为老师是教育子女聪明能干的引路人。除教师外，彝族还对同属知识分子的“朵希”（毕摩）、医生也极为尊敬。

遵守公德 在数千年的发展中，彝族形成了一套完整的道德规范，要求所有人共同遵守。并认为若有违反必将受到“神”的惩罚。认为拆桥、断路和在水源地大小便是最伤天害理的缺德事，要受到上天的惩罚，就是要遭“雷打”。认为懒惰和盗窃最为可耻，“吃喝嫖赌抽”是不忠不孝和给祖宗丢面子的“五毒”，认为违法犯罪者是民族的败类等。

好客 好客是彝族的传统美德。客人进屋，举家起身让座，置酒款待，热情真诚，尽心尽力；客人告别，要先给客人喝告别酒，然后举家起身，送至大门，再由年轻人远送而别。若遇生人到家，主人也会热情款待。

第三节　上传下达

一、执行国家政策

历史上的岔河之地，古代是杨氏土司领地，据《镇南州志略》载：“明杨堂，以明洪武初归附，南征有功，授土巡检世职。”“汉人屯，则土巡检杨氏居之。”汉人屯即现在的南华县龙川镇蟠龙村委会“汉军屯”。清初实行“流官管城，土官管乡”，小岔村属杨氏土司管辖。抗日战争、解放战争和剿匪斗争时期，小岔河村与外界一样肩负着保卫国家的重任。

抗战期间，小岔河村民还参加过修筑滇缅公路、滇缅铁路、祥云飞机场的建设。1941 年，滇缅铁路过镇南境内的路基全部筑成，后停修。滇缅铁路从双甸河、马鞍山、大岔河、小岔河、新村经过，遗址尚存。

解放战争中，小岔河村民李永秀的丈夫曾参加过解放战争，退伍回家后担任小学教员。

中华人民共和国成立后，小岔河村在各时期都认真执行党和国家的各种政策，参加了土地改革运动，走农业合作化道路，贯彻执行改革开放政策。小岔河人拥护中国共产党领导，党和政府也在这里培养了一批民族干部参加社会主义革命和建设。现在还有十余人在党政和企事业单位工作。

二、构建和谐社会

自有村寨后，人们和谐相处，寨中一家有事，全村帮忙。旧时，人们刀耕火种，与森林野兽打交道，各户选一块土地开垦，人口不多，相互扶持，过着狩猎与耕种的日子。彝族狩猎，对猎物有明确的规定，即见者有份，包括过路的人也同样对待。旅游业的兴起打破了这里的沉寂，各种各样的社会意识都被带进村里。岔河人按照国家构建和谐社会的标准要求村民，积极推进以人为本，共同发展的理念；依照南华县文体广电旅游局的全面规划对景点进行合理布局；同时，依法依规开展工作，岔河村委会、村民小组随时掌握村民的思想动态，及时化解矛盾。

第五章　特色产业

第一节　旅游业

一、旅游经济

2006年，以社会主义新农村示范带建设为契机，南华县咪依噜风情谷建成。2006年4月，咪依噜风情谷第一个接待点——丫口村开始营业。当年由5户农户创办的丫口村农家乐共接待游客5.1万人次，实现经济收入86万元，每户有纯收入8万元。旅游业的创办促使了全村养殖业种植业的迅速发展。至今共建成年猪饭、彝人客栈、咪依噜生态村、扁担酒坊、李氏罗锅饭、彝家老厨等11个乡村旅游接待点，71户农户323人参与经营，农民占从业人员比例为100%。

接待来自美国、英国、法国、加拿大、日本等国家和中国香港、台湾地区游客3000多人次，接待上海、广东、湖南、北京、深圳等地旅游团400多批。至2012年，景区接待点已发展至7个，累计接待国内外游客141.98万人，实现乡村旅游收入3457.69万元。其中：2011年接待游客29.4万人，比2010年增4.2万人；旅游收入913.7万元，比2010年增215.73万元。2012年，游客突破了30万人次，收入突破1000万元。2014年共接待游客56.28万人。2015年共接待游客76.28万人，实现旅游收入5379.77万元。2016年共接待游客65.57万人，实现旅游收入3379.35万元。其中彝人客栈、年猪饭、咪依噜生态村、游客接待中心规模较大，旅游接待设施较为完善，各自同时能接待300多人用餐，年纯收入20多万元，聘用当地村民70多人为服务人员，有效地解决了部分村民就业，带动了周围群众脱贫致富。

风情谷内的蔬菜、黑山羊、土鸡、猪肉实现了自产自销。通过发展乡村旅游带动种植业养殖业发展的产业链已经形成。休闲农业从业农民人均收入21609元。休闲农业资产规模575万元，利润348万元。在乡村旅游强劲发展的带动下，农村经济发展明显加快，2015年岔河实现农村经济总收入980万元、农民人均纯收入6347元，分别比上年同期增长62%、51%。自2006年南华咪依噜风情谷发展乡村旅游以来，经过11年的建设发展，岔河村农民人均纯收入从2007年的1780元，增加到现在的7922元，人均增收6142元，增长3.45倍，直接从事乡村旅游经营的农户人均收入高达7万元。

二、自然资源

南华咪依噜风情谷位于云南省楚雄彝族自治州南华、姚安、牟定三县交界处，隶属南华县龙川镇岔河村委会，距南华县城13公里，是一个自然风光优美，彝族风情浓郁的彝族聚居区，海拔2130米，平均气温14.9℃；森林6.9万亩，森林覆盖率达72%，生态良好，环境清幽。进入咪依噜风情谷，清风拂来，空山滴翠湿人衣，近看春光遮不住，远望绿色漫天来。阳光是生命之源，绿色是生命之色。在这里，没有什么比阳光和绿色更令人感动，没有什么比彝家人的真诚笑意更令人难忘。蓝天白云，阳光灿烂，碧水青山，草木葱郁，生机盎然。浅绿、嫩绿、淡绿、翠绿、粉绿、深绿，绿得泛蓝发黑，绿得耀眼出奇。一阵风吹过，枝叶小草闪动着金色的光影沿着河谷缓缓流动，一直流向那缥缈洁净的天际。思绪随风悠荡飘远，心灵随波洗濯明亮。间或一场细雨在阳光照射中飘洒而过，“空山新雨后，天气晚来秋，明月松间照，清泉石山流”的意境悠然而生。这里，岔河流淌，古树参天，苍翠欲滴，是风情中的绿谷，是绿谷中的风情。

三、人文资源

（一）人与自然和谐

这里村寨依山傍水，附近山上森林覆盖率达90%以上，村寨周围有被崇拜的神树，具有传统文化色彩，整个村寨又利用自然地形，构筑堤坝、水渠，引岔河水进入村寨，并流向家家户户，灌溉、洗涤、沐浴……构成独特的自然与人文景观。

（二）传统民居完整

这里的聚落格局基本保持传统风貌，土木结构式建筑占95%以上，是目前不可多得的保护较好的传统民居。虽然公路沿线自建了不少的小洋楼，但是彝族村寨原有的民居尚未拆除，传统民居得以保存，彝族民居的形态整体没有打破，只是形成了鲜明的对比。

（三）民风民俗奇特

岔河历史悠久，尽管随着时代的变迁，一些传统习俗有所变化乃至消亡，但是在社会公德、生活起居、服饰文化、心理素质、节庆活动、文艺体育、婚丧习俗、宗教信仰等领域，彝族的传统文化仍然得到了传承并发扬光大。彝族居住的垛木房、青年男女谈情说爱的“姑娘房”、传统的民族服饰、独具特色的婚丧习俗、宗教信仰及大盘的烤羊肉、烧洋芋、大碗的羊肉萝卜汤、节奏悠扬的月琴声和热情奔放的左脚舞……保存完好的浓郁彝族风情，充满了斑斓神秘的色彩。

（四）彝族歌舞绚丽

岔河彝族是一个痴情于歌舞的民族，是一个崇尚美的民族。他们世世代代将原生态的彝族歌舞延续至今，并在此基础上不断发展创新出独具特色的岔河彝族歌舞。每当遇到彝族婚礼，人们又看到火热的跳脚场面，加之还有传承的队伍，歌舞一直延续不断。

（五）北阙馀恩匾额

2007年，在咪依噜风情谷收集彝族农耕文化实物时，工作队走村串户，在三家寨见到一块保存完好的旧匾，即“北阙馀恩”匾额。据紫发文的父亲讲述，在1958年“大跃进”时期，他的母亲将此匾背到岔河几个寨子的集体食堂把无字的一面当作切菜板（现在还留有密密麻麻的刀痕），农村集体伙食团下放后，母亲又将此匾背回家中当作畜厩门，没有遭到人为毁坏，至今保存完整。这块匾额上横书四个大字“北阙馀恩”，为阴刻，书法圆润雄浑；左侧竖书“九品御职紫文彩立，光绪壬寅年孟春月吉旦”，为阳刻。有感谢皇恩或皇恩浩荡之意。木匾长193厘米，高76厘米，厚度为4厘米。

“三家”何以成寨？从我们采访紫发文的父亲口中得知，祖上的三家寨有护院的家丁，还设有私塾。这与匾额九品御职的记述相吻合。紫发文的祖上应该是被地方官府授予彝族地区彝族首领的世袭官职，也可以说是咪依噜风情谷三家寨的土司或头人。从紫文彩到紫发文，家族经历了文、永、万、发四代。由南华书法家张承德、柴俊书写，南华篆刻家代华昌篆刻的“起家大院”“三家寨”两块匾为村寨增辉，还有他们为三家寨写了一副横批为“三家真好”的楹联：

情人箐风月重与数竹心仪，
笔架山云雾畅谈三家佛缘。

紫发文家收藏的“北阙馀恩”匾额

三家寨位于咪依噜风情谷南永公路旁，正前方是一座“山”字形的“笔架山”；寨子背后有一条绿竹掩映，水碓声声，山泉潺潺的箐，人们称之为“情人箐”。紫发文的父亲告诉我们：“听老人讲，蟠龙寺的选址原本是在三家寨的上方，建寺初期，走方的和尚在寺院的选址旁看到野兔饮水（兔子尾巴短），便说此寺不会长久，遂迁建他处。现在山上还有建寺初期遗留的痕迹。”

（六）武略骑尉墓碑

2016年11月22日，南华县文联组织作家到小岔河开展社会调查，在岔河村委会主任的引领下，发现清代姚州一门出五举的举人甘孟贤亲书的彝族武略骑尉六品军功周耀宗墓碑一块。

清授武略骑尉周君墓表。

君讳耀宗，镇南小岔河人也。同治中以资助军饷，授六品军功。祖智荣，生二子，长国霖生君；次国玉生耀武、耀文、耀廷。国霖兄弟友爱至孝，不析产其家渐大。君承其后，仍率前人雍睦之风。资弟耀廷读书入州庠，而耕种畜牧之计，君以一身任之，积数十年勤俭，家日益富，丁口日益。繁始议分，爨计家之。财产以两股均分一，以授耀武、耀文、耀廷一，以自亍，不以一钱自私。妻李氏生子锡章入武庠，焕章纳粟入监。皆谨守先业。君生于道光八年戊子三月二十二日，卒于宣统三年亥十月二十五日。

廉泉少逸古姚安甘孟贤伯壎撰文。

优级师范毕业生陈锡章文虎顿书。

（七）武略骑尉军用大刀

2016年11月22日，南华县文联组织作家到小岔河开展社会调查，在周小三家见到一把彝族武略骑尉六品军功周耀宗使用的军刀，主刀及刀环部分保存良好，刀柄部分已折损。

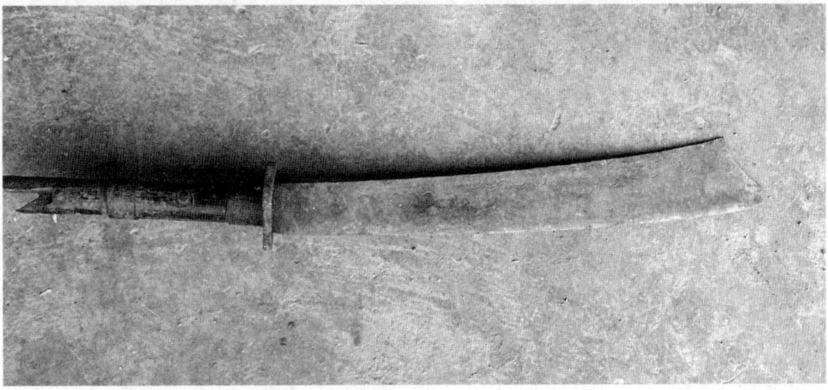

彝族武略骑尉六品军功周耀宗使用的军刀

（八）源于岔河的彝族家谱

在整个小岔河社会调查过程中，我们没有寻找到一份有书面记载的完整家谱，也没有在墓碑上得到年代久远的家谱考证。我们根据两个家庭供奉的祖先灵牌位和墓碑上的记录，整理出了周开富和李天久两个家庭的家谱，但年代都比较短小，且最后一代都不按辈分起名，将导致传承次序错乱的情况。

1. 小岔河周开富家谱

第一代：周智荣。

第二代：周国霖、周国玉。

第三代：周耀宗（清授六品军功）、周耀武、周耀文、周耀廷。

第四代：周锡章、周焕章。

第五代：周从仁、周从先、周从道、周从学。

第六代：周建勋、周树勋、周明勋、周大勋。

第七代：周开柱、周开才、周开富。

第八代：周　婷、周　洁、周　琪。

第九代：阿　秀（2岁）。

2. 蟠龙代家村李天久家谱

据南华县龙川镇蟠龙村委会党总支副书记李天久介绍，蟠龙村委会代家村先祖的迁徙路线是：牟定腊湾—韭菜地—南华岔河—铺冲—沙桥黄泥沟—田房—龙川镇蟠龙村委会代家村。

第一代：李　志。

第二代：李元才。

第三代：李　春。

第四代：李云宝、李云贵。

第五代：李国臣、李国辅、李国相。

第六代：李正刚、李正凤、李正芬。

第七代：李天永、李天平、李天和、李天久、李天艳。

第八代：李　璐、李心月、李心莹。

第二节 景区建设

一、开发利用

20世纪末期，由于特殊的地理位置，特别是彝族风情被外界发现，咪依噜风情谷被建成旅游景区。2006年4月，咪依噜风情谷第一个接待点——小岔河丫口村开始营业。2007年5月1日，风情谷开谷迎宾。2008年5月，咪依噜风情谷荣膺国家AAA级旅游风景区。

二、品位提升

咪依噜风情谷共进行了三次提升改造，投入资金共为3047.13万元。

第一次提升改造：2006—2011年，财政及挂钩部门整合投入640.63万元、村集体投入116万元、农民自筹220万元，共投入资金976.63万元。

第二次提升改造：从2011年10月16日—2012年11月，进行咪依噜彝族特色旅游村寨建设，总投资70.5万元。2013年，建成投资230万元的景区游客接待中心主楼，通过招商引资引进投资商投资240万元建设的游客接待中心停车场、娱乐场、旅游接待包间等旅游附属接待设施建成并投入使用。

第三次提升改造：2015年，南华县龙川镇岔河彝族传统文化保护区被列入中国少数民族特色村寨。2016年10月，南华县岔河彝族塑木特色民居建设，整合资金1530万元，规划新建彝族特色民居10幢，占地面积20.3亩。同时，对南永公路沿线进行樱花大道景观改造。

另外，实施咪依噜景区民居风貌控制民居改造提升工程项目。共投资380余万元，新涂外墙漆3.22万平方米，房屋外观彩绘0.68万平方米，硬化停车场3000余平方米，硬化村间道路1000余米。该项目覆盖岔河4个村民小组，受益人口达397人。

至此，咪依噜景区旅游基础设施得到改善，景区旅游景观质量得到大幅提升。

三、景点简介

1. 金钥匙

在马鞍山隧道出口，有一座似金钥匙的大理石便走进游人的眼底，仿佛是开启咪依噜风情之谷的钥匙，让您走进彝族文化大观园。有民间传说《金钥匙》。

2. 团结树

咪依噜风情谷马鞍山有一棵“团结树”，在巴掌大的地方，竟然紧紧相连地生长着山茶树、樱桃树、柳树、青冈栎、老冬梨、楸树等6个树种。

3. 水车景观

水车景观位于咪依噜风情谷的新房子，半坡的彝族民居下，映入眼帘的是随着水车旋转的水流，徜徉其间，把你带入童话的境界。

4. 月牙泉

在起家大院的村旁，有一口长年流淌的泉眼，井的下方有月牙泉。这里古树低垂，野藤缠绕，别有一番情趣。

5. 咪依噜崖壁

在大岔河边的一处崖壁上，不知何年何月书写着三个大字：咪依噜，当地人称“咪依噜摩崖”。

6. 月琴雕像

月琴雕像位于岔河村委会旁，有两座仿真放大的镇南月琴雕塑，立于公路边，并有百米彝族农耕浮雕。

7. 镇南月琴传习所

在大岔河村云南省非物质文化传承人李树明家里，有镇南月琴传习所。在这里，您能感受镇南月琴传承的整个过程，领略彝族文化的无穷魅力。

8. 塑木小镇

塑木小镇位于龙川镇岔河村委会小岔河村年猪饭附近，新建彝族特色民居 10 幢，共计 20 套。

9. 塑木长廊

塑木长廊地处马鞍山隧道与马鞍寨间南永公路旁，占地 300 平方米，投资 40 多万元。游客可在塑木长廊作短暂休息，远眺青山，欣赏岔河美丽的田园风光。

10. 彝族土主庙

彝族土主庙位于咪依噜风情谷彝人客栈后山森林中，是 60 多平方米的青瓦土坯房。土主庙供奉石刻诸神。中间为三头六臂土主，左为马王大将、五谷神、青苗童子、虫王；右为牛王、水神、送子娘娘、土地公公、山神。

11. 夫妻树

这组树种在丫口村的跳歌场中央。共三棵麻栗树，两大一小，成一直线站立着。大的两棵，一棵像身披披风头戴毡帽手弹月琴引吭高歌的伟岸丈夫，另一棵像穿红着绿首饰叮当柔情似水低吟浅唱的窈窕娇妻，小的一棵像一个未着衣冠不谙世事天真无忌模仿父母的孩童。他们且歌且舞、激情奔放地跳着左脚舞。更令人奇特的是，只要跳歌场上有人踏歌，这三棵树就会婆娑招风，风吹树枝舞，树舞助踏歌，气氛和谐融洽。

12. 姑娘房

起家大院和丫口村保留姑娘房原貌，有中英文介绍，供游客参观留影。

13. 咪依噜风情谷门楼

在咪依噜风情谷新村的白土坡，立起一座独具彝族特色仿佛又一道进入风情之谷的寨门。正面写着：咪依噜风情谷欢迎您；背面写着：阿老表您要来呢嘎。

四、南华到咪依噜风情谷自驾游线路

南华到咪依噜风情谷：风情谷因南永高等级公路的贯通，成为交通十分便捷的民族风情旅游区，距南华县城 13 公里，距楚雄市仅 50 公里，距昆明 210 公里。从昆明沿楚大高速公路及南永公路两个半小时即可到达。

五、餐饮及住宿

到岔河可品尝彝族羊汤锅、烤羊肉、苦荞粑粑醮蜂蜜等彝家特色菜，特别是年关将近更可品尝到地道的农家杀猪菜。每年 8 月，南华还举办野生菌美食文化节，如果那个时候到南华或咪依噜风情谷，就可以品尝各种鲜美可口的野生菌。游客可选择年猪饭、彝人客栈、李氏罗锅饭、游客接待中心等地就餐休闲娱乐。

岔河当地可提供简易的住宿，如需入住星级宾馆可到南华县城内。

第三节　景区管理

一、成立景区管理所

2007年4月9日，南华县县机构编制委员会第7次全体会议决定，同意成立“南华咪依噜风情谷”旅游风景区管理所，为县旅游局股所级事业单位，核定事业编制5名。同年6月3日，“南华咪依噜风情谷”旅游风景区管理所和“南华咪依噜风情谷”乡村旅游业协会成立大会在“咪依噜风情谷”马鞍山村隆重召开。“南华咪依噜风情谷”旅游风景区管理所设所长1名，工作人员4名。

二、相关工作职责

南华咪依噜风情谷旅游区管理所工作职责

（一）负责旅游服务市场的营销开发工作，进行旅游市场的调查，了解旅行社及游客的需求，提出新的旅游产品开发建议，开发出满足旅游市场需求的新项目。

（二）与游客进行良好的沟通，受理游客的投诉，记录及传递与游客沟通及投诉的信息，并对游客提出的要求、投诉及时处理，防止旅游纠纷的产生，认真改进管理所的各项工作。

（三）对旅游服务进行监控，传递旅游服务的信息，制定服务工作计划、旅游服务质量计划等。

（四）对旅游区的服务质量进行监督检查，确保满足服务规范及服务标准要求。

（五）编制旅游服务规范及旅游服务标准，下发各乡村旅游接待点实施，并监督实施情况。

（六）作为旅游景区的窗口，提供热情、优质、高效、满意的服务，耐心解答游客咨询的问题，对游客表示诚挚的欢迎。

（七）认真做好宣传工作，营造良好的舆论氛围，提高“咪依噜风情谷”旅游区的知名度和美誉度。

（八）负责游客满意度的调查工作，对游客所反映的信息进行统计分析后改进工作方法。

（九）严格按要求对旅游服务设施进行管理和日常维护保养。

（十）努力完成本单位的质量目标、指标、执行环境管理方案要求。

（十一）负责导游的服务管理工作，提高导游的服务意识、服务技能、职业道德，从而提高服务质量，并向游客宣传管理所的环境方针及环境保护意识，创造和谐发展的绿色景区。

南华咪依噜风情谷旅游区导游工作职责

（一）负责旅游区的对外宣传工作，让游客及旅游公司了解风景区的特色，与游客进行良好的沟通。

（二）向游客详细、全面介绍旅游景区景点及特色。

（三）及时了解游客的需求，在原则范围内给予帮助，不能及时解决的问题要及时向管理机构反映并对游客给予认真细致的解释，随时提醒游客注意安全、环保问题，防止安全、环保事故的发生。

（四）流利并准确回答游客的提问、咨询工作。

（五）接受游客的投诉，及时将投诉信息反馈给管理所，跟踪处理结果，并将处理结果反馈给游客，征得游客的谅解和信任。

（六）树立良好形象，热情服务、微笑服务、规范服务，让游客高兴而来，满意而归。

南华咪依噜风情谷旅游区设施管理员工作职责

（一）负责对旅游区的设施管理工作，建立设施档案。

（二）负责对旅游区的设施进行维护保养，制定设施日常维护保养项目及重要设施的检修计划。

（三）负责监督设施的维修工作，对旅游设施的使用进行跟踪负责、动态管理。

（四）负责旅游区维修项目的申报工作，对维修项目进行预算。

（五）负责对小型项目组织修缮工作，并确保维修项目的质量。

（六）负责对修缮过程中的环境因素进行监督控制，防止污染景区。

（七）负责参与管理所组织对旅游区的环境因素进行识别、评价，找出重大环境因素进行控制。

南华咪依噜风情谷旅游区服务质量检查员工作职责

（一）负责对服务质量的监督检查，负责对服务人员进行监督考评，对各接待点的食品、旅游产品等进行监测。

（二）负责对不合格服务人员进行教育，对采购不合格产品等服务质量行为进行监督检查，负责监督客户投诉的处理工作。

（三）负责对信息数据的收集整理，采用数据分析方法，对食品、产品的合格性、顾客满意程度等进行分析。

（四）负责对环境因素进行识别、评价，对本人所涉及的环境因素进行控制。

（五）参与制定管理所的质量目标、环境目标指标、监督目标，并监督完成情况。

（六）监督环境目标指标及管理方案在各乡村旅游接待点的实施。

（七）负责对环境运行进行控制，节约资源、控制噪声的产生，合法处理废弃物。

南华咪依噜风情谷旅游区安全保安员工作职责

（一）负责旅游区的安全保卫工作，创造安全、文明、和谐的旅游景区环境。

（二）负责旅游区的安全管理工作，登记各旅游接待点的车辆出入情况，对需要保管的游客车辆进行外观检查，并登记检查结果，防止发生游客财产损坏的纠纷。

（三）负责消防意识宣传工作，严禁游客携带危险物品进入风景区，并配合做好风景区消防设施的检查工作，保障游客的生命财产安全。

（四）负责做好应急准备和应急预案的实施，当紧急情况出现时应立即上报。

（五）负责做好风景区环境运行的控制，包括噪声、废弃物、污水等的控制，执行环境管理方案的规定，履行工作职责。

南华咪依噜风情谷旅游区卫生检查员工作职责

（一）负责旅游区的卫生监督检查工作。

（二）对卫生监督检查过程中发现的问题，提出纠正预防要求，并监督实施。对整改结果进行检查。

（三）记录卫生监督检查的结果并进行统计上报。

（四）严格按照咪依噜风情谷旅游区环境管理方案开展工作。

（五）负责督促各乡村旅游接待点对生活垃圾及废弃物进行百分之百的合法处理。

南华咪依噜风情谷旅游区清洁员工作职责

（一）负责旅游区的卫生清扫工作，确保景区清洁、卫生、文明的旅游环境。

（二）负责卫生设施的维护保养工作，对旅游区的卫生设施进行检查，发现损坏的立即上报管理所安排维修。

（三）负责对清理的垃圾进行分类存放，充分利用废弃资源，防止可回收、不可回收、有毒有害废弃物混合处理。

（四）监督各旅游接待点的垃圾处理工作，严格按旅游区的要求集中处理垃圾，禁止乱丢乱堆行为。

（五）负责卫生间的卫生清扫工作，并对清扫的效果进行检查，发现问题立即整改。

（六）负责监督各接待点的污水排放工作，严禁将生活油污直接排放。

（七）负责旅游区卫生的宣传工作，确保游客按旅游区的规定处理旅游垃圾，防止对景区造成污染。

南华咪依噜风情谷旅游区营销员工作职责

（一）负责旅游区的对外宣传工作，让游客及旅游公司了解本旅游区的特色，与游客进行良好的沟通。

（二）负责进行市场调查分析，向管理机构传递市场信息，及时了解旅游发展行情，以便开发出让游客满意的旅游项目。

（三）参与旅游区举办的各种展览会，并策划宣传活动。

（四）接受游客的投诉，并将投诉信息反馈给责任部门，跟踪处理结果，并将结果反馈给游客，征得游客的谅解和信任。

（五）负责参与营销方案的制订、评审等工作，以达到预期的效果。

（六）参与旅游合同的评审及签订工作。

南华咪依噜风情谷旅游区统计员工作职责

（一）按照《统计法》及《南华咪依噜风情谷旅游区统计管理制度》有关规定，做好相关统计工作。

（二）接受上级主管部门的指导，及时准确完成各项统计调查任务。

（三）负责及时准确向县旅游局报送各种统计报表。

（四）负责资料及时管理、归档并妥善保管，做好保密工作。

南华咪依噜风情谷旅游区古树名木保护管理制度

咪依噜风情谷内古树是指树龄在100年以上的树木；名木是指领袖人物所植或者具有极其重要的科研、历史、文化价值、纪念意义的树木及国内外稀有珍贵树木，为了保护管理好这些珍贵树木，制定本制度：

（一）咪依噜风情谷旅游区管理所及协会的任何个人均有保护古树名木的义务和制止、检举损害古树名木行为的权利。

（二）要对古树名木进行登记、建立档案、设立标志标牌，标牌应标明树名、学名、科属、保护等级、树龄、价值和意义等，有必要的应在古树名木周围设立保护围栏。

（三）落实古树名木管护责任人，定期检查生长情况，在古树名木生长环境变化、长势衰弱或受损害时，应当及时报告给技术人员和县文体广电旅游局。在技术人员指导下及时进行复种，更换营养土，追肥，加大地表通气，扩大围护范围等，确保正常生长。

（四）严禁刻画、钉钉、破坏、砍伐古树名木，不准采摘果实或种子，不得擅自修剪、擅自培植。腐干、枯死枝等在技术人员的指导下进行处理；因特殊情况需要对古树名木修剪、截干、切根的，应当经县林业局和文体广电旅游局批准。

（五）定期检查古树名木的病虫害情况，采用综合防治措施，认真推广和采用安全、高效、低毒农药及防治新技术，严禁使用剧毒农药。使用化学农药应按有关安全操作规程进行作业。

（六）任何个人不得擅自移植古树名木，因特殊情况确需移植古树名木的，应当经县文体广电旅游局审核同意后才能实施。

（七）生产生活不得影响和危害古树名木的生长，新建、改建、扩建的建设工程涉及古树名木的，必须提出避让和保护方案，经县旅游局批准后方可实施。

（八）古树名木死亡后不得自行处理，经县文体广电旅游局确认后，在技术人员指导下进行处理。

（九）加强古树名木保护教育，每年安排一定经费用于古树名木的保护管理。

（十）遵守古树名木主管部门的各项保护管理制度。

第六章 作家眼中的岔河

以艺术手法表现咪依噜风情谷的神奇所在，不仅有壁画长廊、民居装饰，还有民歌、酒歌和左脚舞，如民歌《岔河情》《神奇咪依噜》。文学作品有杨乔槐创作的《岔河赋》，周汉德创作的《这里有一片神奇的土地》《激情踏歌岔河村》《日本友人寻根来到岔河村》《咪依噜风情惹人醉》《古树的神韵》，郭志安创作的《秋醉咪依噜》《咪依噜风情谷，彝族文化的一朵奇葩》，马忠芬创作的《南华咪依噜风情谷》，钱海创作的《咪依噜风情谷：心灵栖息的地方》，普显宏创作的《天边彩云风情谷》。

第一节 散文 诗歌

一、散文

岔河“姑娘房”

马旷源

几次去岔河，都被灌得烂醉。“勾引”昆明作家群：来吧，快来吧！我陪你们去爬“姑娘房”。那是极富情感，非常有趣，原生态的自然风光啊！可是，一次也未爬成。总是在门槛之外，就被多情的歌、多情的酒、多情的彝家妹子搞倒。都说中国有两首“最霸道”的歌：一首是《大阪城的姑娘》，要了人家的姑娘，还要人家的妹子，还要马车和钱财；另一首便是彝族的《敬酒歌》：会喝也要喝，不会喝也要喝。管你会喝不会喝，都要喝，必须喝，非要喝。然而，岔河的拦门酒，却温柔得多：

> 今天日子好，宾客四方来。大家一起端酒杯，不说喝一杯喝半杯，不说喝半杯喝几口，不说喝几口喝一口。米酒一杯舒心醉，调子一首让人醉。远方的客人请您喝一杯，彝家盛情把您留……

语气是规劝性的，热情却不容你轻易溜走。

喝罢酒，打罢跳，领你去爬“姑娘房”。彝族姑娘长到十六七岁，就不再同父母一起住，而是搬到村里专门为她们建筑的“姑娘房”里集体住宿。相应的，小伙子也有自己的集体宿舍“伙子房”。恋爱期间，“姑娘房”里可以是一对恋人同住，也可以是几对恋人住在一起。这里有底线，只可谈情，不许乱来。约会过程中，男女双方都会使出浑身的解数——唱歌，显示自己的艺术才华；谈情，表白自己对对方的一往情深。小伙子还要表现自己的能干、自己的阳刚、自己的英雄气概。歌声悠悠，如出产于南华本地的《小河淌水》：

> 两根丝线一样长，妹做鞋子送小郎，剪下郎的真鞋样，合心合脚做一双。唱曲还需两个人，离了妹子唱不成，一个巴掌拍不响，一棵独树不成行。要吃辣子不怕辣，要忘阿哥不怕杀，钢刀架在脖子上，脑袋落地碗大个疤。

如果双方第一次约会对上了眼，姑娘便会送给小伙子电池、火柴、鞋垫等定情物。小伙子则会带走姑娘身边的手帕、头巾，并约定下一次见面的时间。多次约会，有了感情，姑娘就会把小伙子带回家去，让爹娘哥妹“审查”。“审查”过关，家长们要对小伙子的家境进行调查。但是，在婚姻问题上，起关键作用的是当事人双方，父母意见仅供参考。两人有情，爹妈同意，媒人上场，带着烟酒到女方家提亲。这时，“姑娘房”便完成了它的历史使命。二人搬出大窝，营造小窝，天造地设，结为连理。

谈不成，谈到中途走马换将，结局也极其宽宏大量，不似城里人醋海生波。只要姑娘送给小伙子一包质量低劣的烟，表示你的品位不够。小伙子便自觉地走了，绝不拖泥带水，藕断丝连。这一种在爱情上的大度与决断，很多现代人做不到的，作为尚存的古风，令人敬佩。

朋友，您来吗？如果你是一枚多情的种子，脚力与身体又十分强健，爬得上“姑娘房”①。进了“姑娘房”，又能严守游戏规则，“发乎情，止乎礼”。你一定会受到姑娘们的欢迎，和你叙谈，和你对歌，和你谈情，三个五个，彻夜风情。如不中意，最后送你一包劣质烟，让你走人。但是，爬上去之前，你先得学会几支情歌，用歌声传情，借歌声敲门；否则，美丽的彝家妹子是不会给你开门的。

像梦一样甜美

蓝芒

走进岔河风情谷，真有点像走过陶渊明的“桃花源”，那种“沿溪行，忘路之远近。芳草鲜美，落英缤纷……”的感觉，强烈得让人着迷！走完整条风情谷，便到岔河彝家生态村。生态村里更有一系列足以让村民引为骄傲的自然生态景观：那茂密的丛林绿被、凄美动人的爱情树、令人陶醉的“姑娘房”……除此之外，岔河彝家生态村还

① “姑娘房”：无楼梯，须从木架房侧面，一路如壁虎慢慢爬上去。

有一道最诱人的风景线：清静。

岔河风情谷距南华县城关龙川镇13公里，谷长6公里，右边铺展着一条有如天津毛毯般又长又绿的菜地，左边是一带杂木绿坡，这草地和绿坡就像系在岔河彝家生态村脖子上的一条用两种面料拼镶而成的绿飘带，给人一种华丽而别致的感觉。彝家生态村就在离“绿飘带”不远处的山腰上，几家瓦舍，几道淡淡的炊烟，都在一片绿荫掩映之中，显得极其自在安详。此时，在寨子侧边树下正有几个彝家姑娘在嬉耍，见游人走来，便都“笑语盈盈暗香去”。一时间，树林中显得异常静谧空灵，弥漫着陶渊明的闲暇，刘禹锡《陋室铭》的雅致，阮籍、嵇康和山涛们的安逸不羁。有几个游人在比赛谁能说出更多树木的名字，绕着树棵消受着生态村那份高纯度的清静。我平时也常常喜欢在都市里的人行道上一边漫步，一边辨认行道上或公园里的树木，欣赏着它们那郁郁葱葱和奇形怪状的树冠，消解工作后的紧张劳累，寻找一种内心的平衡和清静。现在，我突然发现自己也正处身在一处如此自然天成的生态环境中，这里不知比都市中的树木多了多少，不知比人行道上阔朗优雅多少；清静已经簇拥在册，俯拾即是！一时兴起，我也学那些游人模样，和一位陪同人员比赛谁能说出更多混交林中树木的名字：

“那株叶如扁针、直直苗苗的是云杉。”我说。

“那棵叶大如掌，矮墩个的是马桑树。”他说。

“那株叶子阔长，昂首挺胸的是黄栎树。”

“那棵叶子椭圆，癞皮癞脸的是水冬瓜。”……

我们两个越说越快，不多会儿，我就抢答得气喘吁吁了。答不出来了，光听那位对手像大元帅点兵一般在那里念出一串串树的名字：“那是丝栎、白栎、水杉、野樱桃、红豆杉、红马樱、白马樱、三尖杉、香果树……”最后，他指着坪场中一对紧挨在一起生长的丝栎树说：“这是爱情树。”

听着他流利地念出这些树名，我仿佛觉得自己开始和这一个个生灵结识、交流。它们让我明白：清静这个东西实际不能从外界得到，只能从自身从内在取得；只有在那种怕是和别的共同生存在方寸之地，互相之间也不存在竞争，只有竞赛的情况下，看谁能得到充足的阳光，看谁能长得又高又快，也就是说，你、我、他之间是存在竞争的，但竞争不是谋算和戕害，而是互相释出善意和共同分摊养分，共同打造一个和谐环境，让大家和谐生长，和谐共处。要能这样，就能生长出真正的平衡和清静来。这就是《法华经》所谓“至其善熟，必受其福”的意涵了吧？

“吃饭啰，吃饭啰……”突然，从寨子里走来十多个彝家姑娘、小伙儿，他们一边喊着，一边在我们面前的树坪上摆开了矮桌子和草墩；矮桌不是一张，而是七八张，草墩也不止几个，而有几十个，随后又摆上了盘、碗、菜肴……那些响动和嘈杂，像捅破了窗户纸那样，打破了林间的清静，冲散了我的梦境，我被推入茫然无助之中。

我为清静的消失感到阵阵惋惜和错愕！

但这却是彝族生态村的主人们出于好意，有意要让我们这些远方的客人在浪漫的氛围中去细细品味彝家风情的精彩，才特地把这顿饭安排到这树坪中央的那两棵“爱情树”下来吃的。

“爱情树”下顿时觥筹交错、欢声笑语地沸腾起来，其中，最为动人的便是姑娘、小伙儿热情地劝酒歌：阿哥、阿哥让你莫走，彝家深情把你留。喝碗米酒舒心醉，跳脚对歌不害羞……

这歌声是那样深情，那样奔放，立即把我引进一个亦真亦幻的情景中。我这才发现，那两株被众多桌子、草墩和游人簇拥在中间的“爱情树”挨得是那样近，真的像情人亭亭玉立，耳鬓厮磨，柔情蜜意。他们一个叫阿枝，一个叫阿里。忽然，我的眼前有一阵青烟掠过，美丽的阿枝和勇敢的阿里此刻正手拉着手，身挨着身，他们藐视土司的坏心，躲开土司的追逐破坏，大声宣布他们早已互相倾慕、互相爱恋；哪怕土司再派一百个媒人来也别想叫阿枝回心转意，哪怕土司再使出千百个毒招也别想叫勇敢的阿里却步不前；他们的手将永远拉在一起，他们的心将永远跳在一起，生生世世，永不分离！……随着时间的推移，世事的演进，他们坚贞不渝的爱化成了高耸入云的丝栎，他们真挚深沉的情意化成了片片绿叶，像乳汁那样永远滋润着彝家姑娘、小伙儿。他们所站立的这块坪地也变成了跳歌场，一代代的姑娘、小伙儿在这里接受着阿枝和阿里对爱情坚贞不渝的熏陶，一辈辈青年男女从他们身上传承着人与人之间的互相关爱、互释善心、互结善缘的教化……

我深深地沉浸在情意的暖流之中，体味到一种梦一样的甜美，然而刚刚得到的那份清静却被挤了出来！从来鱼和熊掌不可兼得，不过，也许清静并不意味着孤独，也不意味着冷寂，更不忌讳情意和热情，要的是人和自然以及人和人之间达到和谐一致。李白诗："心静海鸥知"，只有心静，才有周围环境静，才有清静。

紫燕春雨岔河村

袁佑学

车子停下来的时候，紫燕剪着春雨。远远地看见南华岔河生态村蒙在绿树掩映的半山腰。青松翠柏扎成的迎宾门前，过山号和迎客的酒歌，一浪高过一浪，让人热血沸腾。一群彝家少女轻盈如燕，雾中花似的美丽在石拱桥上，歌舞着、倩丽着、青春着、温柔着、妩媚着……也许你能婉拒牛角杯里的迎宾烈酒，但她们送到你唇边的那一阵阵袭入鼻孔的粮稻奇香，却让人无法抗拒，倒是把客人的脚步牵上了弯弯曲曲的山道。

于是，一个悠然淡雅的彝家村寨，便在烟雨中明明朗朗起来。瓦舍青堂，绿树翠竹，彝家乡亲送上的笑脸淳朴着、厚实着。春雨让眼前的一切都滋润起来，连挂在寨子中间的一树树梨子、花红、小桃……也润红了半边小脸，一如从你身旁飘来飘去的彝家少女的羞涩笑靥。

是的，你可以拒绝和厌恶灯红酒绿下的山珍海味，能对豪宴美馔旁那些举着葡萄美酒立在你身旁的美女不屑一顾，但你肯定无法拒绝岔河生态村乡亲们奉献给你的那些美食，更无法忽视彝家少女那清纯的原生态如花笑靥。地上铺着绿油油青松毛，满满一桌原生态的食物：刚从墙上取下来煮得香喷喷的自家老腊肉，刚从自家地里摘下来的水灵灵的小瓜、青菜，刚从山上摘来的绿茵茵的野菜……当然，你更无法，也不好意思拒绝那些不停地给你添菜加汤的彝家少女。她们的汉语说得并不流畅，但那种原生态的淳朴与真诚，那种原生态的羞涩与笑脸，让你在不知不觉间收不住笑声，饭量也就在不知不觉中越位。往往等你发觉时，你的身子因为肚子撑得过饱而站不起来了。所以，这种原生态的酒席其意义并不仅仅是味道好吃，而更在于让吃的人因为放心、因而舒心，更体味到所谓旅游的真正含义。更舒心的是，你的饭桌就摆放在村头三棵高大雄伟、浓密如伞的栗树下的场子上。因为有了这三棵树，村寨便显得古老而清幽，因为在这三棵树下玩耍、进餐，让你更加感受到“原生态”的真正含义。这三棵树上有着多种版本的民间传说，最具时代感的一个版本说的是：有一对恩爱夫妻，因为第三者插足而情感发生了危机。正当丈夫要抛弃结发妻子的时候，上天一个惊雷劈下，惩罚了第三者，使得那对恩爱夫妻重新回到正确的轨道上来——抬头一看，左边的那棵树果然被雷击过，不但没有了树头，而且变得细小而丑陋——乡亲们对爱情的理解与寄托，全都在这三棵树上了……

拦门酒喝过了，分别的时刻在不经意间就已到来。顺着来时的弯弯山道，一路有歌有笑，走过圆石头铺成的山道，走过路两边的绿树山花，走过那一块块丰收在望的庄稼地，走过那个清如明镜的水塘，走到那座石拱桥……没法不和乡亲们走成了一幅依依惜别的图画，车轮开始转动，窗外紫燕又剪着春雨，回头挥一挥手，那群彝家妹子还立在雨中，依然在那里挥手，一如既往地娇羞着、温柔着、青春着、妩媚着……

身后的村寨渐渐远去，但有一句话却永远留在心中：在南华岔河村，什么都是原生态的——当然，人也是！

绝　响

李成生

李树明的月琴奏响于远离城市的山中时，我想到了17年前离去的父亲。那种与生俱来的情愫曾使我夜不能寐，老父的最后一曲调子是1983年弹唱的，除了那些闲散的“小调”以外，最能拨动人心弦的曲子有两首：《赶马调》和《草皮调》。这两首曲子在彝乡几乎家喻户晓，在我们那个时代，连小孩也能唱上几句。老父的琴声和“说话一样”表达着缠绵的意境，寨中的乡亲听到这种如泣如诉的调子后，纷纷向我家的老屋靠拢，小小的堂屋中很快坐满了乡邻，绝大部分是父亲的同龄人。一曲终了，我看到几个老人已潸然泪下，回到青春的梦乡。这些阅历过旧时代的老人，对物质的追求很低，精神的满足成为他们生活的至上，老父的“调门”是他们重温爱情和考量人生的催化剂，有的人甚至老泪纵横。

已经有30年没有听到老父那种无法用语言描摹的曲子了，1997年，这个饱经沧桑的老人离开了我们，而且1983年以后，他再也没有操过琴，那把浸满汗水、黑亮的月琴也不知所踪。

今年这个夏天也许是我人生中最有缘分的时段，在南华县大岔河村中，我遇到了琴王李树明。我和他的缘不仅仅是姓李的原因，我想这是冥冥中上苍为我们安排的一次邂逅。我虽然不会弹琴，但在特定的情景下，我们这个古老的民族将音乐视为联结血缘的重要纽带，这种旋律从深度上去理解，或者只有一个独特的人群能够读懂它表达的真正内涵：当他拨响第一组音符后，我仿佛寻到了这种声音的源头，找到了音符出生的故乡，甚至它成长的那间屋子、那条小河、那片田园。我诚信过去我是老父的知音，今天我是彝族兄弟李树明的知音，因为在大岔河那个遥远的彝寨中，在李树明兄弟的小院里，我找回了遗失多年的魂魄。

镇南在我幼小的记忆里是一个熟识的名词，少年时听老父弹琴，总是听到他讲这么一句话："沙桥豆腐吕合酒，镇南弦子家家有"。老父弹唱一生的月琴就是"镇南弦子"，被他视若生命。老父的人生贫穷而黯淡，但他活得很自我、很潇洒，爱琴、爱吃，所以，镇南的三样好东西都深深地刻在他的脑海中：镇南弦子、沙桥豆腐、吕合米酒。我曾听他眉飞色舞地说沙桥豆腐油炸后如何如何地美味，吃了一盘还要来一盘；说镇南弦子如何地制作精良，被赶马大哥们怎样地钟爱。但我一直到成年以后，都不知道镇南在哪个方向，离我们的寨子有多远，便一直向往那个父亲故事里的神秘地方。从这样的时间和地理概念上看，我和李树明相遇，存在必然性：李树明住在龙川江的上游，我住在龙川江的中游，只要是流向金沙江的水系，都会在下游相逢，哪怕我们彼此只是这条河里的一颗水滴。

赶马人从黑井驮上洁白的食盐，顺着崎岖的古驿道一直向西，经过镇南后就到了大理。镇南是一个重要的驿站，一个安放肉体和灵魂的好去处，当赶马人路过这里的时候，吃当然是必需的，但精神的寄托对于这些长年累月跋涉于深山峡谷的人来说，实在是太重要了，买上"一抱"（即一把）弦子，一路地弹唱而去，消愁解乏，弦子是他们须臾不离的"相与"（朋友）。这个制作弦子匠人的大集镇，像马可波罗发现的"东方大城"一样，令老父终生难忘。

记忆的传承像血缘关系那样有连续性。20 世纪 80 年代初，当我第一次踏上这块土地的时候，便四处寻找父亲告诉我的那三样东西，我只找到了沙桥豆腐。踽踽在古旧的街巷中，最多的物件是被称为

"难民服"的西装被挂在竹竿上卖，小贩们的叫卖声此起彼伏。终于，在街巷的一处空地上，我看到了一群穿着艳丽服饰的彝族女人，在一个大哥月琴的节拍中，她们翩翩起舞，旁若无人。大哥的那把月琴柄上插着红球状的绒花，随着舞步上下左右摇摆，煞是好看，我便走进舞圈学着跳起了左脚舞。我问大哥这月琴是哪里买的，他说是茅阳街上才有此物。说完他们就散了，人走出很远，仍能听到月琴声。我不知道茅阳在哪里，也就打消了寻找月琴的念头。后来才知道，茅阳就是牟定县旧称，可是从南华到牟定要走很远的路，他们是如何知道那里有月琴卖呢？

21 世纪初，我回昆明城里工作。一个长期在牟定县工作的朋友不知从哪里听到我喜欢月琴的消息，托人给我捎来一把，和多年前在南华街上看到的一模一样，龙头上插着绒球花，让我想起了许多难忘的往事。我不会弹琴，就把这漂亮的月琴作为装饰物挂在客厅里。诚恳地说，这把月琴和老父那把比起来，显得粗糙多了，但我却很珍爱它。直到在大岔河村见到李树明的琴，我才领略了正宗月琴的风采：它的每一个部件都显得非常精致，镂空的立体雕刻彰显着主人高超的技艺，空灵的声响正合了《镇南州志》所说的"所造者皆有美音"。我想，有数百年制琴历史的南华城后来让月琴绝响，一定有曲折的故事，这种奇特的技艺传入深山之中的大岔河村，传到了李树明的手上，它们之间有什么关联呢？

从南华城向东走 13 公里，越过马鞍山，看到一条苍翠的峡谷，人称"咪依噜风情谷"。"咪依噜"是彝语"马樱花"的意思，马樱花是杜鹃花的一种，每年冬末春初凌寒怒放，如火如荼地铺满山野，将这条峡谷装满了浪漫和诗意。从峡谷右侧的一条山道上前行数公里，就到了大岔河村。山村四周群山，一水中分，右侧是碧绿的田野，与喧闹的城市相比，它显得宁静、邈远、一尘不染。彝族有谚语说："嘉木出深林，俊鸟宿高山。"大岔河村住着李树明，李树明接力了"镇南弦子”正宗制造，与彝族谚语是多么的吻合。

李树明家的小院就筑在山坡的左侧，门口高悬“镇南月琴”的匾牌，这里是“美音”的源头，弦子的产房，快乐的泉口。农家小院朴素简单，正房、厢房和一侧的小小工作间，便是这户人家显得有些凌乱的建筑组合。李树明辟出一间厢房展示他的月琴及各种资料，柜台前仅容两人站立。初见李树明，他普通得像山里的一棵树，路旁的一株草：黝黑的脸庞，粗糙的双手，不苟言笑，却善于用粗壮的手指拨出天籁般的乐声。时间无情地掩埋了他的青春，却赐予他理解音乐的最高智慧，每一把琴的式样和大小都没有理论标准，所有的音阶都装在心中，但每一把琴都能弹奏出精准的音符，让大学里的音乐教授们称奇不已。

200年前，“镇南弦子”已名满滇中。史载，旧时的月琴作坊有20余家，多集中在镇南城中，他们中的一些世家至今还有人记得名号：店铺有抱月斋、得月斋、得月楼、玩月轩等，其中以抱月斋主郭纯熙制作的月琴最为著名。想必那时的镇南城是一个充满笙歌的集镇，如此多的月琴铺，光是进店试琴就能搅出一城的丝竹声，更何况对月弹唱起舞呢？看那些店铺的名字，不管“玩”“得”“抱”，都将月儿装进去，点明弹响月琴的最佳时间是明月如轮时。这种月夜踏歌的风俗起源很早，唐人樊绰在《蛮书》中记载：“少年子弟暮夜游行闾巷，吹葫芦笙，或吹树叶，声韵之中，皆寄情言，用相呼召。”一千多年前，彝族的祖先乌蛮人就快乐地生活在这块大地上，年轻人夜晚吹着树叶和芦笙，穿行于村巷之中，尽情玩耍，至今，巍宝山的古建筑群文昌宫内还有绘于清代的《松下踏歌图》。月琴的出现，当与彝族人性情开朗、喜爱歌舞的民族性格有极大关系。如今，南华街上已没有月琴店，因为种种原因，老琴师们走后，都没有将技艺传给后人，最后的琴师把宝贵的月琴制作技术带走了。

我景仰李树明，第一个原因就是他把行将消亡的“美丽事业”重拾回来，并发扬光大，为民族音乐守住了最后的阵地。早年的镇南月琴以工艺精巧、造型美观而著称，它的工艺非常复杂。制作月琴的材料有楸木板、水冬瓜木、香笋竹、弦线等，全琴由琴杆、琴簪、琴鼓、琴品、钓鱼台、琴胆6个部分组成，经10道工序才能成琴。李树明并未出生在造琴世家，年轻时他只会弹琴，不知如何造琴。但他比其他同龄人多一门技艺：他们家是木匠世家，从小他就跟着父辈做木工。这无疑是李树明学习造琴的基础条件。

当镇南城里的琴行一间间消亡后，李树明想重振这个行业，彝族乡亲们不能没有月琴。二十多年前，李树明还是个小伙子的时候，便四处投师学艺，弄清了一些基础原理后，便抓起家里的木工家什造起琴来。起初，他造的琴像月琴但不是月琴，音难成调，调不在谱上，他造出了几把似琴非琴的“玩意儿”。但聪慧的李树明并未让这种状况持续多久，当经受多次失败后，他终于造出合格的月琴。如今，李树明的月琴已远销北京、上海、深圳、昆明等大城市，一部分还漂洋过海到了国外。琴，亦然成为他生命的重要组成部分。2006年以来，李树明抱着自己造的月琴，以精湛的弹唱技艺，多次到昆明、上海等地演出，获得不少的荣誉。2010年，他被列入云南省非物质文化遗产代表性传承人，他的月琴制作也得到政府的资助。

楸木树就长在李树明家的房前屋后，这种树是制作月琴上好的材料。每年，李树明都要办理各种采伐手续，砍回一棵楸木树，晾晒半年后才能下料加工。在李树明的作坊中，我看到数十把刻刀，但更引人注目的是那把劈柴的斧头，他说，做大坯首先是斧头开的路，然后才是精雕细刻。想见那一弯月牙挂在天上时，李树明和几个徒弟就在这间小屋中造琴了，二十多个寒暑过去，曾经的青年现在已霜色染丝，月琴的制作却从未中断。几乎每个月才能造出一把琴，但每一把琴都是月琴的绝品。我想，这绝品弹出的音色必定是绝响，这声音的滋味，正如李树明无法复制的人生那样神秘、传奇，独一无二。

看那满目的葱茏，听那涓涓的流水，观那云起云飞的山峦，越觉李树明住在遥远的山中。但遥远并不能阻隔美音的传播，这些带着田野芳香的声响会翻越崇山峻岭，飘到我的耳中，飘到世界的每一个角落，让人迷醉。临别时李树明操琴为我们弹唱一首彝家调子送行，勾出了我无限的留恋，遂吟一首作答：

廿秋山色数染霜，深林楸木等闲看。
相得一棵知音树，造就十匣解愁箱。
雕龙刻凤有茧手，拨弦把品无俗响。
但凭嘉音传名姓，天降奇人林泉藏。

月亮照在姑娘房上

李朝德

姑娘房的故事，是一叠由现实流向永恒的浪漫故事。

姑娘房的故事，是一段韶华倾负，爱也幽幽，恨也悠悠的故事！

彝家山寨，山高路远。

在楚雄南华彝家的传统中，大多在离村寨不远的地方都建有姑娘房。姑娘房成了外界最为神秘也最为向往的地方，如果你到彝家山寨，总会有人半开玩笑半调侃地问：串姑娘房去了没有？接下来就是坏坏地笑。

殊不知，姑娘房不是随便可以串的，但对于外界的人来说，姑娘房因为不为外人所知，长期以来都蒙着一层神秘的面纱，更加令人着迷与憧憬。这也不难理解，在云南，即便不是彝族，不是少数民族，大部分人也都知道姑娘房，但却很少有人真正了解，更很少有人走进过姑娘房。对于姑娘房，听过的传说和版本很多，但都只是个模糊的印象，大概的印象是姑娘房与浪漫和爱情相关。说不清楚道不明白，但这丝毫不阻碍大家对姑娘房的向往与猜想，闭上眼睛可以想象的浪漫场景是：一轮淡黄色的月亮从黛色的山脊升起，劳动喧闹了一天的彝族村寨安静下来，薄薄的雾气在青色的瓦面上袅袅飘荡，年轻的姑娘小伙在村寨边的场子上唱歌跳舞，歌声由嘹亮而低沉，月光由淡黄到明亮，照过屋顶，走过树梢。繁茂的枝叶间筛下斑驳的月光，静静地洒在彝家的姑娘房上。彝家小伙儿、姑娘双双成对，牵手步入姑娘房，整个打歌场上又安静了下来，只有姑娘房中的窃窃私语、浅言轻笑……

对于从未经历过，也未深入了解过姑娘房的人来说，对于姑娘房恐怕只有这点有限的想象空间了。

彝家的姑娘房到底是什么样？干什么用的呢？

姑娘房，也称“公房”，彝语称“移堵嘿”。“移堵”汉意为“睡处”，“嘿”汉意为“房”，全句汉意为“睡处房”。但这样的“睡处房”是特指未婚女青年睡处。有的地方又称“闹房”“公房”“草棚楼”等。婚前，公房就是男女未婚青年幽会和娱乐的地方，是彝族未婚青年的乐园，是专供未婚青年男女谈情说爱的场所。楚雄南华这里的彝族姑娘长到十三岁时，举行成年仪式后，就要离开父母，搬到姑娘房去住，白天回家干活，晚上就在姑娘房绩麻纺线、挑花绣朵。姑娘房里一般搭有多张床铺，搭床时一张连着一张，一间房子里有三五张床是常事。到节日、会日、跳歌日及外村外姓未婚青年到本村时，由中介人（男女均可）介绍小伙子与姑娘同宿，为男女一对一，二人一同和衣而睡，谈情说爱；几对男女青年同在一房，互不见怪，无拘无束。但是按照彝族传统规矩，姑娘小伙儿同床，只能动口，而决不能有其他动作。青年男女社交娱乐，交流思想感情都在姑娘房中。双方情投意合后，向父母报告，请媒人说亲。有些地方姑娘出嫁也从姑娘房出发，伴娘们一齐唱哭嫁歌，在歌声中结束自己的姑娘时代，走向婚姻。

姑娘房一般是一村一处，有的大村或几姓一村的也有几处。姑娘房多在村边，很少在村中间或与老人住处距离很近的；姑娘房一般属于某户较为宽余的房子腾出来的，也有专门建盖的或临时凑合暂用的。

有趣的是，除了姑娘房，彝族部分地区还有小伙子房。小伙子房是只有儿子没有女儿的人家会准备离家长稍远的房子给儿子住，儿子可以约年龄相当的同伴共享受，吹牛闲聊，谈谈姑娘，夜里无聊时，也会相约去烧蜂或狩猎。小伙子房类似姑娘房，但在节庆、赶会、跳歌时却空着，这时小伙子都串姑娘房去了。可见，小伙子房只是小伙间交流玩乐的场所，并不具备谈情说爱的功能。

为什么会有姑娘房呢？一种说法是彝族人认为在家中谈情说爱是不礼貌的。姑娘大了，情窦初开，应该有个单独私密的场所与心仪的小伙子交往。毕竟作为普通家庭，女儿大多数时间可能要随着父母做些活计。日出而作，日落而息，女儿一般天天与父母相伴，很少有自己独立的时间与空间，所以诗歌上描绘的“月上柳梢头，人约黄昏后”的浪漫情调现实中其实很少。年青男女互生爱慕之心，黄昏后，人约到哪里去，毕竟也是个问题。房前屋后，花前月下，毕竟不如有个专门的场所让人放心和踏实，所以就有了姑娘房。

另一种说法是，“姑娘房”是母系社会“走婚制”的遗迹，与云南丽江摩梭人的走婚习俗有些相似。姑娘们白天各回各家，跟父母劳作生活，晚饭后都到姑娘房里。半个世纪以前一般用柴火照明，姑娘、小伙儿映着火光在姑娘房里自由自在地聊天和弹琴吹箫。交往得差不多，姑娘也会把男方带回家里，有些男方在女方这边一住就是好几天，白天男青年随女方回家砍柴，放牧、干农活，晚上又随女青年回家住宿，女方父母也会招待男青年吃喝，对于他们的感情不加干涉听任其便。男方提亲，女方可以拒绝。无论哪方不愿意，都只有等到下一次跳歌会上或者其他场合上再另作选择。

两种说法都有其道理，都充分体现了对个体、对爱情的尊重。彝族，本就是一个开放而热情奔放、率真直白的民族，这从他们对火的崇拜与祝酒歌中可以体现，“阿老表、阿老表，你要来呢嘎！阿老表、阿老表，你要来呢嘎！不来么就说不来呢话，莫让阿妹白等着！阿表妹、阿表妹，你要来呢嘎！阿表妹、阿表妹，你要来呢嘎！不来么就说不来呢话，莫让阿哥白等着！”这首歌不单是在南华地区，在整个楚雄州都广泛流传。

这样的一个民族对爱情的态度自然也是直白的，爱就是爱，不爱就是不爱，强扭的瓜不甜，捆绑不成夫妻，姑娘房充分给了彝家儿女爱与不爱的选择权。姑娘房存在的时间很长，谁也不能准确说出到底什么时候就有姑娘房了，只是说代代相传至少已几百年。可见，在婚姻制度还封建的年代，彝族的姑娘房就存在了。从横向来对比，对于传统封建的婚姻制度而言，姑娘房无疑是爱情与婚姻的幸福房，无数彝家儿女，在姑娘房中同被而盖，相拥相偎，互倾爱慕，互诉衷情，从而相伴到老，续写了一个个爱情不老的神话。

相比“父母之命，媒妁之言”的封建婚姻制度，这无疑是人性和进步的。在森严的等级制度和封建礼教影响下，“父母之命，媒妁之言”的爱情婚姻制度不尊重当事人的意愿，酿成了不少爱情悲剧。最为著名的如《梁山伯与祝英台》，祝英台的父亲非要把女儿嫁给富有的马文才，置女儿的幸福于不顾。最后祝英台在嫁给马家途中，跳坟自尽，死后化作两只蝴蝶，翩翩飞舞，让人感叹万分。即便是婚后，父母的力量仍然左右着儿女的婚姻幸福，所以有《孔雀东南飞》在反抗封建礼教无效的情况下，刘兰芝投水而死，焦仲卿最后也只有“徘徊庭树下，自挂东南枝”。

不单汉族在旧社会屡屡发生殉情的悲剧。在旧社会，在云南很多少数民族地区，由于婚姻的不自由，殉情也时有发生，比如丽江纳西族的分支纳若，纳若在旧社会实行的是包办婚姻制，婚姻制度是非常严格的。父母之命永远不能违背，因此在纳西族分支纳若当中出现了这样一种风气：相爱的男女双方纷纷殉情。所谓的殉情就是，相爱的男女双方相约到一个美丽的地方，一起吃上一顿好吃的饭菜，然后双双自尽。他们认为，他们死后灵魂就可以在一个神奇的国度“玉龙第三国”一起过上没有忧伤没有烦恼的生活。这种殉情的风俗一直延续到20世纪60年代，纳西族先人的勇敢和坚忍不屈，无数悲情壮烈儿女的牺牲才换来了今天我们纳西族儿女的婚姻自由。

彝族能为自己女儿单独建盖姑娘房，充分体现了父母对儿女的尊重与关爱。个人认为，姑娘房虽然是走婚制的遗迹，但却不是落后与闭塞的代名词，姑娘房的存在，奠定了彝族人婚姻幸福美满的基础，避免了父母粗暴干涉或者草率成婚而酿成的婚姻悲剧。

姑娘房是自由和开放的，在没有谈婚论嫁之前，姑娘可以随意与她中意的小伙子交往，小伙子也可以随意串不同的姑娘，父母听之任之，视而不见。

据楚雄州南华县的原县民宗局副局长罗宗贤（彝族）介绍，一般来说，彝族小伙子的恋爱是比较自由的，姑娘小伙子认识一般通过几个途径。一是在跳歌场上，姑娘小伙子在月亮清亮的晚上，在彝家山寨旁边的跳歌场上，尽情唱歌跳舞，如有中意的人，互相倾慕，通过歌舞表达自己的感情，暗暗约定一起回姑娘房继续交往。另一种是赶街时候，几个村寨的人到附近的乡镇上赶集，赶集的日子也是彝家姑娘、小伙子节日盛装的时候，他们梳洗得干干净净，穿上自己喜欢的衣服，姑娘把自己打扮得漂漂亮亮，小伙子也把自己整理得精精神神。这时，如有自己心仪的姑娘或者小伙子，他们往往会通过眉目、言语、歌舞等来传情，小伙子可以表达自己的爱意，但这主动权不在小伙子手里，往往需要一个介绍人，如果姑娘也有意，就会委托身边熟识的伙伴，通过第三方问小伙子愿不愿意与她串姑娘房，算是姑娘正式发出邀请，小伙子可以答应也可以不答应。一般来说，姑娘在没有通过第三方发出邀请时，小伙子是不能自己冒失地当面提出交往要求的。但可以通过歌声及吹箫弹琴来表达自己的爱意，如彝族歌中唱道：

什么日子来相会，欢乐会上来相会。
有心不怕路途远，千里路上来相会。
小小三弦来领路，妹跟郎来郎跟弦。
你遇我来我遇你，妹妹你我同回去。

还有一种交往的途径，外地、外乡的小伙子到村寨串亲戚办事情，如果当地的姑娘看中了该小伙子，姑娘也会通过第三方，比如一起玩耍的小伙伴、亲戚等直接向小伙子提出邀请，问该小伙是否愿意晚上去串姑娘房。罗宗贤说，外村外姓的未婚青年到本村时，由中介人（男女均可）介绍小伙子与姑娘同宿，男女二人同床和衣而睡，谈情说爱，嬉笑打闹，毫无拘束，很是浪漫自由。

当然，在现实中，也还有其他相识和交往的途径，但无论哪一种，在楚雄南华一带的彝族，串姑娘房的主动权都是掌握在姑娘一方的手里。

女儿是父母的心尖尖，婚姻大事关系到女儿一辈子的幸福，女儿与什么样的人交往，父母虽然不能干涉，但总是记挂在心头，父母不能露面，只能从姑娘房门缝中偷看。女儿带回小伙子，或者有人到姑娘房愿意与女儿交往，父母会认为是脸上有光的事情，姑娘房中来往的小伙子越多、越热闹，说明姑娘的人缘好，喜欢女儿的人越多，表明女儿魅力也就越大，做父母的面子也就越有光彩。同样，小伙子如果有姑娘邀请去串姑娘房，父母也很高兴，如果跳歌会上没有姑娘邀请，自己只身回来，父母会觉得很没有面子。如果是女儿带回小伙到家里，女方的父母一般都会做好饭菜给未来的女婿。随着姑娘小伙子交往的时间的增长，他们的关系逐步确立，到了两人情投意合，正式要谈婚论嫁的时候，父母也只会提出建议，而不会粗暴干涉，但是否需要媒妁之言呢？

婚姻向来都是人生大事，彝族也需要媒妁之言。在楚雄州南华县的罗鲁村的彝族文化陈列馆，姑娘房里贴着这么一副当地的歌谣：

天上无云不下雨，地上无媒不成亲。
请个媒人想说你，不知媒人要请谁。
千万莫请表兄弟，表兄表弟白话多。
请个大舅来做媒，不知小妹给合心。
要请大舅合妹心，你家大舅爱什么。
本家大舅爱一样，从小大舅爱骑马。
什么日子你放媒，大哥出来接小马。

据当地人介绍，以前彝族盛行姑舅表优先婚，即姑舅表兄弟姐妹有优先婚配的权利。姑娘出嫁，要先嫁给舅舅家的儿子，如果舅舅家恰巧有一个儿子婚姻大事没着落，舅舅就会反对外甥女选择别人，理由就是“你表兄弟还没结婚呐”。一句话，可能就僵住了。当然，现在这样的习俗除了在少数落后闭塞的村庄偶尔还有，其他地方都没了。“千万莫请表兄弟，表兄表弟白话多”。就是怕姑娘的表兄弟看上自己心爱的姑娘，故意说白话（假话）搅黄了婚事。这些歌谣，直白生动有趣，让人忍俊不禁。

罗宗贤回忆说，自己第一次串姑娘房是15岁，是被在一起玩的伙伴叫去的。当时，那两个伙伴一个19岁，一个20岁，都已经懂得男女间的情事，只有他还是个懵懂的少年。要去串姑娘房，让他有些害怕。他怯懦地说自己没有姑娘，伙伴大包大揽地说已经给他找好了，到时候会有人介绍，还有什么好担心的？进了姑娘房后，两个伙伴都有自己的姑娘，有说有笑很是欢乐。与小伙伴相会的姑娘介绍了自己的同伴给罗宗贤，让他们自由交往，可罗宗贤什么也不懂，也不知道说些什么。夜深了，其他人成双成对相拥在被子里说悄悄话，屋子里黑乎乎的，只能听见姑娘小伙的笑声和压低了声音的说话声。亮瓦里投下的月光照在姑娘房的被子上，本是谈情说爱的好时候，可气的是自己觉得眼皮越来越重，哈欠连连，不多久竟然在姑娘的怀抱里沉沉地睡着了。罗宗贤说第一次串姑娘房的经历至今想来自己都觉得好笑。

南华县五街镇的另一位彝族老大爷也向我们讲述了自己第一次串姑娘房的经历。他说当时自己与几个小伙伴受邀去串姑娘房，起初很是拘束，几个人在姑娘房里唱歌、聊天已经很晚了，周围安静得连狗都没有了叫声，柴火已经熄灭，其他伙伴都与自己心爱的姑娘睡了，但自己不知道要怎么办，突然坐在他对面的姑娘说："要不你回去了得了"。他当时没有听出姑娘言语中的娇嗔与责怪，还以为是真的要撵他走，很是难过，深更半夜怎么回去啊？！他含着泪，走出姑娘房，"撵"他回去的姑娘也偷偷跟了出来走在他身后，走了一段，姑娘突然狠狠地拧着他的背脊，疼得他嘴里丝丝冒冷气。正想生气，回过头来，明亮的月光下，却发现这姑娘也是满眼泪水，一副委屈样。姑娘低着头指了指刚才走出的姑娘房，他这才明白刚才是叫他回去并不是真要撵他走，掐他背脊是姑娘怪他笨和木，没有听出言语间的意思是这么晚了还不与她睡觉。所以，两人乘着夜月，悄悄又回到了姑娘房一起睡觉。

早上天快亮的时候，两人约定了下次相会的时间。但有一个伙伴姑娘没有告诉他下次相会的时间，小伙子很是沮丧，意味着姑娘没有看中他，意味着双方都可以重新选择。再下次约会，又有两个小伙伴带着难过的心情离开了。只有他一直与这姑娘相约，并最终结婚生子组建家庭。

一个小伙子可串几十个姑娘，一个姑娘也可接待几十个小伙子。“至今想来，串姑娘房实在是太浪漫了！那种感觉真好！”至今很多人都在感叹自己年轻时候串姑娘房的经历。

对于彝家儿女来说，对于老一辈或是中年一辈来说，也许，他们能想到最浪漫的事，就是串姑娘房的事了。

现在，南华一带，部分村寨边也还建有姑娘房。部分景区，比如咪依噜风情谷、罗鲁村彝族文化陈列馆等都还有姑娘房。当地人说，除少数偏远的村寨还保留这习俗外，姑娘房虽有，但基本上都是摆设，没有姑娘，也没有小伙子。上学的上学，打工的打工，年轻人都各有各的事情，哪里还有人闲着去串姑娘房呢？！

月亮还是原来的月亮，清澈透亮的月光洒在偌大的跳歌场上，但跳歌场空无一人，这里已经很长时间没有人光顾了，姑娘房也是蛛丝网结，姑娘房的床上落了厚厚的一层灰，年青的一代在忙着学习、忙着打工，姑娘房成了一代人的回忆。“再说，现在的人谈恋爱都用不到姑娘房了，直接用手机约。很是直接与简单，合得来，出来见见；合不来，挂了电话不再联系就是了。”南华当地人从很久没有人光顾的姑娘房中边搬长条板凳边说。我凑着头看，里面已经堆了一些生活的杂物，有桌子、凳子等生活用具，占去了大半个空间，姑娘房的几张床被挪到了墙角很小的一个空间里，灰尘满面，满面尘灰。

“我可以进去看看吗？”

“当然可以！”当地人大度地说。

这在以前，结了婚的人无论男女是不能迈进姑娘房的，这是除两人可以同被而眠而又不能越雷池半步的另一条严格的禁忌。现在姑娘房早已经没姑娘，“公房”变成“空房”，成为一种记忆、一种符号。当然，作为空房与景点的姑娘房来说，迈进姑娘房去参观也就不是什么犯禁忌的事情。听说作家于坚在罗鲁村深入生活创作时，没有住处，也曾在简陋的姑娘房里住了几天。

这在以前，是根本不可能的事情。

我迈步进入姑娘房，想象里面的故事：同盖一被却能洁身自好，年轻的男女映着月光，隐约可见彼此年青充满活力的脸，相拥相抱窃窃私语，互诉衷肠到天亮。或洒下愉快无忧无虑的笑声，或众里寻他千百度，蓦然回首，那人却在灯火阑珊处，那一刻双双流下激动和幸福的泪水。吹箫谈琴，唱和应答，因为有了姑娘房，一切都有了去处，一切都有了归宿，一代代人从这里走进又走出，黑了青丝白了头发。

这一切只与纯真的爱情有关，这一切只与青春年少有关，两个年轻的心贴近时，砰砰跳动中，整个世界都消失了。只有月亮映照下的姑娘房安之若素地伫立在村寨旁。

现在，手机、电话、短信、微信、飞信等约会简单明了，单刀直入就可以谈起恋爱；年轻一代也不再到跳歌场跳舞对歌，空闲时间，大多喜欢坐在家里看电视，里面五彩缤纷，乐呵呵地笑笑，痴痴地看看，足以让他们足不出户。

就这样，跳歌场空了，姑娘房也空了。

在电话、网络高速发展的信息爱情时代，谈与不谈，爱与不爱干脆直接，毫不拖泥带水，只是分分秒秒就可以决定的事情，直接明了谈一场爱情，就像拉开架势去谈一笔生意。对姑娘房怀念的心情，就像我们翻出自己年轻时咬破笔头写的一封情书，左涂右改，字斟句酌，生怕词不达意不能表达出自己当时的心情，而后在惶恐、胆怯、期盼、焦虑与漫长的等待中折磨度过，若干年后，面对当年那象征着自己年轻与爱情的泛黄纸张，足以让我们泪流满面。也许，这样的飙泪不为谁，只是为那个年代与过往流淌的时光而已。

“求之不得，寤寐思服。优哉游哉，辗转反侧。”信息时代，这样为难自己折磨自己的爱情少之又少。

没有了姑娘房的房子，心都是空的。花飞花期止，人去房中空，万端心事都只能将过往岁月化为空指弹。

对姑娘房的怀念，不关风月，只关爱情。

对姑娘房的怀念，也是对永不轮回青春的祭奠。

因为，我们每个人都爱过，也曾经年轻过。

南华咪依噜风情谷

马忠芬

国家AAA级旅游景点咪依噜风情谷，是南华县自然风光优美、民族风情浓郁、彝族文化底蕴厚重、具有原生态民间歌舞、原生态美食的乡村旅游精品，隶属于南华县龙川镇岔河村委会，地处南华与姚安、牟定三县交界处，南（华）永（仁）二级公路两侧，全长6.5公里，距南华县城13公里。

咪依噜风情谷涵盖了马鞍山、新房子、三家村、大岔河、小岔河、新村六个村民小组209户人家929人。它以独特的彝族文化吸引了我国澳门、台湾、香港地区和美国、英国、法国、日本等国内外专家、学者的关注，也吸引了许多省内外游客慕名而来，乘兴而归。从咪依噜风情谷开谷至今，已接待游客约156.2万人。

走进咪依噜风情谷，那古朴的韵味、动人的传说、迷人的歌舞、原生态的和美、别样的历史，都会在不知不觉间打动着人们的心灵。让我们沿着一路连绵不断的绿色，慢慢走进这方山水这方人。

马鞍山　马鞍山坐落在马鞍山垭口，中间矮，两头高，远远看去像马的鞍子。马鞍山的16户人家，就坐落在这座马鞍形山基上。

在马鞍山，有着一棵南华县最大的白山楂树。白山楂酸甜可口，并具有消食健胃等药用价值，加上其树种稀少，成了当地不可多得的具有实用性和观赏性的宝贵树种。而被当地人称为“团结树”的树，也让来这里游览的人们大开眼界，在巴掌大的地方，竟然紧紧相连地生长着山茶树、樱桃树、柳树、青冈栎、老冬梨、楸树等6个树种，人们自然就给它起了这么个很有和谐意味的名字。

团结树下流淌的那一眼泉水，是当地人的“净水”，每年大年初一的早上，全村人都要早早地去挑“净水”，传说谁家最先喝到“净水”，谁家这一年就非常顺利。

在“净水”的下方，有一个形状很像葫芦的水塘，水塘里的水一年四季清澈无比，滋润着这里的人们，也孕育了一个个美丽的传说。

好山好水好树自然是马鞍山人的骄傲。

新房子　新房子里的先民，原来住在一个山坳里，抗日战争时期，由于修建滇缅铁路，需要拆迁部分房屋，有三家人搬迁至此安居下来。这里常年有山泉汩汩流出，层层跌落，有着非常美丽的水体景观。而这里的一个大溶洞，曾经非常有名。据说这个大溶洞以前一直可以通到离这里有二十多公里远的吕合煤矿，溶洞里面还有许多小岔洞。如今，还可以看到这个溶洞的洞口，不过，现在已经没有人再敢进去。人们只能看到水车轱辘，农耕交作的一派田园风光。看着悠悠旋转的水车，禁不住会作一番遥想：水利作为农业中最不可缺少的一环，各朝政府都致力于兴修水利工程，动用了大量的人力、物力和财力去营建，但这些渠道大都分布在各大农业区，而高地或是离灌溉渠道和水源较远的地方，显然是无法顾及。于是善用其智慧的先人，发明了另一种能引水灌溉的农具——水车。

中国正式记载中的水车，大约到东汉时才产生。水车的发展到了唐宋时代，在轮轴应用方面有了很大的进步，能利用水力为动力，制作出“筒车”，不仅功效更大，同时节约了宝贵的人力。到了元明时代，轮轴的发展更进步。一架水车不仅有一组齿轮，有的多至三组，同时，也因转轴、竖轮、卧轮等的发展，使原先只用水力驱动的筒车，即使在水量较不丰沛的地方，也能有所贡献。

可以看出，居住在这里的彝民与外界并不闭塞，他们能够及时吸收一些先进的东西为自己所用。当然，随着科学技术的发展，随着各方面条件的改善，这里的水车已弃置多年，它们只作为一种怀念，一种装饰，点缀着彝家人的生活。

三家村　明清时代，有一个人姓紫，人称“三赶马”，他去缅甸做生意，多年音讯全无，许多年后，此人突然赶着七匹骡子，驮着七驮金银财宝回来了。他看到这地方，清泉潺流，环境优美，驼峰叠翠，又可避免战乱，就在此定居下来。后来又从南华的石家园搬迁来两家人，从此三家人在这里繁衍生息，安居乐业。

如今的三家村，垛木房可是这里的一大特色。这里的人们常说“谈情说爱姑娘房，冬暖夏凉垛木房”。游客们来到这里，大多喜欢去感受一下彝家人的垛木房，那种来自于木质的温暖总让人流连忘返。

“岔河人家”是三家村的旅游接待点，人们很容易在这里找到回家的感觉。

在三家村，至今保留有水碓。水碓，又称机碓、水捣器等，是利用水力去掉粮食皮壳的一种器具。沿着时光的隧道回望，我们似乎还可以看到这水碓正在一起一落地舂米呢！

大岔河　在大岔河，起家大院算得上是比较有气派的彝家院落，那美轮美奂的建筑仿佛向人们昭示着彝家人丰盈滋润的生活。沿着小道往上，一弯形状很像月牙的清可见底的泉水就可映入眼帘，这就是有名的月牙泉。月牙泉，彝语叫“朵思泊”，意思就是有水的地方。掬上一口，那清凉润滑的感觉顿时会传遍全身。它旁边的一棵古柳树当地人把它叫做龙树。每年的大年初二，全村男女老少都来这里集体煮饭吃，他们首要的一件事当然是来这里祭龙，以求来年风调雨顺。

起家大院有一个比较宽阔的跳歌场。在咪依噜风情谷，有很多类似的跳歌场。我们知道，要在咪依噜风情谷的任何一个寨子，与彝家人同歌共舞，那是再简单不过的事。彝族是一个能歌善舞的民族，有一句话是这么说的：“彝家的小孩只要会说话就会唱歌，只要会走路就会跳脚。”可见，唱山歌跳左脚舞是彝家人生活所离不开的，特别是喜庆日子或者自己的民族节日更是少不了彝歌彝舞。

姑娘房是彝家人专门为未婚男女青年社交、娱乐及谈情说爱提供的集体活动的场所。姑娘房一般是一村一处，有的大村或几姓一村的也有好多处姑娘房。

据说，彝族青年男女长到16岁（有的地方13岁）就要举行成年仪式。成年后的女孩，白天仍在家里吃饭、干活，晚上便相约住在姑娘房里，在一起搓麻、做针线活、聊天等。其他村庄或其他外姓宗族的小伙子们则结伴而来，在窗下与姑娘们对歌。对出好感的就可以在姑娘房里留宿。姑娘房里一般搭有多张床铺，姑娘们自带被盖、凳子、柴火等，搭床时一张连着一张，一间房子里有三五张床是常事。几对男女青年同在一房，互不见怪，也没有什么拘束的。他们可以通宵唱歌互诉衷肠，也可以相拥和衣而眠，但按照彝族的传统规矩，决不能有其他越轨行为。不能克制自己的小伙子会遭到十里八乡的鄙夷，今后婚姻也就没有指望。所以，彝家的小伙子谁也不愿自己成为遭人唾弃的人。青年男女通过社交娱乐，交流思想感情，双方情投意合后，向父母报告，再请媒人说亲，而结婚后的青年男女就不再去姑娘房了。

可以说，姑娘房是母系社会走婚制的遗迹。

小岔河　小岔河目前有着彝人客栈、年猪饭、丫口村几个规模比较大的旅游接待点，游客们在每一个接待点除了可以吃到真正的绿色食品，还可以欣赏到原生态的歌舞。

说起来，彝族姑娘可个个都是绣花巧手，她们所绣的生活用品或工艺品受到广大游客的青睐，远销国内外。在小岔河，还专门有一个刺绣协会，是咪依噜风情谷刺绣工艺品最集中的地方。游客们想看这里的绣花高手，想买彝家姑娘的刺绣品，都喜欢到小岔河走一走。

在彝族村寨里，一般每一个村寨就有一个土主庙和一个山神庙，这里的彝民每年大年初一和初三都要祭拜土主庙、山神庙。

土主庙周围的树木大多是百年老树，彝家人认为，土主庙是地上最大的神，各种神灵最终是由土主统帅，只可敬，不可违，敬者事事顺，违者样样霉。所以就连生长在土主庙旁边的树，彝家人也认为是有神灵的，是风水树，不能乱砍滥伐，如果谁砍了风水树，就会有病有灾、万事不顺。在小岔河，就有一个非常出名的土主庙。土主庙里至今供奉着山神、土地公公、送子娘娘、水神、牛王大将、马王大将、虫王大将、豆金娘娘、五谷大神、青苗童子，正中供奉的就是土主。

丫口村的三个旅游接待点是咪依噜风情谷至今比较出名的地方，是真正原生态的村落，只要踏进丫口村，一种返璞归真的感觉就会油然而生，无论是原生态的歌舞，还是原生态的饮食文化，都会让人流连忘返。

在丫口村，还有夫妻树、许愿树等许多枝繁叶茂的名树，那是让人看一眼就会永远生长在记忆里的树。

新村　新村是咪依噜风情谷的最后一站。这里古树参天，百鸟啾啾，流水蜿蜒。在离新村三四公里的山上，种有许多樱桃树。这里的樱桃个大肉甜多汁，每到樱桃成熟的季节，山上满是红宝石般的樱桃，远远看去，真是万绿丛中点点红，煞是好看。许多人都慕名到这里采摘樱桃。

一进入新村，就可以看到各家的墙壁上都有牛头图像，这是彝族图腾崇拜的象征。彝家人认为牛憨厚老实、任劳任怨，生产生活都离不开它，所以这里的彝家人就把牛作为自己的崇拜对象。每到农历二月初八这天，各家都要给牛吃上最好的饲料、粮食，给它戴上彝族人们最喜欢的花——马樱花，可见彝家人对牛的喜爱程度。

新村至今还有很多垛木房，原来都是人居住，现在各方面的条件好了，盖起了许多瓦房和砖房，垛木房就只用来关牲畜了。当年电影《通天长老》就是看中这里的垛木房以及优美的风景，所以来此拍摄。

如今的新村，扁担酒坊是游客们最喜欢落住的地方，单看着名字，游客们就有些许的醉意了。

在新村，还流传着一个关于“小没娘”的传说。

一个力大无比的孩子，因为他从小没娘，人们就把他叫做“小没娘”，后来人们才知道他是七仙女中最后一个仙女的儿子。因为他饭量非常大，仅一家人是供不起的，所以乡亲们就轮流为他供饭。小没娘不但力大无比，还非常爱做好事，人们都很喜欢他。

有一年，姚安和南华不知什么缘故发生了争吵，从此关系就闹僵了。原来从姚安流到南华的水被姚安人断流，南华从此没有了水，大家都非常着急。小没娘就去搬来一座山，把水分作两股，一股流往姚安，一股流往南华。从此，南华人又可以喝上干净、清凉的水，小没娘更是赢得了人们的尊重。

水引通了以后，“小没娘”一次在石窝里跪着喝水，竟跪出两个窝，这一前一后的两个窝，至今还可以辨出它的痕迹。

徜徉在咪依噜风情谷，无论是美丽的传说、优美的景色、浓郁的风情，还是喷香的美食，醉人的歌舞，都会让人们的心无比纯净与透亮。

秋醉咪依噜

郭志安

躲在滇中高原深处的咪依噜，是个民族特色浓郁的彝家山寨。从云南南华县城北行十余公里，穿过马鞍山隧道，可见一条长长的峡谷像只大酒瓶，斜放在崇山峻岭间。

时值秋天，咪依噜全然忘却了夏的炽热，匆匆穿上绿衣，发出凉爽的气息。天空蓝得干净而清亮。云朵白得像仙女的纱巾，悠然地飘。阳光像团海绵，似乎轻轻一挤，就会冒出水来。高挂山顶的太阳，像个熟透的红柿子，亮出温暖。

不远处，几轮水车，在明丽的阳光里悠缓地转动，宛如欢快的彝家阿妹。溪水般流淌的阳光，一缕一缕，穿过心情一样晴朗的天空，穿过翡翠一般葱绿的松林，穿过晨露一般清新的空气，温润地照在我心里。

远远望去，绿野中窜出条发亮的柏油公路，好像神仙从遥远的天边扔下的一袭黑丝带，蜿蜒北游，飘扬山间。公路两边，甜蜜的野花随意地开放，清新的空气自然地弥漫。新盖的贴了瓷砖的民居，富有民族特色的垛木房，星罗棋布的农家乐，若厨房里的瓶瓶罐罐，溢着芳香。

从彝人客栈上山，沿蜿蜒的石阶蹒跚前行。钢筋水泥构筑的仿木栈道，添了几分寒冷也多了几分实在。两侧牵肠挂肚的藤蔓和阳光般灿烂的山花，烘云托月般画出安静，气定神闲地张扬着淳朴的民族风情。石阶山道穿插在深山密林中，两旁大大小小的松树和牛高马大的阔叶林，经历春的幼稚和夏的热恋，生出碧绿的叶片，铺展出浓郁的秋色。我不禁放慢脚步，领略着大自然的大方，真有种返璞归真的感觉。

半山腰上百年古树下有个山神庙，虽然简陋，却没有一丝造作的痕迹。站在庙前俯视谷底，可见南永线上车辆的铁鸟比赛似的飞。滚动的车轮和阳光，被我的目光收割。偶尔一声歇斯底里的喇叭，敲响山谷的天空。庙里站着几个石菩萨，就像几个被冷落的人，它们脸对着黑暗的公路，从容得很。

庙后是片茂盛的原始森林，不时可见一朵朵鲜艳夺目的野生菌。它们是咪依噜最珍贵的生灵，像一朵朵小雨伞，布满山岗。咪依噜的彝族群众，靠山吃山，靠捡野生菌，高山吃白米，羊披换西装；靠捡野生菌，买了摩托车、汽车、电视机、旋耕机等家电农机。我惊叹，一朵小小的菌子，一个小小的生命，竟然使山民躲过生活的风风雨雨，带来富裕，真个是名副其实遮风避雨的“小雨伞”。

我从小生长在乡村，年少时厌倦了泥土气息，总梦想着变成一只鸟飞到城里去。而今被城里的冷气和尾气呛饱了，又常梦回冒着泥土气息的乡村。每当闻到乡野的味道，心中顿生一种久违的亲切，仿佛回到童年。

咪依噜，一眼望去，四处是山，似乎也没什么特色，没奇峰异岭，没难忘景致。但咪依噜有两大“特产”：自然和安静。久居城里厌倦了车水马龙，自然对安静满怀向往。

站在高高的山脊，回望长长的咪依噜，天空辽阔而高远。淡淡的白云，在湛蓝的天幕悠悠飘动。感觉世界多么安静。住在城里，透过高楼的窗户也能看见蓝天，但没有咪依噜的天空实在、自然和安静，缺少的是这里原始的泥土气息和心平气和。

真是“隔行如隔山”，隔开一个山头，就是另一个世界。

古树的神韵

周汉德

绿色是生命之色，希望之色，树是绿色的主体。有森林的托举，人间的美梦就不会消失。南华县龙川镇岔河村委会咪依鲁风情谷，是个彝族聚居的山谷，这里山川形胜，碧水萦回，林木葱茏，树龄在五百年的古树达两千余棵。山寨村子旁有保爷树，水井旁有龙树，庙房旁有土主树，祖坟地旁有风水树。彝族群众认为，人树相通，人感应树，一棵树就是一个人的世界，一枝一叶一关情。他们把这些古树视为聚生气、养地脉、护风水、荫子孙的神灵，对这些古树顶礼膜拜，爱护有加。这些吸纳日月精华，沐浴四季风雨，经历霜雪雷雹的古树，或粗壮挺拔参天葳蕤，或虬曲遒劲呈腾欲飞，或半荣半枯黧黑似铁，形姿各异，似人像物，五彩缤纷，千百年来，体现着人的体态之形和精神之灵，仿佛特意向人们诉说着所经历的漫长沧桑岁月，成为咪依噜风情谷一道淳朴靓丽神秘的风景线。

踏歌树 在丫口寨的跳歌场中央，有三棵麻栗树，两大一小，成一直线站立着。大的两棵，一棵像身披披风头戴毡帽手弹月琴引吭高歌的伟岸丈夫，另一棵像穿红着绿首饰叮当柔情似水低吟浅唱的窈窕娇妻，小的一棵像一个未着衣冠不谙世事天真无忌模仿父母的孩童。

他们且歌且舞、激情奔放地跳着左脚舞。更令人惊奇的是，只要跳歌场上有人踏歌，这三棵树就会婆娑起风，风吹树枝舞，树舞助踏歌，气氛和谐融洽。

合欢树　在脚楼寨后山岭冈有两棵红栗树，一棵挺直刚劲像男，一棵丰腴缠绵似女，两树根部分开，中部相贴，上部枝干交叉。赫然呈现着天地融合、阴阳相生、雌雄交媾、男欢女爱的自然属性。每每有对对青鸟在此树婉转啼鸣，唱着动人的情爱之歌。毋庸置疑，这里就是《诗经》中雎鸠追逐鸣叫、淑女君子幽会好逑的蓝色河滩、美丽沙洲，是鸟儿可以自由飞翔的明净天空。多年来，善男信女来此树下许愿祈祷，据说要男得男，求女得女，莫不叹服称奇。

咪依噜树　在脚楼寨有一棵青冈栗，根部庞大，中部光滑，上部左右各有一枝杈向外延伸，树身凸凹有韵致，略显弯曲现风流，一如咪依噜穿着长裙，轻舒玉臂，翩跹起舞，风姿绰约，魅力无限。此树是镇谷之树，因为风情谷的命名就是受到此树具有的象形和灵气的启迪而命名的。

蟒蛇树　在七家寨附近山岭有一棵云南松，锣锅一般粗，长 20 多米，树干没有枝杈，树头有一团枝叶，树身龟裂片片如蟒鳞，斜亘横出，腾空昂首，好似千年巨蟒出山，雷阵风响，树撼地摇，势不可挡。此处常有青蛇出没。

千年等一回树　在土主庙前有一棵长满青苔地衣、形若斗士披着铠甲戴着胄盔的锥栗树。此树原是天庭千总卫官，咪依噜为民捐躯后化为嫦娥直上重霄，千总见了眼睛发直，就悄悄摘了一个千年熟一回的蟠桃给她，她送给他一把随身带的锥栗子。就这样，千总吃了锥栗子生了凡心，咪依噜吃了蟠桃沾了仙气，王母得知后一震怒，将他俩打下凡间，并判他俩在人间等待一千年后才能回到天庭。现在许许多多情正浓爱正香的游客，纷纷买一把锁锁在千年等一回树的铁链上，然后扔掉钥匙，以表忠贞不变之心。还有好事者在煽动："你俩与其天荒地老地等一千年后回天庭会面，还不如在凡间作凡人，投入情人的怀抱长歌当哭一回!”好事归好事，煽动归煽动，平民百姓毕竟改变不了天庭的圣旨，千年等一回树还得继续等下去，咪依噜树还得在风情谷继续展示她的英采风姿。

二、诗歌

镇南月琴

段爱松

月亮发出声音
落在镇南
成为月光
月光把银色的养料注入
楸木、水冬瓜、松树、香笋竹、弦线……
成为群山静默的歌者

月亮发出声音
落在镇南
成为无形的手
探进制琴师的梦中
把月亮真正的形状、颜色、纹饰……
一一口授
成为村落错落的音符

月亮继续发出声音
制琴师把链子图、火把、龙、凤……
一一刻进自己的家园和梦境

林木开始汇集
它们借来月光的轻盈
抵御大地的沉重

最先的第一声
当然是月光
这片银白色的弦
在弹奏者手上升温、闪光和沸腾
镇南大地升腾时
它弯下了身子

南华咪依噜风情谷映象

米切苏李

淌过楚雄澜沧江啤酒的醇香，
沿大智阁和蟠龙寺的故地，
穿越南永公路马鞍山的时间隧道，
走进南华美丽的咪依噜风情谷。

说县城中心是龙头风情谷是龙身，
说咪依噜的彝父彝母变成夫妻树，
说咪依噜与朝列若定情包成姑娘房，
说咪依噜牧羊见着通往黑井的羊洞。

不到西南美丽的南华你不晓得，
不踏进咪依噜风情谷你见不着，
不触摸彝寨天堂你听不见，
不跳杨梅山的左脚舞你想不透。

阿老表倒酒喝，
阿表妹倒酒喝。
阿老表喜欢不喜欢也要喝，
阿表妹喜欢不喜欢也要喝。
朝列若端的酒你千万莫推，
咪依噜敬的酒你千万莫拒。
喝彝家的羊角酒要醉，
见美丽的咪依噜会唱。

够不着月亮里的嫦娥，
够不着陶渊明笔下的世外桃源，
够不着星星间搭起的鹊桥，
够不着江南水乡。

看得着美丽的咪依噜，
看得着岔河咪依噜风情谷，
看得着心仪的姑娘房，
看得着水车里的田园瓜果飘香。

岔河彝族左脚舞，
像爱尔兰踢踏舞踩亮爱情。
声音里跳动着激情，
身影是流动的火把点燃整座山谷。

老虎左眼拐弯的地方，
老虎右眼拐弯的地方，

老虎牙拐弯的地方，
河水拐弯的地方岔河咪依噜风情谷。

源于纪念忠狗阿噜碑的岔河成风情，
装进双甸河成风景，
驶出风情谷溶入龙川江，
走到很远很远的地方说给远方的客人。

岔河是够得着月亮的地方，
垫着笔架山手就能摸着月亮。
岔河是够得着星星的地方，
洗净的夜幕星星的香味斟满风情谷。

火草衣甩脱喽！
羊皮褂甩脱喽！
穿上马樱花一样的霓裳，
穿上青松林一般的温暖。

站在故乡风雨的山冈上，
山村像化了装的彝族新娘，
风车转出月亮的笑声，
月牙泉映出彝家的风情。

想享受负氧的绿谷赶紧来，
要品尝野菌飘香的美味赶紧来，
风情而又神秘的岔河牵你赶紧来，
年轻而又古典的南华等着你赶紧来！

醉在咪依噜

徐社川

一

呼啸的喇叭声
绕过月牙泉
惊醒三月桃林
姹紫嫣红

二

起家大院的红杏
在自家地盘上玩腻了
便跳出墙来
和陌生人眉来眼去

三

彝寨漫山遍野的马樱花
即便千百岁
依然吮吸着
朝列若眼角滴出的血

四

丫口村的夫妻树
早已被春天的感动所预约
傻呆呆的
雪花飞舞，蜂蝶萦绕

五

天空的眼睛只是有点潮湿
没有掉下一滴泪
可桃花梨花就是敲不开土主庙的门
因为它的眼里，只有一炷香

六

站在山顶观景台旁
看枝头嫩芽抽出
回忆里的那些枯叶虽已化尘深埋
但记忆终究还是隐隐作痛

七

各路大神被老祖宗请到脚楼寨的后山
给它们烧香叩头，在它们面前祭奠祈福
多年后，所有的大神都已走进人间
山林中只留下孤零零的庙宇

八

石头里栽花，它们都笑我傻
它们都笑着走了
我不走，我仍然在痴痴地等
万年后顽石心软，开了花

九

太阳掉入河中
黄昏就掉线了

结束了一段历程
关闭了一段自我

十

人世间的经书
再黑的字
在月亮里
都把它译成灰蒙蒙的月光

第二节　歌颂岔河的古诗词

火炬赋

镇南州·举人·陈以忠

系五方之异域兮，亦四时之推迁。考芳辰于六诏兮，征轶事于南滇。有星回之令节兮，志习尚之相沿。家燔柴而共执兮，户列炬而高悬。因赐号曰“火把”兮，为风俗之流传。当六月之廿四兮，采岭上之松脂，木之伐而斤运兮，薪之析而斧斯捆。拟许行之为履兮，烽嗤褒女之相嬉。即暴之以朝日兮，又烘之以夕曦。感良辰之已及兮，负良夜而奚为？及斜晖之没彩兮，趁暮影之朦胧。灯未张夫舍北兮，烛不举于堂中。燃薪火以四照兮，周屋角以墙东。疑珊瑚之火树兮，映琉璃之屏风。疑火树之照灼兮，彻院宇而皆红；及分持乎儿曹兮，逮僮仆而角足；相征逐于衡宇兮，共喧阗于巷曲；逞焰焰于街衢兮，争烈烈于流俗；天半灿其朱霞兮，光辉普而遍烛；似星点之整斜兮，奚红萤之断续。始焰烂以景彰兮，继辉煌而滋蔓；火云拥而星流兮，火龙翔而雾喷；或相列而相连兮，或队分而忽远；岂秉烛以夜游兮，方白昼而不逊；听杂沓之笑语兮，识欢呼之众愿。非旧迹之堪传兮，又何以相沿于户万？缅往代之流芳兮，稽故老之遗闻：谓诸葛之平蛮兮，南人待而情殷；曾燃炬于此夕兮，迎渡泸之三军；遂相传为故事兮，志向化之欣欣。逮南诏之跋扈兮，诱邓赕而焚之；邓妻慈善先觉兮，甘殉节而不移；俗伤焚炙于往昔兮，爰吊烈女于今时。斯二说之并著兮，皆野史之所遗，无明文以为征兮，将然乎而岂其？惟九土之殊风兮，俗自仍乎暇荒；虽无征而不信兮，要循习而弗忘。纪火把节于滇土兮，亦景美而辰良；岂以僻在南服兮，遂为采风所莫详。

岔河赋

杨乔槐

南华名村岔河，北与牟、姚交合。青山溪流环绕，彝寨绿树婆娑。曩昔西夷古道，迤西北上锁钥。军旅商贾经此，盐茶马帮时过。悠悠千载岁月，人流物流颇多。始自南永公路峻通，路面拓而见阔。而今通衢大道，车辆频繁穿梭。岔河彝寨居此，交通风景显卓。县委、政府审时度势，决定打造3A旅游景区，遂有“咪依噜风情谷”。乡村旅游发展，竟然如荼似火。

“咪依噜”故事，源于昙华彝人部落。古时山官贪鄙，强征民女淫乐。为救苦难姐妹，圣女捐躯除恶。情郎血染马樱，彝民传颂不辍。千里彝山，处处马樱盛开；圣女精神，民间代代传说。路边壁画，展示昙华故事；岔河谷地，风情演绎时尚。

“咪依噜风情”，亦即彝家风情。此地民风古朴，贯注生产生活。视其环境，村寨散居山谷；稻菽遍于梯田，桃李艳于山坡。观其建筑，瓦舍、土掌错落；更有垛木房、姑娘房，独特神秘，意蕴谐和。佳客之来也，寨门吹响欢快号角。栏门酒，羊角杯；左脚舞，迎宾歌。好客彝人情如火，邀您畅游“农家乐”。

“农家乐”，内涵多，彝人文化满院落：耕田图、织麻图、狩猎图，彝民自古勤劳作；天上鸟、山中兽、林间花，人与自然共祥和。山泉泡茶清心饮，彝家小调悦耳窝。松毛清香摆宴席，山珍百菌俱陈罗。祝酒词、劝酒歌，小灶酒醇客着魔。斗筲之量开怀饮，人世难得此间乐！

岔河风情，传于远近；游客向往，不厌奔波。国内游客，难以胜数；国外游客，渐来渐多。国家要人光临，海外游子踏歌。又有影视拍摄，五洲四海传播。岔河发展效益日趋显著，展望未来，又见扬帆奋舸。

夫妻树（二首）

李成生

百年相携步芳丛，惊叹自然造化工。
弥爱经霜如雪洁，真情淬火若缨彤。
夫唱妇随蹈苦海，母趋儿恋赴峥嵘。
世人皆慕草木状，岂明天讽炎凉风。

访琴师

廿秋山色数染霜，深林楸木等闲看。
相得一棵知音树，造就十匣解愁箱。
雕龙刻凤有茧手，拨弦把品无俗响。
但凭嘉音传名姓，天降奇人林泉藏。

南华赋

李成生

斯土有娇容者，花神也；是郡俱珍馐哉，野菌焉。要津不显史载，迤西道除却沙桥无重隘；名流荒觅故籍，古滇地舍去垂柳寂名篇。沃腴乎欠舍川，邃远乎鸡和城：植桑麻者越千年传丰衣佳话，筑城人跨万岁留青史名篇。衢连九府，畅达天下；情漫五洲，声闻寰宇。

婀娜于寒冬，马樱花披雪怒放；劲舞在星回，镇南琴识时绝响。容展玉姿，倾国倾城；音传天籁，美轮美奂。如彩霓之被野，似韶音之绕梁。

龙川如练，孕金沙万里宏程；中山若脊，育珍禽千种大观。浩浩乎惊涛，洋洋乎禽鸟：蜿蜒遂成汹涌，泻向汪洋由此始；啁啾旋为交响，南飞鸿雁越斯关。

文脉承千载，风流代有人杰；大道铺锦程，英雄还看今朝。

令三山五岭改容，满目葱茏庇荫生灵，百鸟来朝，遍地流金；让六镇四乡着色，稻黍盈畦报告丰年，笙歌唱动，山河共舞。菌为媒，绿野咸栽梦想，待雷鸣雨润，灿然丽伞绽出富贵奇花，凡物化精魂，东瀛艳说松茸好；路广达，神州尽传音讯，任南来北往，达人贤者齐聚滇中圣土，高士谋跨越，诤友难舍镇南情。

江山指点，三大产业初显瑰丽，物阜民丰，灵官桥上谱丽曲；文字激扬，千年往事涌过心头，蘸云写赋，英武关里吟新词。看通衢越过雄关，坦途接云端，世界尽收眼底；听笙歌浸润镇南，妙音悦耳目，菌乡步入华年。

人和则政通，高谋凭问庶士，阖郡黔首竞风流；爱民而纳谏，奇想咸出民间，南华人物下夕烟。美哉镇南：岔河马樱醉骚客，五街芋花迷游人。待明年，山原吐翠，硕果盈枝，满城齐动左脚舞，山寨尽闻月琴声；山珍杂陈，酒香溢巷，稽颡诚邀四海朋。

咪依噜采风（三首）

张承德

集体采风去，岔河落店家。

下车双十叟，迎客几枝花。

席上青头菌，杯斟白木瓜。

开心诗也醉，起兴意无涯。

岔河游之一

休闲何处去，携眷岔河游。

投店咪依噜，休闲小竹楼。

茶烹三道水，酒饮二锅头。

来品彝家味，风情一笔收。

岔河游之二

不拘老迈自奔忙，又到彝家探秘藏。

水果盈枝犹可喜，牛头挂屋费思量。

搂肩搭脖夫妻树，说爱谈情表妹房。

故事都由人创造，静听长者叙端详。

龙川吟

张兆钫

西南丝道此径行，

古镇龙川素有名。

鹦鹉画屏风景美，

岔河彝俗著民情。

宝珠古刹添新彩，

见性清波库水莹。

两路绕城连九府，

敞开市场聚群英。

岔河彝韵之一

郭光明

长谷清幽幻梦霞，赏心悦目岔河花。

丝绸古道通商路，山寨彝风阜物华。

沟壑丛林葱郁绿，菁坡硕果味甜佳。
月琴左脚常欢舞，垛木院房美众家。

岔河彝韵之二

李正宇

秘隧通幽启锦窗，彝人垛木倚梁岗。
牛头挂屋炫人目，土主护村罢戟鍠。
搭臂搂肩鸾凤树，谈情说爱姑娘房。
水车水碓嬉神水，盛世桃源独一方。

岔河彝韵之三

常华兴

怀抱翠竹眼望松，风流占尽马樱花。
丝绸古道通商路，山寨彝风阜物华。
幽谷长唤咪依噜，奇洞三称彝子雄。
弦子轻弹花蝉韵，胡琴妙赞凤凰钟。
若得琼玉临凡境，长袖同舒舞彩虹。

岔河咪依噜风情谷

刘锡海

民风淳厚满彝乡，水秀山青生态良。
古老神奇夫妇树，温馨浪漫姑娘房。
厨烹野菌杀猪菜，炉烤山鸡土骟羊。
靓女欢歌敬美酒，三杯下肚舞姿狂。

天净沙·咏岔河（二首）

刘锡海

青峰古树铁塔，河流田野鸣蛙，水轮风车壁画。马鞍山下，彝村处处飞花。

丫口村夫妻树

老翁老妪心相连，一世一生把手牵。
孝子孝孙前后立，和谐和睦千百年。

到南华吃野生菌

毛文洪

正当六月谷灌浆，
南华飘来野菌香。
九府通衢繁华地，
四方食客聚散场；
山肴油炸干巴醇，
野蔌凉拌松茸爽。
遥望彝家咪依噜，
提篮唱曲采菇忙。

马鞍山下好风光

朱正蜀

马鞍山下好风光，
岔河景色美名扬。
中外游客纷纷至，
彝家米酒慢慢尝。

第七章　远景规划

咪依噜风情谷是一个风景秀丽、民族风情浓郁、彝族文化底蕴深厚、民俗保持完好的少数民族聚居区，已列入云南省第一批省级非物质文化遗产保护名录，命名为中国少数民族特色村寨，是国家AAA级旅游风景区。

咪依噜风情谷正在打造以刺绣、原生态歌舞、婚嫁恋歌等彝族文化为主的民族文化神韵，以山谷彝韵、良好植被、乡村风貌为特点的文化旅游景观。围绕乡村旅游带动种植业养殖业发展的产业链，通过不懈的努力，岔河将成为度假、休闲、娱乐、避暑、体验彝家风情的好地方。

第一节　咪依噜风情谷现状及展望

躲在滇中高原深处的咪依噜风情谷，是个民族特色浓郁的彝族山寨。从南华县城北行13余公里，穿过马鞍山隧道，可见一条长长的峡谷。

10年前，这里叫岔河，是个高寒山区村委会，是一条大山箐，一个名不见经传的彝家山寨。近年来，省、州、县党委、政府、民委，围绕新时期民族工作主题，认真贯彻落实党的民族政策和上级民族工作会议精神，不断打造提升，使“岔河”摇身一变成为“咪依噜风情谷”。

咪依噜风情谷景区主要包括龙川镇北部岔河村委会的马鞍山、新房子、三家、大岔河、小岔河、新村6个村民小组，这里彝族人口占到了总人口的99.7%，是一个典型的彝族聚居村。景区共有205户856人，彝族风情浓郁。2006年，南华县凭借中央和省、州建设社会主义新农村，加快发展旅游业的良好机遇，紧紧依托南永公路纵贯岔河村委会的交通区位优势，利用良好的生态环境和当地丰富的民族文化资源，结合社会主义新农村建设，以建设民族文化生态旅游村为目标，在岔河一线打造咪依噜风情谷乡村旅游景区。

2006年初，南华县在社会主义新农村建设中，把岔河村咪依噜风情谷6个村民小组定为新农村建设示范带。秉承“最具民族特色的便是最具世界性的”“最原始的便是最现代的”及“大俗则大雅”的理念，推介具有民族特色和地方特色的彝族原生态文化服务于旅游产业。这既是适应市场经济需求的需要，又是对彝族文化开发利用和传承保护的运作。开创“离土不离乡”的乡村旅游产业，建设资金的筹集实行“四个一点”，即国家补助一点、部门整合一点、集体投入一点、农民自筹一点，共集资600多万元，从而保证了新农村建设的进度和质量。建设停车场9个、跳歌场4个、篮球场1个、文化活动室6个、卫生厕所10个、占地13亩森林游乐场1个，设置风车7台、水车8台、水碓13副，硬化村间道路6750平方米，亮化美化民居墙体5.4万平方米，墙体彩绘彝族文化图腾1968平方米，搬迁畜厩67个，架设人畜饮水管线7000米，确定不施用化肥农药无公害污染的优质蔬菜基地60亩，建设观赏瓜果型长廊372米，12户农户饲养野猪、野鸡、野青蛙和不喂饲料添加剂养殖黄鳝、泥鳅，彝族刺绣136户，封山育菌林地9870亩，38户农户人工种植香菌、银耳，新增种植花红、刺梨、冬梨、樱桃、核桃、杨梅、板栗、雀梨2900余亩。

引导扶持农户先后组建了丫口村、七家宴、倮倮寨、小酒飘香、起家大院、脚楼寨、马鞍寨、水景房、彝人谷、三家村等的10个农家乐。依托良好的生态环境优势和深厚的彝族生态文化底蕴，发展“民俗不低俗”“原生不原始”的乡村休闲生态旅游，使旅游业逐步成为了新农村示范带的主导经济产业。举办各种培训班，提高彝族群众接待服务礼仪素质，注重服务质量。从环境卫生、仪表等各个环节抓起，并将彝族礼仪、彝族歌舞、彝族风俗等融入到接待当中，形成了独具特色的彝族饮食文化，提高了农家乐的品位和档次。在农家乐，游客既可尝到彝家纯正绿色无污染的黑山羊、乌骨鸡、土鸡蛋、烟熏腊肉和野生菌及多种地道山茅野菜的美味，畅饮荞麦酿造的彝家小锅酒，还可以和彝族小伙、姑娘们手挽着手跳激情奔放的左脚舞，体验山里人的率真纯朴、豁达闲适、宽容平和、热情快乐，使自己舒心和愉悦。山观水色的旖旎多姿，姑娘房对歌的浪漫风情，彝族刺绣的斑斓灿烂，彰显生命激情的歌舞，呼唤心灵返璞归真的祝酒歌，还有爬青山、穿莽林、找菌子、采野花、摘林果等活动，使长期处于都市生活的人们趋之若鹜蜂拥而至。游人感慨地说：“咪依噜风情谷酒香、歌甜、舞美、情真”。

2006年4月，咪依噜风情谷第一个接待点——丫口村开始营业。当年由5户农户创办的丫口村农家乐共接待游客5.1万人次，实现经济收入86万元，每户有纯收入8万元。旅游业的创办也促使了全村养殖业、种植业的迅速发展。

2007年5月1日，风情谷开谷迎宾。

2007年9月2日，时任中共中央政治局常委、全国政协主席贾庆林到岔河咪依噜风情谷视察，看到这里生态环境优美、人与自然和谐发展、民族风情浓郁，彝族文化底蕴深厚，村容村貌整洁亮丽，乡风文明悦人，他高兴地说：“一个彝族山寨这样繁荣兴旺，人民群众这样安居乐业，老人小孩欢天喜地，真是令人兴奋。党的一系列富民政策在这样一个彝族山村得到了很好的落实，很是欣慰。彝族文化历史悠久，丰富多彩。要把彝族文化永续不断地传承下去，保护好、开发好、发展好，促进各民族间的相互交流、相互启发，共同繁荣发展，使彝族文化更加丰富多彩，使楚雄彝族自治州的经济社会实力增强。”

2007 年 1 月至 11 月，全村农民人均收入 4765 元。

2008 年 5 月，咪依噜风情谷荣膺国家 3A 级旅游风景区。

咪依噜风情谷景区主要以生态美食、爬山采菌、原生态彝族文化体验、手工彝绣和月琴销售为主，以浓郁的彝族风情吸引了众多海内外游客纷至沓来，游客数量逐年增加。至 2012 年，景区接待点已发展至 7 个，累计接待国内外游客 141.98 万人，实现乡村旅游收入 3457.69 万元。其中：2011 年接待游客 29.4 万人，比 2010 年增 4.2 万人，旅游收入 913.7 万元，比 2010 年增 215.73 万元。2012 年，游客突破了 30 万人次，收入突破 1000 万元。经过争取，咪依噜风情谷被列入全省民族特色村。作为世界了解南华的窗口，咪依噜风情谷在推动南华文化旅游产业平稳较快发展及带动当地农民增收方面，已显现出了明显的经济效益和社会效益。

2006—2011 年，财政及挂钩部门整合投入 640.63 万元、村集体投入 116 万元、农民自筹 220 万元，共投入资金 976.63 万元，不断加大对景区设施的建设、改造。持续的投入，保障了景区设施不断完善，文化氛围日渐浓厚，接待能力和服务水平不断提升。尤其是 2009 年以来，南华县委、县人民政府本着一手抓景区接待经营管理，一手抓提升改造，研究确定了“五大工程十大行动”提升改造计划，即实施基础设施建设、生态景观建设、促农增收、文化保护传承、品牌塑造提升五大工程，组织“编制提升改造规划、新建游客接待中心、民族特色村、旅游商品交易市场、保护生态环境、发展休闲观光农业、创新经营合作机制、保护传承原生态彝族文化、全面推行标准化试点、宣传营销”十大行动。到 2012 年，景区提升改造已取得了阶段性明显成效。

通过景区提升改造，彝族特色文化氛围日益浓厚：彝族文化特色浓郁的景区北大门和面积达2000平方米的大型壁画，像一段简练生动的序言，让人还未走进景区就嗅到了浓浓的民俗文化的气息。一支由30人组成的咪依噜阿哥阿妹业余艺术团，可以向远道而来的客人充分展示彝族人“会说话就会唱歌，会走路就会跳舞”的歌舞人生。成立了彝族刺绣协会，吸收会员46人，发展了2个刺绣经营店，集中展示岔河彝绣文化的精彩和与众不同。将镇南月琴申报列入了省级非物质文化遗产传承项目，并扶持镇南月琴代表性传承人新建了传习所，收徒长年制作销售月琴。

第一，基础建设正不断完善。通过争取资金、整合资源，支持丫口村、扁担酒坊、彝人客栈、年猪饭等主要接待点修复、扩建停车

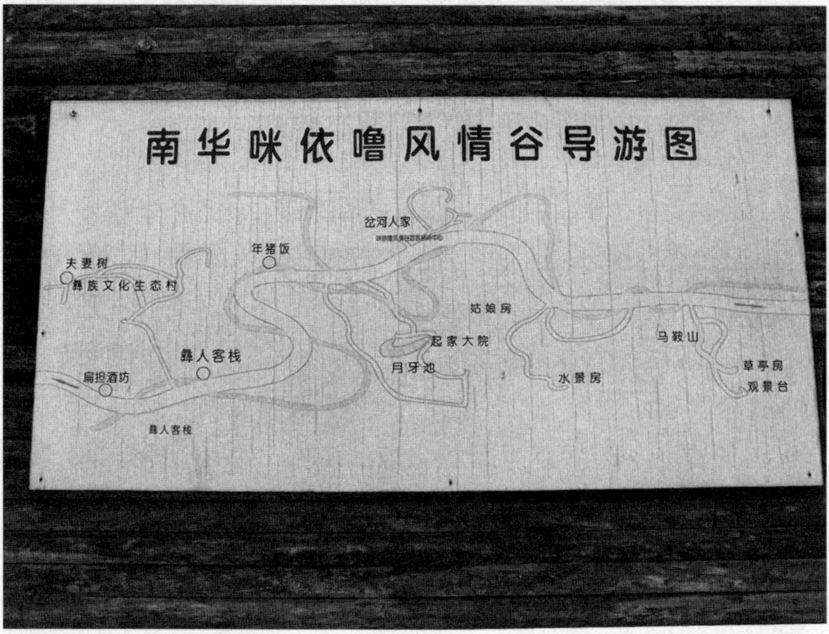

南华咪依噜风情谷导游图

场、游路、旅游厕所等设施，扶持景区农户种植冬桃。

第二，推行标准化服务提升乡村旅游品位。抓住咪依噜风情谷乡村旅游服务业标准被省质监局列为试点的契机，南华县结合服务业标准化试点工作实施方案，编写了《南华咪依噜风情谷乡村旅游服务业标准体系框架及标准明细》，制定完善了《环境卫生管理标准》《绿化标准》《节能降耗标准》《垃圾处理标准》《医疗卫生应急救援预案》《特殊事件应急预案》《民居与民用设施标准》《景区治安管理标准》《景区安全管理标准》等标准，并在景区推广标准化管理、标准化服务。按标准对公交车站牌等旅游标示进行了更换，对从业人员进行了规范化培训。服务的标准化，使原本较为松散并具有一定随意性的乡村旅游服务有了一个可以遵循的依据，也在一定程度上促进了服务质量的提高。

第三，打造更具彝族特色的风情谷。为使景区的提升改造达到预期的效果，南华县专门聘请云南大学旅游研究所、昆明科瑞商务咨询公司专家到咪依噜风情谷实地踏勘调研，在充分调研的基础上编制提升改造研究策划，以满足人们日益增长的旅游消费需求为导向，充分发挥咪依噜风情谷的区位、文化、环境和特色产业优势，突出彝族文化、生态环境和田园风光特色，以在5—10年内把咪依噜风情谷建成集文化体验、休闲娱乐、特色美食、生态旅游和乡村旅游为一体的综合性文化生态休闲旅游区为基本的发展定位，以“风情咪依噜、欢乐彝家情”为主题品牌形象，重点培育民族文化体验、生态养生休闲和特色乡村旅游品牌。根据咪依噜风情谷的地形条件、资源禀赋及分布特点，总体布局为“一心、两区、三廊道、七重点”：“一心”即起家大院为核心，包括岔河村委会所在地的区域；“两区”即南部水景生态休闲观光旅游区，北部彝族文化体验区；“三廊道”即公路景观廊道、水景观廊道、生态休闲游览道；“七重点”即开发建设咪依噜风情谷欢乐休闲中心、水景房休闲写意旅游村、马鞍寨入口服务区、扁担酒坊彝家美酒迎宾区、三家村山野游乐区、彝人客栈美食文化体验区和新村彝族古寨手工艺品购物体验村七个重点项目。

咪依噜彝族特色旅游村寨建设项目，以保护岔河彝族聚居村落为依托，以传统民居建筑群为载体，以培植壮大旅游饮食文化为重点，以特色种植养殖业、手工刺绣为链条，以挖掘传承岔河的彝族文化和民风民俗为内涵，以改善群众生产生活条件为目标。具体建设项目包括传统特色民居修缮保护工程、特色产业培育工程（特色种植养殖业、成立彝族刺绣专业合作社）、彝族文化传承发展工程（咪依噜歌舞团培训、彝族文化展览室修缮、寨门建设、旅游商品专卖店建设）和民族团结进步示范创建工程。

此项目从 2011 年 10 月 16 日通过省级项目评审后及时组织实施，2012 年 11 月竣工投入使用，并通过了县级验收。具体实施项目为：传统特色民居修缮保护工程修缮 30 户，投入补助资金 2 万元；发展种植冬桃 37 亩，挂牌成立了彝族刺绣专业合作社，投入补助资金 3 万元；举办岔河咪依噜歌舞团培训两期 80 人次，投入补助资金 1 万元；彝族文化展览室修缮工程注重活态展品，投入补助资金 2 万元；新建岔河彝族特色旅游村寨即丫口村、彝人客栈、年猪饭三个接待点寨门，每道寨门投入补助资金 10 万元，共 30 万元；新建旅游商品专卖店 6 间 120 平方米垛木房，投入补助资金 7 万元，完成总投资 18.5 万元；制作民族团结教育宣传专版及开展民族团结示范创建系列活动投入补助资金 5 万元。其中，云南省民族特色村寨建设试点项目工程上级下达资金 50 万元，群众投资 20.5 万元，总投资 70.5 万元。

现在，咪依噜风情谷已荣膺国家 3A 级旅游景区，成为云南省楚雄州两个国家级“中国少数民族特色村寨”之一。

南华县岔河彝族塑木特色民居建设项目位于龙川镇岔河村委会小岔河村（南华 3A 级风景区咪依噜风情谷风景区内），项目整合特色民居建设及易地扶贫搬迁等建设资金，概算总投资约 1530 万元，占地面积 20.3 亩，规划新建彝族特色民居 10 幢，并对基础设施、道路广场、电力、水网等进行提升改造。项目建设时将结合当地彝族特色文化，同时充分运用南华县中信塑木公司生产的节能环保新型木塑材料。项目建成后将解决岔河村委会 20 户贫困户住房问题，同时示范带动对木塑新型材料的推广运用，将进一步提升南华对外乡村旅游形象。

根据 2016 年 8 月下旬省委副书记、省长陈豪到楚雄州调研时的指示精神和州委、州人民政府的统一安排部署，南华县委、县人民政府高度重视，迅速做出安排部署，成立了以县人民政府县长为组长、相关副县长为副组长、县级有关部门及龙川镇主要负责人为成员的工作领导小组，在项目现场成立了指挥部，并多次召开会议研究项目建设相关工作，全力推进项目建设。

项目于 2016 年 9 月份开始启动工程规划编制、地勘、征地等前期工作，规划设计方案通过县级和州级审查后，10 月 15 日正式进场施工。在各级各部门的大力支持及参建各方的共同努力下，现已完成场地平整、电力电信通信光缆迁改等工作，完成了 10 幢住房基础长螺旋钻孔灌注桩及承台地梁浇筑工作，8 幢钢结构吊装工作已基本完成。下步将继续细化时间节点任务，明确工作职责，采取强有力工作措施全力加快项目建设。在不久的将来，咪依噜风情谷又将给游人展示一个全新的面貌。

第二节　传统文化保护区保护与开发

2011 年 6 月 1 日起正式实施的《中华人民共和国非物质文化遗产法》开启了我国非物质文化遗产保护工作的新篇章，对继承和弘扬中华民族优秀传统文化，增强民族凝聚力和创造力，推动文化的大发展大繁荣将产生重大而深远的影响。依法保护和开发好传统文化是当前我国文化工作的重要任务。保护和开发好传统文化对深化文化体制改革，创新文化生产和传播方式，解放和发展文化生产力，增强文化发展活力具有重要作用。因此，提升文化产业科学发展，促进传统文化开发与保护的工作具有重要意义。

随着我国对外开放的不断深化和社会主义市场经济的不断发展，市场经济参与节日民俗和传统文化商业化的程度也日益加深。新农村建设亟待我们去发挥农村特色，回归原本自然美丽的田园风光，提升文化产业科学发展水平，加强传统文化的保护和合理开发工作刻不容缓。保护传统老村落、维护生态资源、保持农村原有的生产安全格局、传承地域文化和自然相和谐才是农村可持续发展之道。做乡村改造不仅仅是规划、建筑、景观的改造，更多的是要从我们的原住民、生活习俗、文化传承方面去思考。

在传统文化的保护和合理开发中要努力做到以下几点：

一是坚持既保护又开发，先保护再开发的原则。为了避免在商业开发中传统文化过度商业化的倾向，保护好传统文化的文化内涵及精神内涵，提升文化产业科学发展水平，促进传统文化开发与保护，地方政府及文化管理部门要不断探索商业化与传统文化结合的新形势，发挥市场机制作用，促进传统文化繁荣。要注重加强文化监管和文化遗产旅游开发带来的社会、经济、环境的三重效益。非物质文化遗产旅游观点可总结为可持续原则、保护原则、吸引性原则、因地制宜原则。这四个原则是我国非物质文化遗产旅游开发的基本保证。随着我国旅游规划工作的进一步深入，当前的旅游开发模式又有了更多的创新，恰当处理开发与保护的关系，合理进行非物质文化遗产旅游开发将有助于非物质文化遗产的保护。

二是坚持既开发又保护，轻开发重管理的原则。为防止一些地方对以“非遗”为代表的传统文化进行急功近利式的超负荷和破坏性开发，有效保护传统文化，国家有关部门要加强立法，充分运用法律手

小岔河电子商务服务站

段完成保护传统文化的使命，提升文化产业科学发展水平，促进传统文化开发与保护。要建立起发挥民间组织、政协等部门作用的立法机制。政协、人大要积极调研，积极向有关部门建言献策。立法要注意使保护行为具有可操作性，可以采取建立保护名录制度等。要通过立法进一步加大对民间文学艺术的保护力度。

三是坚持既统筹又兼顾，重传统谋创新的原则。提升文化产业科学发展水平，促进传统文化开发与保护，就是要加大传统文化普及力度，弘扬传统文化。以加大对传统文化的普及力度为抓手加强对传统文化的保护，在多元文化中突出传统文化的地位。通过政府支持、商家赞助、民间参与，把传统节日还原为蕴含着广泛人文精神的全方位的文化活动，推动节日成为社会的公共风俗活动。要通过多种措施普及传播传统文化，使传统文化成为当今社会多元文化中的主流。

总之，提升文化产业科学发展水平，促进传统文化开发与保护，进一步提高传统文化开发与保护科学化水平，才能使传统文化继续服务人民、服务经济社会发展，助推全面实现小康社会及建设社会主义和谐社会。

第三节　岔河社会经济文化发展的困境与出路

一、岔河社会经济文化发展现状

传统文化的商业化在主推传统文化的弘扬传播和扩大内需方面发挥了积极作用，但随之伴生的是过度商业化导致传统文化丧失精神内涵，具有深厚底蕴的传统文化变得庸俗化、肤浅化。目前我国城市化建设的加快给原生态农村景观带来了前所未有的冲击和破坏。农村的耕地面积在不断减少，水土流失日趋严重、水资源短缺、生态环境遭到严重破坏。一些农村，丢弃了原有的对家乡的认同感和价值观、审美观，他们盲目模仿城市，对老村落进行了彻头彻尾的城市化改造。现代材料的胡乱堆积、建筑色彩的任意涂刷拼凑，使乡村固有的田园风光和乡土文化在我们眼前悄然离去。传统文化的保护由此受到严重冲击，且已经影响到传统文化的传承。

二、岔河社会经济文化发展的劣势与优势

（一）彝族文化的原生态

南华县属楚雄彝族自治州，彝族文化的“普遍”与咪依噜风情谷的“特例”给了我们很多启示。“功在当代，利在千秋”是我们的价

值取向。咪依噜风情谷这一彝族文化创新发展的成功得益于对彝族文化根系的梳理，因为“普遍”就是诸多“特例”的表现形式。找到了彝族文化这一发展命脉，就意味着找到了开启希望的钥匙。源于此，南华县的决策者们把象征“金钥匙”的一块巨石立在咪依噜风情谷的入口处。也算是一种昭示吧。

咪依噜风情谷里居住的彝族同胞，都是讲本民族母语。他们勤劳勇敢、快乐豁达、喜饮酒、善歌舞。咪依噜风情谷里的村民是一个痴情于歌舞的民族，节奏悠扬的镇南月琴和热情奔放的左脚舞，浓郁的民族风情，充满了神秘的色彩。他们的节日、习俗、民居建筑、语言、服饰、饮食保留完整，歌舞音乐、传统体育内容较为丰富，反映出原生态彝族传统文化的深厚底蕴。村寨周围有被崇拜的神树，具有传统文化色彩。民居建筑、居落格局保持传统风貌。小岔河历史悠久，尽管随着时代的变迁，一些传统习俗有所变化乃至消亡，但在社会公德、生活起居、服饰文化、节庆活动、文化体育活动、婚丧习俗、宗教信仰等领域，彝族的传统文化仍然得到了很好的传承并发扬光大。

彝族居住的传统民居、垛木房，青年男女谈情说爱的“姑娘房”，传统的民族服饰，独具特色的婚丧习俗，宗教信仰，充满了神秘的色彩。咪依噜风情谷的彝族是一个痴情于歌舞的民族，他们世代将原生态的彝族歌舞延续至今，并在此基础上不断发展创新出独具特色的岔河彝族歌舞。这里不仅风光秀丽，森林茂密，空气清新，风景优美，冬无严寒，夏无酷暑，还有丰富的物产。松茸、牛肝菌、大白芸豆、核桃、樱桃、苹果、刺梨等早已声名远扬。

在小岔河咪依噜风情谷，彝家人有三样东西不能缺少，火塘、白酒和跳脚。彝家人离不开火塘、火把，他们崇拜火，也正是由于此，彝族人有“火的民族”之说，认为火是红红火火的象征，它能驱散一切瘟神邪恶和疾病，给人带来光明、健康和幸福。在这里，无论是哪一家，早晨起来，都要生上一盆旺旺的火，以示新的一天开始。夜晚时分，一家人则围坐在火堆旁，抽烟、聊天、喝大碗茶，一天的劳作疲惫也就在这火塘边散去了，一家人的感情也在这火塘边暖融融地升腾着。彝家成年男女，都会喝酒，而且喝的都是白酒。在岔河，酒还经常用来招待客人，客人进门时要喝拦门酒，吃饭时，彝家姑娘要向客人敬酒，敬酒时还要唱上一首迎客的酒歌，客人离开时还要喝一杯送客酒，表达祝福和依依不舍的离别之情。“不会跳脚会害羞，不唱山歌喉咙痒”，彝家人无论男女老少，都会跳当地彝族左脚舞，时逢重大节日或是喜庆之日，村里男男女女就会自发地聚到一块，环圈起舞，踏地而歌。

岔河彝族是南华县范围内较有特色的民族之一，村寨传统习俗保存较为完整，逢节日都组织村民举行祭拜活动。建房仪式、婚恋和节庆风俗严格遵循传统方式；男女老少喜爱穿彝族服饰；传统饮食习俗传承源远流长，食物多样；生产生活用具取材于自然环境，多为自制；传统村规民约与现行规章并行，相辅相成；彝族歌舞独具特色，语言和口传文学能充分反映民族历史文化；民居、民俗保持原生态。2005年小岔河咪依噜风情谷被楚雄州列为彝族传统文化保护区，2006年被南华县委、县政府列为新农村示范带，并对岔河南永公路一线的6个村庄进行环境治理，开展乡村一日游、生态游，吸引众多省内外游客，是楚雄州独具彝族特色的休闲旅游地之一。岔河以香味扑鼻的传统佳肴，古朴典雅的垛木房，独具特色的婚丧习俗、宗教文化，甜美悠扬的彝族小调，传统的民族服饰，大盘的烤羊肉、烧洋芋，悠扬的月琴声和热情奔放的左脚舞驰名中外。森林里生长的松茸、牛肝菌、银耳、香菌远销日本。

彝族自古不善经商，淳朴到过去上山打到猎物，见者人人有份，就是路上遇到也会分一块给你。用自己的劳动果实卖钱，在彝族同胞看来是一种罪恶。很多时候，他们宁愿送你其所有，留恋一份真情，也不愿意把商品变成没有感情的货币。岔河的彝族，至今仍能感受到这样的一份厚道。

咪依噜风情谷在2006年3月被南华县委、县政府定为新农村建设示范点后，通过县财政补助、村集体筹资、群众投工投劳等方式，为12个自然村架通了自来水管，村村铺通了水泥路，改造了以往破旧的民居，建设了一批“农家乐”餐馆和“彝人客栈”，还有与之相配套的旅游公厕和垃圾池，建立村文化室和跳歌场，岔河一批非物质文化遗产被立为省级州级保护名录。李树明制作的镇南月琴，周连英的岔河彝族传统刺绣工艺，李连昆的三胡制作演奏，李宗禄歌舞表演、器乐演奏等一批民间民族文化传承得到政府扶持，民族文化得以发扬光大，民间艺人有了用武之地，彝族群众无不欢欣鼓舞。

（二）旅游经济发展的宝贵经验

2006年6月至2006年12月为风情谷的初始开发建设阶段。在南华县委、县政府的主导下，整合资金、明确责任、分片包干、因地制宜开发建设咪依噜风情谷。通过加强基础设施建设，美化人居环境和旅游环境。在村庄美化亮化过程中注重保持彝族民居风格，抓好以民居美化、畜厩搬迁，停车场、垃圾池、人畜饮水工程建设及村庄道路硬化、改厕改灶等为主要内容的基础设施建设，保留了“姑娘房”、垛木房等彝族特色建筑，新建了寨门、跳歌场，通过彝族图腾、彝族绘画、彝族文字等进一步突出了彝族特色；围绕产业发展导向，大力发展核桃、樱桃、刺头菜、观赏瓜、向日葵和原生态黑山羊、土鸡、生猪为主的种植、养殖业；扶持发展野鸡、野猪等特色养殖，形成了产、供、销为一体的产业链，带动了烤酒、客运、手工刺绣务工等行业的发展，拓宽了农民增收渠道，优势产业培植取得明显成效。

深度挖掘传承弘扬彝族文化。对彝族民居墙体进行装饰，通过绘画、彝族文字等形式展示彝族民间传说、农耕文化、歌舞器乐、婚庆习俗，以及火、虎等彝族图腾崇拜和生产生活风貌，传承敬酒歌、跳歌等彝族风俗；挖掘、整理和传承当地彝族民间艺术、传说、故事，进一步丰富了彝族文化内涵。在这一阶段，风情谷实现了从封闭贫穷落后的彝村向通过发展乡村旅游实现脱贫致富的历史性转变。

2007—2016 年为咪依噜风情谷巩固提升阶段，随着到风情谷旅游的游客越来越多，原来的旅游基础设施已经不适应发展的需要，在南华县委、县政府的坚强领导和省州旅游部门的支持下，开始大规模地对景区的旅游厕所、停车场、护栏、游路、景区迎宾门、彝村寨门等旅游基础设施进行改造和建设。同期在县扶贫部门的支持下在岔河公路沿线种植樱桃、车厘子、核桃 500 余亩。投资 230 万元的景区游客接待中心主楼于 2013 年建成，并通过招商引资引进投资商投资 240 万元建设游客接待中心停车场、娱乐场、旅游接待包间等旅游附属接待设施建设。游客接待中心的投入使用，将极大改善咪依噜景区的接待服务能力，风情谷旅游舒适度将大幅提升。2016 年 10 月，岔河彝族塑木特色小镇及特色民居改造工程正式启动，该项目预计投资 1500 多万元，将建设塑木小镇 10 幢、特色民居 38 户、大型浮雕壁画 2 幅及塑木休闲长廊等景观景点，进一步增强景区的旅游深度及吸引力。经过市场的考验和县文体广电旅游局不懈的努力，风情谷的旅游接待服务质量达到新的高度，游客逐年增多，旅游满意度良好，至今游客投诉率为零。休闲娱乐、彝家风味菜和彝族敬酒歌成为风情谷独特的风景线，省内外的游客慕名而来，到风情谷旅游消费的游客持续增长，有力地带动了当地群众增收致富。咪依噜风情谷共有 10 家乡村旅游接待点，所提供的旅游产品更加丰富独特。随着景区旅游基础设施的不断建设完善，特色种植养殖业的发展，咪依噜景区以餐饮消费为主的单一旅游模式将得到大幅改善。目前，南华咪依噜风情谷游客接待中心提升改造正在进行。岔河村委会旁大型月琴雕像、浮雕壁画接近完工。

（三）乡村旅游成为发展引擎

1. 县委政府重视

南华县党委、县政府高度重视并大力扶持旅游开发建设工作，把社会主义新农村建设和乡村旅游发展有机结合起来，成立领导小组、设立办公室、建立分村包干责任制，抽调工作人员进驻村寨负责建设。并采取有效整合各方资金，加大投入建设资金力度。同时做到“一个村落一名领导一个责任部门”的工作方式，把开发建设工作责任明确到领导和部门，增强了责任意识，加强了领导。

2. 自然景观良好

森林、古树景观终年常青，旅游区森林覆盖率达75%，森林茂密、种子植物多样、野生菌资源丰富、经济林果种类繁多，形成幽静苍绿的自然环境。岔河彝族传统建筑群特色鲜明，垛木房、姑娘房等彝族特色建筑以及彝族传统民居和壁画、图腾等随处可见，游客置身其中能充分感受和体验到彝族的生产生活环境。山水田园风光恬静绮丽，旅游区位于南永二级公路两侧，不仅交通便利，而且一条河流经所有村庄，前有河流、水车、田园衬托，后有茂密的森林掩映，旅游生态自然天成，一年四季均能感受到不同的视觉效果。

3. 文化内涵丰富

为充分保护好、开发好、发展好彝族文化，进行了民居装饰改造，以绘画、彝族文字等形式展现彝族崇拜的图腾、祭火的传统及生产生活风貌，沿袭迎宾、敬酒歌、跳歌等彝族风俗。部分景点的建设，南华咪依噜风情谷十怪及当地彝族民间艺术、传说、故事的挖掘、整理和传承，民族手工刺绣、月琴、羊角酒杯等旅游商品和纪念品开发，《南华风采录》《彝山情歌》《哀牢民歌》等反映本地风情和酒歌的文化书籍的出版发行，以及彝族特色系列风味菜的推出，进一步丰富了彝族文化内涵。各级领导多次视察调研，尤其是接待省内外旅游团队增多，深厚的彝族文化底蕴和浓郁的彝族风情给各级领导和广大游客留下了深刻印象，进一步打响了“南华咪依噜风情谷”效应，咪依噜风情谷逐渐发展成为一个具有一定知名度和影响力的乡村旅游亮点和彝族风情展示点。

4. 管理水平提升

咪依噜风情谷开谷以来，坚持向管理要效益、向服务要质量，提出“美在山水、情在彝家、亮在服务”的口号，景区共有管理人员16人，从业人员180人。成立咪依噜风情谷乡村旅游业协会，逐步实现旅游区各个接待点自我约束、自我规范和自我管理。根据旅游区运营实际，制定了旅游区服务质量管理。注册了“咪依噜”商标标志，并在指示牌、工牌等明显标识上运用，达到统一、规范宣传的目的。规范从业人员服务行为，旅游区内从业人员全部着民族服装作为统一的岗位服装，统一制发配有编号的工作牌，要求按照“让每一个客人乘兴而来、尽兴而归”和“游客的满意是我们永恒的追求”的服务标准做好服务工作，做到举止文明、热情大方。按照国家4A级旅游区的标准，委托云南大学旅游文化研究所制订了《云南南华咪依噜风情谷旅游区总体规划》，并将全面实施。认真抓好培训工作，按照培训管理制度规定，制订培训计划，对旅游区各接待点管理人员和服务人员进行全面培训，培训内容包括旅游基础知识，县情、乡村旅游经营管理，餐饮和客房服务知识技能、礼仪礼节、信息统计与分析、环境保护、彝族文化弘扬、彝族酒歌、导游讲解、旅游从业人员职业道德、旅游安全、食品和环境卫生等，通过培训，旅游区内从业人员综合素质得到全面提高，服务能力明显增强。规范投诉处理工作，按照旅游区投诉管理规定，在景区管理所设投诉办公室，在游客接待中心和导游图等明显位置公布投诉电话，目前无一起游客投诉。

5. 对外宣传加大

建立南华旅游网站，对咪依噜风情谷进行专题宣传。通过领导调研、组织参观考察等多种方式进行宣传促销，多次邀请上海、广东、昆明等地的旅游企业负责人到实地踩点踏勘，取得明显效果。在“2007 中国昆明国际文化旅游节”主会场、昆明东风广场、民族村、楚雄大厦、攀枝花等地进行广泛宣传。分别请昆明、楚雄和本县的旅游策划公司制作宣传册 9000 余份，加大宣传促销力度。拍摄了一期《咪依噜彝族风情之旅》专题宣传片。在《假日旅游》等旅游宣传刊物上刊登咪依噜风情谷图文宣传资料，大大提高了咪依噜风情谷的知名度。目前，南永公路近 20 公里沿线种植了银杏、樱花树。一到春天，咪依噜风情谷将变成一个真正的花之谷，情之谷。

三、乡村旅游文化建设的出路

（一）编制符合岔河特色科学规划

我们从《2016—2018 年岔河村委会发展规划》看到：提升咪依噜风情谷乡村旅游知名度，加大农业结构调整，推进农业产业化进程，形成以第三产业为主的城乡经济、政治、文化和社会建设发展的新格局。通过三年的努力，使全村成为基础设施完善，村民人均收入稳步提高，生活富裕安康，生活风尚文明，生活习惯卫生，村庄环境整洁，人与自然和谐，民主法治进步，社会安定有序的社会主义新农村。力争农民人均纯收入年增 12%，到 2018 年达到 1.2 万元以上。

（二）做好乡村旅游文化资源开发利用工作

做好乡村旅游文化资源开发利用工作，一步一个脚印走可持续发展的路子。岔河村委会是彝族文化优势明显的村，可发挥现有的彝族文化为主的生态旅游产业优势，使之在原有的基础上更上规模，形成区域特色，提高经济效益。切实做好“以地生财，筑巢引凤”工作。岔河村委会地理位置优越，地处“南永公路”线上。可通过招商引资，利用当地的文化资源，大力发展旅游业，从而壮大村级集体经济，推进农村城镇化建设。着力开展物业租赁等增加村集体经济收入。按照科学利用的原则，发展物业管理等有偿服务业，对那些集体闲置的土地等实行租赁经营，积极实施项目开发如农村农资门市部，兴办各类集体经营项目，实现集体资产保值、增值。发挥彝族特色效应，每年农历六月二十四日是彝族特有的节日——火把节，其富有神秘色彩的传说招揽万人赶集，中外游客慕名而来，观光购物，打造以岔河羊汤锅、野生菌为主要饮食品牌的美食等，拟建岔河饮食服务一条街。村里可建饮食商铺单元，以出租形式发包给商人，把岔河地带建设成为一个具有文化品位，以旅游、饮食、休闲、商品流通于一体的繁荣集市，以全力打响岔河旅游效应，使岔河成为全省旅游文化产业的一面旗帜。

（三）充分调动当地村民积极性

未来三年，要完善村境内道路平整通畅、路面水泥硬化工程，两侧绿化到位；村境内农田水利整治一新，沟河渠道灌溉排水便利。实施铺冲、飞家、新村、小岔河、起家 5 个村民小组三面光沟渠建设；加强飞家、小岔河、新村、起家 4 个村民小组共 6 个坝塘的维护。并以村为单位，逐步建立公共垃圾处理场所，改变垃圾随意倾倒造成环境污染的现象。

在农村经济发展方面，充分发挥区位优势，深化农业结构调整，进一步优化品种结构。到 2018 年实现粮食总产量 720 吨，力争完成核桃种植 1200 亩、樱桃种植 500 亩、冬桃种植 60 亩、车厘子种植 500 亩，形成以黑山羊规模养殖为主的 15 户农户、以生猪养殖为主的 12 户农户、以生态鸡养殖为主的 10 户农户。在村中建设一个综合性的商品交易场所，使村民有一个固定的商品买卖场所。以农副产品加工、流通、营销带动第三产业的发展，提高农民收入。使村民生活富裕安康。各村按照规划建设好村组，村民享受惠民政策。全村主要道路全部实现硬质化；增设亮化设施，做到路灯覆盖全村；新型农村养老保险参保率 100%；新型农村合作医疗参保率达 100%。真正做到电灯、电视、移动电话全覆盖。

坚持依法治村，实行村务财务公开，接受群众监督。建立健全村民自治组织，有民主理财小组，有党风廉政监督小组、村务监督小组和村民代表议事会，村务民主决策、民主管理、民主监督得到落实；村民知法懂法，社会治安综合治理措施落实，无赌博、盗窃、打架斗殴等违法行为。实现社会秩序良好，人民安居乐业，邻里和睦团结，村民互帮互助，诚实守信，平等友爱，融洽相处的平安祥和的社会环境。

倡导文明新风。村民自觉学文重教、崇尚科学；无封建迷信活动。实行喜事新办，丧事简办；倡导遵纪守法、移风易俗新风尚。

人与自然和谐。实施以“三改三清”（改路、改厕、改灶；清污水、清垃圾、清违章建筑）为重点的环境整治，实现全村卫生厕所全覆盖。提高生态环境水平和人居质量，使村落环境优美，四旁实现绿化，生态良好；经济发展与人民生活、生态建设相得益彰。

（四）做好“咪依噜风情谷”提升改造

把“咪依噜风情谷”提升改造作为发展乡村旅游文化产业的一件大事，突出一个“彝”字，做实一个“绿”字，教育村民牢固树立“绿水青山就是金山银山”的理念，发挥交通便利、山清水秀、原生态彝族文化浓郁的优势，立足农民增收和旅游业发展，把发展生态农业和乡村旅游文化有机结合起来，拓宽旅游业发展外延，集中利用好沿线土地，扩大景区规模，带动农民增收，增强竞争力。沿线土地利用开发要采取“公司 + 专业合作社 + 农户”的经营方式，在确保农民收入稳定增长的基础上，以一个流转周期，以 1—2 个村民小组为单位组建专业合作社，搞好农村劳动力劳动技能培训，按照公司要求，有序参与日常耕作劳动，从而促进农民增收，发展壮大集体经济。积极学习借鉴外地的旅游服务理念，认真策划服务项目，统筹服务项目之间的科学衔接和游客参与，让游客乐于停留、乐于消费，着力提升吸引力。要从服务人员的服务规范等细小环节抓起，使每个服务员都成为旅游服务能手，使大部分群众都能为游客提供导游和宣传介绍服务。突出原生态文化特色，强化宣传和包装，选择适当的位置和地点，设立具有较强视觉冲击力的宣传壁画，艺术展现沿线优美自然风光和原生态风土人情，增强渗透力；接待设施建设特别是景区房屋建设要保持原生态文化特色，外观体现原生态，内部体现现代化。

四、做好岔河“申遗”和咪依噜风情谷国家4A级旅游景区申报工作

小岔河彝族民居、民俗、农耕、饮食、语言、服饰、歌舞、河流文化都具有不可复制的独特性，这已经成为咪依噜风情谷不可或缺的文化标志和元素。研究小岔河彝村，也就是在研究一部彝族漫漫长河里生存与发展的历史。

要充分利用岔河成为云南楚雄州两个国家级“中国少数民族特色村寨”之一的有利时机，在不断完善咪依噜风情谷旅游景区的基础上，一方面，做好岔河申报国家级非物质文化遗产项目；另一方面积极创造条件，组建工作班子，切实推进咪依噜风情谷国家4A级旅游景区申报工作。

（一）做好岔河申报国家级非物质文化遗产项目的基础工作

做好申报国家级非物质文化遗产项目基础工作的目的是为了抢救、保存、保护和振兴该项遗产。申报只是一个手段，保护才是真正

的目的。在做申报工作的同时就是保护计划的开始。没有保护计划，就谈不上申报，申报也不可能成功。关键是要通过申报，弘扬这些非物质文化遗产，鼓励相关群体开展鉴别、保护和利用非物质文化遗产的活动，起到示范并带动其他遗产项目的保护工作，提高对其传统文化的认同感和历史感，从而促进文化多样性和人类的创造力。非物质文化遗产是以人为本的活遗产，它更注重的是技能、技术、知识的传承。它是人类历史发展过程中各国各民族生活方式、智慧与情感的载体。脱离了人，非物质文化遗产就没有存在的价值，也不可能存在。我们的申报工作要注重人，强调人，尤其要重视传承人，为他们提供和创造非物质文化遗产赖以生存的条件，下大力气保证做好可操作性的保护计划，并给予特别的关注。做好申报工作，有利于推动非物质文化遗产的保护事业，对宣传弘扬悠久璀璨的非物质文化遗产有利，对确认民族文化特性、保护文化资源、扩大影响、保护和促进文化多样性具有重要意义。在非物质文化遗产项目的申报工作中，一定要认真做好申报前的基础工作，要进行认真研究论证，决定是否申报和何时申报。

（二）做好咪依噜风情谷国家4A级旅游景区申报工作

要申报首先就要打好基础，要万事俱备。目前景区的游客中心装修与功能布局、旅游厕所的规范化建设、旅游沿线的生态提升以及部分软件资料等方面还需要进一步加强与完善，并提出具体的整改方案。全力推进创建国家4A级旅游景区创建工作，加快提升创建步伐，以景区创4A为推手，全面提升咪依噜风情谷旅游品质，拓展旅游客源市场。通过创4A工作规范引导旅游产业健康发展，让旅游成为富民产业。

创建4A级旅游景区，做好国家4A级旅游景区申报工作，离不开县委、县政府的高度重视，也离不开县人大、县政协的关怀指导，离不开各部门单位的鼎力相助。要清醒地认识到景区建设和管理上存在的问题和差距。主要表现在：一是景区特色景点开发不足，还需加大资金投入，不断殷实景区景观体量；二是景区基础设施配套还不完善，综合服务水平还有待提高；三是景区营销宣传能力不足，缺少营销专业人才；四是景区周边辐射力不强，带动乡村旅游发展的作用不明显。

景区创建工作只有起点，没有终点，建议当前及今后还需做实以下几点：

1. 继续抓好后续规划工作

坚持“保护性开发、科学化建设”的原则，以科学规划为龙头，建设一些有特色有亮点的景观景点项目，进一步增强咪依噜风情谷景区后续发展动力。

2. 继续加强管理和市场开发

一要不断完善景区各项管理制度，切实提高景区综合管理水平，提升景区服务品质；二要积极抓好景区的对外宣传和形象包装，千方百计开拓客源市场，不断扩大景区的知名度，增加游客量，切实提高景区经营效益；三要想方设法宣传造势、做优平台，加大项目包装、招商引资等工作力度，通过借力、借智、借资，短期内实现咪依噜风情谷景区提升、提质。

3. 继续发挥核心引领作用

遵循景区重在“引”，乡村贵在“留”的原则，将咪依噜风情谷景区定位“高端”市场，乡村旅游主打“大众”消费，充分发挥景区生态优势、品牌效应，带动周边乡村特色旅游产业发展，形成差异，实现互补，实施大景区区域发展概念，实现“双赢”目标。

4. 切实做好申报准备工作

严格按照国家 4A 级旅游景区创建标准，听取旅游专家的指导意见，积极主动做好向上对接工作，以国家 4A 级旅游区创建为主线，以景区环境洁化、美化、绿化、净化为重点，借势借力，进一步做深规划、做实项目、做强配套、做精产品、做响品牌、做优环境，确保旅游经济持续快速增长，塑造咪依噜风情谷旅游新形象。

5. 组建申报领导班子和工作机构

由县或镇成立项目申报工作领导小组并设立工作机构。成立由一名主要领导、一名分管领导和工作人员组成的项目申报工作机构，全面负责申报工作。积极组织学习，认真研读，仔细推敲，切实掌握申报项目程序。掌握项目的支持重点、申报条件、组织申报方式和申报要求，切实做好组织申报前的准备工作。

6. 广泛调研收集项目信息

规划建设单位认真了解并跟踪掌握上级政策与导向，认真吃透上级的有关精神，结合实际情况提出项目申报意向，及时报送项目资料。为不影响项目申报，对申报项目硬性条件的办理情况进行全面梳

旋转希望的水车

理，完善相关手续。按要求进行认真整理，并做好其他辅助材料的准备，抓住有利时机适时进行申报。以确保申报的成功以及申报成功后能够履行诺言，做好保护工作。真正使岔河成为南华县城的后花园，变成南华的眼睛，成为有名的访古、探幽、避暑、娱乐、休闲的胜地，从而让乡愁留住。

一、重要批文（证书）

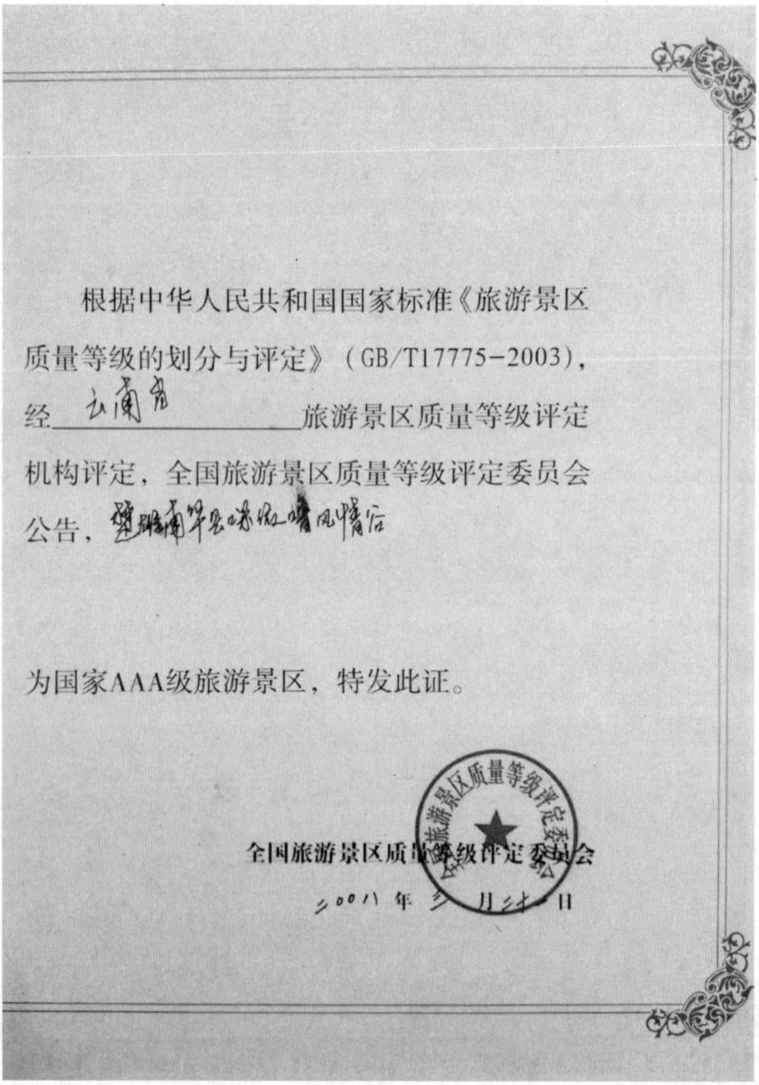

根据中华人民共和国国家标准《旅游景区质量等级的划分与评定》（GB/T17775—2003），经　云南省　旅游景区质量等级评定机构评定，全国旅游景区质量等级评定委员会公告，楚雄南华县咪依噜风情谷

为国家AAA级旅游景区，特发此证。

全国旅游景区质量等级评定委员会

二00八年三月二十一日

二、南华县龙川镇地图①

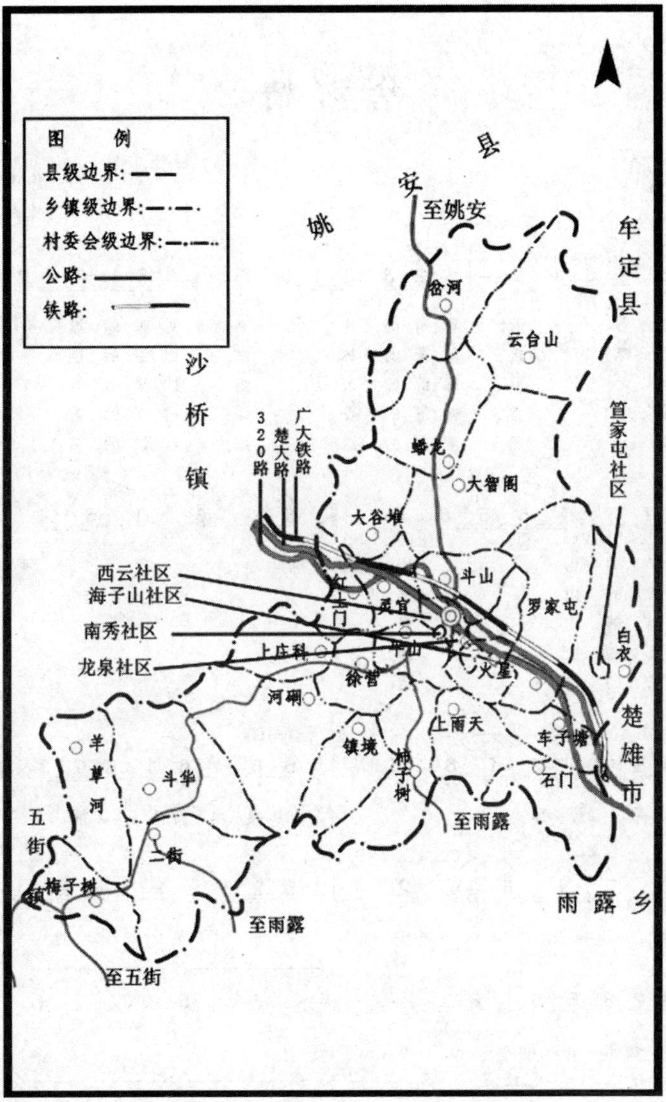

---

① 由龙川镇人民政府办公室提供。

三、歌　曲

岔河情

1=G $\frac{4}{4}$
抒情　稍缓

作词：李文臻
作曲：李文臻

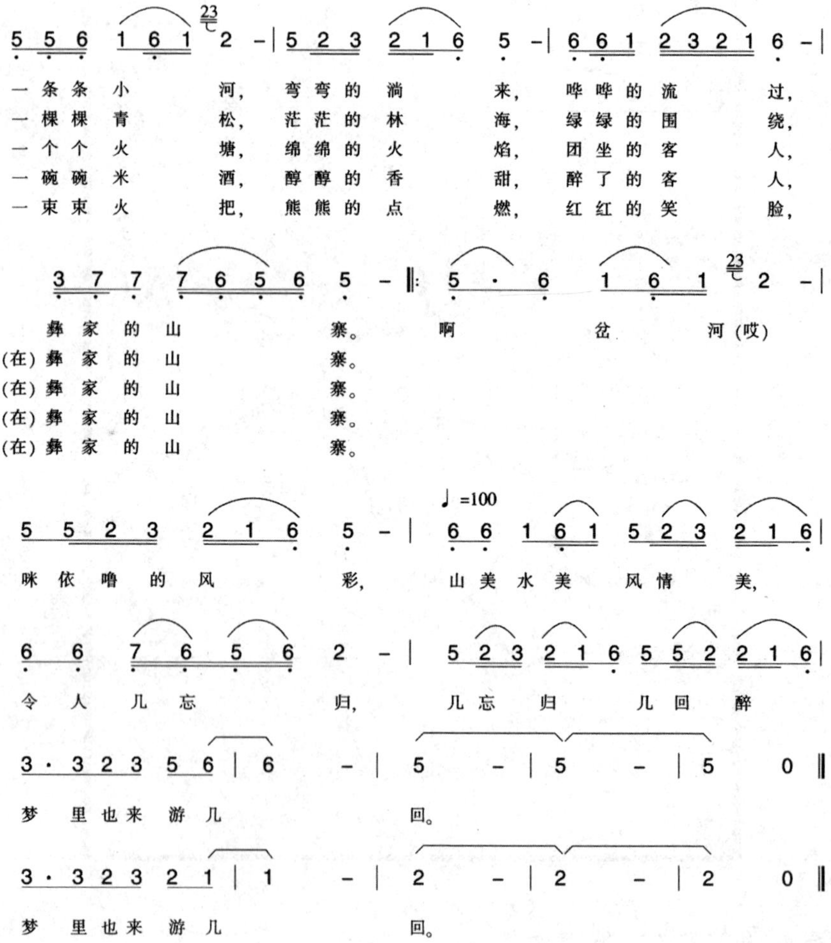

情醉咪依噜

1=♭E 2/4

作词：金鸿为
作曲：刘自华

♩=80 欢快、热情地

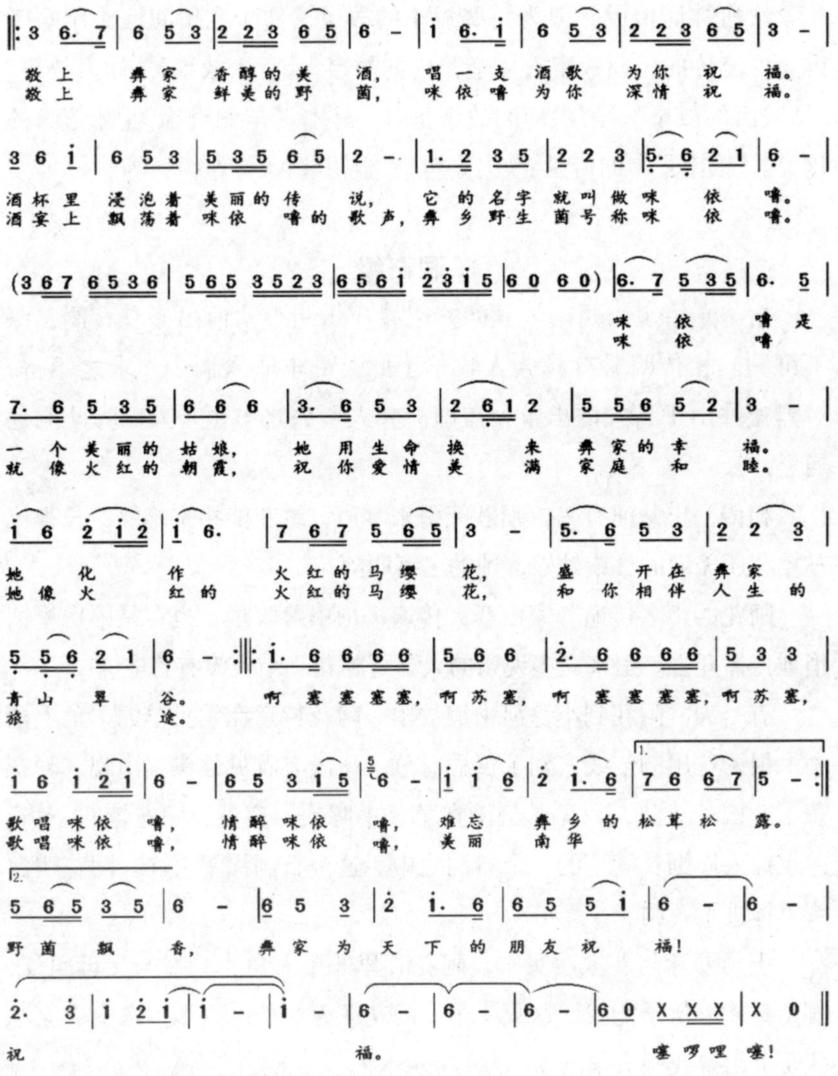

四、民间故事

岔河神话传说一般为一些短小的故事，便于在田间地头闲暇时讲述，流传的民间故事有《李芳梅的故事》《巨人故事》《仙人故事》《马鞍山的故事》《阿噜碑的故事》等，还有《羊洞奇缘》《咪依噜的传说》《镇南月琴的传说》《夫妻树》《金钥匙》《许愿树》等。

羊洞奇缘

据《光绪镇南州略·异闻》记载：州北小岔河山巅有石洞，深不可测。相传明时有彝族人牧羊于此，一羊坠入洞中，求之不得，后黑盐井山中石穴内出羊，盖即前彝人所失之羊也。人以为此洞远通黑井云。

相传，小岔河有一位唱歌能引来琴声，绣花能招来蜂蝶，长得比马樱花还美丽的彝族姑娘，她的名字叫阿花。

阿花的声名传遍彝家山寨，传遍杨梅山跳脚场，也在姑娘房里悄悄地传播开去。引来众多说亲的人。可阿花一个也没有答应。

有一天，阿花到小岔河山巅放羊。阿花特意在领头羊的羊角上拴了一根绣花用的红线。到了黄昏时分，还没有看见领头羊出现。阿花急了，四处寻找，只见羊群围在草丛中呼唤。突然，阿花惊叫一声，差点掉入周围长满草的一个石洞之中。这个石洞深不可测。阿花明白头羊掉进了石洞。

土司要让阿花家赔头羊。阿花心里非常着急，只好与父母商议，哪个彝族小伙子能找回这只头羊，阿花就嫁给他。这事引来众彝家小伙子上山寻找领头羊。

有一个彝族小伙子，名叫阿黑，常年跟着马帮到黑井驮盐巴，往返于黑井与姚州之间。阿黑听说寻羊娶亲的传闻，没有当作一回事。

可阿黑到黑井听到一件非常奇怪的事，当地人看见黑盐井山中石穴内出来一只羊，羊角上拴着红线。人们把它当成神灵一样对待。阿黑找到那只羊，看见的真的就是小岔河阿花丢失的那只羊。

阿黑把小岔河阿花寻羊娶亲的事说给人们听。这时，有一位长者站出来说话："这是上天的旨意，奇缘哪！"随后将领头羊交给阿黑，让他还给阿花，并祝福他们。

阿黑从黑井带领头羊的消息，一传十，十传百，传遍整个彝家山寨。阿花履行了自己的承诺，嫁给了阿黑，也成就了一桩羊洞奇缘。

相传，小岔河山巅这个石洞一直通到黑井。小岔河丫口村的夫妻树就是阿黑阿花的化身。

咪依噜的传说

农历二月初八，是彝族人民一年一度的传统节日。很久以前，彝家山寨有一个名叫咪依噜的姑娘，她长得像鲜花一样美丽。她会绣花，绣出的花朵能引来蜜蝶翻飞；她爱唱歌，歌声能引来林中的百鸟张望；她会耕地、织麻、牧羊……

一天，她在放羊的山坡上，一边织麻，一边放羊，唱起了动人的放羊调。优美动听的歌声，飘过了高山深谷，深深打动了在远山打猎的青年朝列若的心，迷得他忘了打猎，循着歌声，翻过了无数山冈、垭口，越过了无数深谷溪流，挨近了咪依噜，在半山坡一片雪白的花丛中和她对歌。歌声传递了心愿，订下了两人的终身。

那时，彝家山寨有极其狡猾凶残的土官，他在高山顶上盖了座"天仙园"，欺骗彝族人民："我请了仙女下凡，在天仙园教人们织布绣鞋，每寨都要将最漂亮的姑娘送去伺候仙女"。实际上，凡是抓去的姑娘，都一个个被土官任意糟蹋、蹂躏。就在咪依噜和朝列若约会的一天，土官派人来说："天仙园选中了咪依噜，必须在三天内送去，否则，杀死全家，烧光寨子。"咪依噜的阿妈哭得死去活来，要跳崖自杀，乡亲们纷纷准备躲进密林。咪依噜决不让乡亲们为难，也不让阿妈遭罪。为了拯救受苦受难的乡亲姐妹，她摘了一朵含有剧毒的白马樱花，插在头帕上，毅然登上山顶，瞒过了戒备森严的家丁，只身闯进了"天仙园"。土官从没有见过这样美丽的姑娘，也没碰到这样爽快的事，高兴得垂涎三尺，连骨头都酥了。立刻传家丁端来了酒，准备和咪依噜畅饮。咪依噜对着凶残的土官，面不改色，取下头上的白马樱花泡在酒里，举到土官面前说："愿你我永远相爱，共同干了这碗同心酒。"说完自己喝了两口，才递给土官，土官早已如醉如痴，接过酒碗，一饮而尽。顷刻间土司天旋地转，倒地而亡。

朝列若捕获了金色的麂子扛回来，得知咪依噜进了天仙园，他怒火燃胸，别上快刀，张弓搭箭，呼叫着咪依噜，向天仙园奔来，吓得土官的家丁拼命奔跑。朝列若找到了咪依噜，她早已闭上了美丽的眼睛。他伤透了心，抱起咪依噜走出了天仙园，边走边哭，边走边喊他心上人，走遍了彝家的山山岭岭，哭干了眼泪，滴出了鲜血，鲜血把山山岭岭的白马樱花染得血红血红。从此，彝家山寨就开出了鲜红的马樱花。

彝族人民，为了怀念这位献身除恶的姑娘，每逢农历二月初八这天，采来朝列若用血泪染红的白马樱花，插在门头，拴在牛羊角上，别在农具上，把马樱花视为吉祥、幸福的象征。这一天，人们穿上色彩鲜艳的盛装，头上插鲜花，带上美味佳肴，来山顶团聚，招亲呼友，举杯助兴，共祝吉祥、幸福。未婚青年男女，在围着篝火欢歌起舞中，选定自己的情侣，互送鲜花，作为定情礼物。

这个传统节日，世代相传，直至今天。

镇南月琴的传说

“九府通衢”的南华是个好地方，山好水好民风淳朴。传说古时候有个道士来到南华，一眼就看出这里是一块难得的风水宝地，并说出惊人之语：南华坝子四周有二十四座宝山，将来要出二十四个宰相呢。后来这话传到了皇帝耳朵里，皇帝就派人来把宝山的山脉挖断，挖成了二十四个山垭口，所以南华后来只出了二十四个解板匠。中华人民共和国成立后，南华地区的解板匠、木匠很多，手艺精湛，闻名遐迩。

月琴，彝族老表俗称“弦子”，是彝族群众跳左脚舞时不可缺少的伴奏乐器。在云南，尤以南华的“镇南月琴”最为有名。镇南月琴工艺精巧，造型美观，琴头大都雕成一个栩栩如生的龙头，再以彩色绒毛绣球饰龙须，故镇南月琴又叫做“龙头弦子”。说起这龙头弦子的来历，与牟定县一个叫“龙马池”的村子有关，还与一个姓李的养马人有关，这里边有一段有趣的民间传说。

远古的时候，在宽阔的牟定坝子南面，住着一户无儿无女的李姓人家，家里养着一匹奇怪的龙马，不吃山坡上嫩绿的青草，却喜欢吃村子下面一个水塘边生长的蓼草，晚上则卧睡在马厩里，每天早上一打开厩门，它就自己跑到水塘里吃蓼草去了。老两口饲养这匹马好多年了，知道它的喜好就经常到沟渠里割些蓼草回来喂它，早晚再给它添两小碗蚕豆催膘，可是不论他们怎么喂，这匹马都不肥，始终瘦骨嶙峋的，连有几根肋巴骨都数得出来。这匹马因为晚上喜欢卧睡，周身糊满了马屎，老倌时不时还得把马牵去离村子稍远一点的另一个坝塘里给它涮洗。

有一天，老倌实在是对他饲养的这匹马不耐烦了，就对这牲口骂了起来：“我养你有什么用，骑不能骑，驮不能驮，我都五十多岁的人了，还得像老爹奶奶一样天天服侍你。从今天起，我不想养你了，只要有人来买，我就要把你卖掉。”

村里人听见老倌骂他养的这匹马，觉得好奇又好笑，就把老倌与这匹马的故事，以及要卖一匹龙马的消息一传十、十传百地在方圆几百里传开了。

有一天，从远处赶来了两个东界人，到了牟定城就四处打听龙马的消息。他们遇到一位老人，就问："大爹，听说贵县有人要卖一匹龙马，是哪一家？"老人用手指指南方，说："离城不远，你们沿路自己去问吧。"

东界人来到养马的老倌家，只见老奶奶一人在家，就问："大妈，你家是不是要卖一匹龙马？"老奶奶答："是的。我老倌到地里做活计去了，我去叫他。"老奶出大门站在一高坎上喊："老倌，买龙马的人来了，你赶快回来。"

老倌回来后，东界人就说："大爹，你要卖的龙马牵来给我们看看。"老倌打开马厩，将马牵了出来，拴在一棵桃树上。东界人看了一眼全身糊满马屎的龙马，也不嫌脏，不嫌臭，上去用指甲轻轻抠掉一块马屎，就露出一片鲜亮的鱼鳞壳来，顿时眼睛一亮，就问老倌这匹龙马要卖多少钱？老倌说："多不要，少不要，我只要一千二。"

东界人说："大爹，说句公道话，你这匹龙马也值一千二，只是我们带的钱不多，只带了六百，现在先付给你六百，龙马请你好好喂着，等我们回去拿钱，过几天再来牵马。"

其实，老倌说的是一千二百文铜钱，不想买马的人却给了他六百两银子，还要回去再拿六百两银子来给他。老倌想想自己一下子有了这么多银子，心里就不由得害怕起来。等东界人走后，老倌就到水塘边割了很多的蓼草回来，塞满马厩，然后锁上门，收拾铺盖连夜搬家到了镇南城居住。

过了几天，东界人带着六百两银子又来到老倌家，但见房门紧锁，等了半天，也不见主人回来。打开马厩看看，龙马还在，就把六百两银子塞在门槛下，把马牵走了。他们把马牵到村外的一个坝塘边，干干净净给马洗了个澡，这匹马便浑身露出光滑的鱼鳞壳来。东界人高兴地对马说："龙马，请你在石板上留个脚印。"那马走了几步，果真就在一块石板上留下了一串马蹄印。

再说发了财的老倌搬到镇南后，心里还是惦记着他的那匹马，心想要是买马人还不回来牵马，又怕马饿着冷着，就想回去看看。老倌回到家里一瞧，马厩里的马不在了，打开堂屋门，见门槛下堆着六百两银子。村里人告诉他，马被东界人牵走了。那匹马在小坝塘一洗，满身是亮闪闪的鱼鳞壳，还真是一匹龙马呢。后来，人们把这匹龙马喜欢去吃蓼草的那个水塘，叫做"龙马池"，把马去洗澡的那个小坝塘叫"马粪塘"。如今，龙马池和马粪塘仍然是牟定县城边上两个自然村子的名字。马粪塘小坝塘旁边的石头上，至今还留有传说中的马蹄印。

再说老倌养龙马发了家之后，他在镇南街上开了家铺面，改行做了木匠，做的是彝族青年男女跳脚时弹的月琴。他做的月琴，专门用本地大楸树为材料，做出的月琴轻巧，音质好，弹奏起来铮铮作响，很受彝族群众喜爱。为了感恩和纪念这匹龙马，他就把自己做的月琴的琴头雕刻成了龙头，这就是我们今天男女青年跳脚时弹的"镇南月琴"，即"龙头弦子"的来历。

金钥匙

从前，岔河彝山洪水泛滥，粮食颗粒无收，村民辛劳一年，还是难以填饱肚子。有一天，村头岩壁上忽然冒出百十个石刻大字，岩下又裂开数道缝隙，状似一道门户。村民都不识字，不知道这天书上写的是什么。

有一年，村里来了个识字的年轻人。他对着石壁上的字，冥思苦想，但仍百思不得其解。原来天书不同于人间的文书，故而难测其意。这年轻人不肯善罢甘休，把壁上的字悉数默记心中，寂然面壁，日夜推求，到了废寝忘食的地步。如此苦研究了七七四十九天。当晚后半夜，月明星稀，晨光熹微，年轻人突然灵光一闪，天书豁然解开，方知天书上明白示道：“石门里有一部整治洪水的宝书，谁想得到宝书必须找到金钥匙，金钥匙吊在河神宫的一棵珊瑚树上，而要得到金钥匙还须严守如下条规：一不可潜水摘，二不可用网取，三不可用钩钓，只许用一条具有千百生命组成的活绳子从山寨外的河里垂下去，才可得到金钥匙。”年轻人决心弃笔从渔，找到金钥匙。随后他回家说服父母举家迁往岔河，一家人在彝家山寨住了下来，以打鱼为生。

一年夏季，酷暑难当，这个年轻人在河里打鱼，转悠了半天仍一无所获，正欲驾舟回去，忽见不远处一块礁石上趴着两只螃蟹。他想，捉到这两只蟹，足可供父母饱食一日；若将这蟹卖与富人，可赚得一些口粮。但当年轻人临近礁石伸手去捉时，却被眼前的一幕惊呆了——那母蟹仰着大肚脐在烈日下苦苦挣扎，痛苦万分，而另一只蟹却用肥硕的身躯为之遮挡烈日，不断吐出口沫去湿润对方干渴的嘴巴，螃蟹这种患难与共、生死相依的情景令年轻人大为感动。于是，他舀起一瓢瓢河水，洒向这一对面临死亡的螃蟹。

岁月如梭，年轻人依旧在河里打鱼。一天，突见一群大大小小的螃蟹排着长队爬上河岸，正朝着这边迅速爬来。仔细一瞧，领头的是两只大蟹，螯住前边的同类，宛如一条游动的长绳。正在惊讶不已，忽听那带头的蟹开口言道：“恩公，我俩就是去年被你救活的一对夫妻。老伴在河神宫当厨工，不小心打碎了玉碗，河神大怒，罚她晒一天毒太阳。若非恩公那日见义相救，只怕老伴必被烤死。现今我们的儿孙都已长大，为感谢你的救命之恩，瞧，我和儿孙们帮助你钓金钥匙来了。”

年轻人闻言，惊喜万分，万万想不到自己的举手之劳却换得如此回报。在众蟹的帮助下，终于钓到了金钥匙，年轻人刻苦钻研这部藏有治理山水的宝书。在年轻人的带领之下，经过几代人坚持不懈地奋斗，凶猛的洪水被治理得服服帖帖，彝家人用自己的智慧和双手改变着家乡的面貌，粮食满仓，鸡鸭成群，日子一天天好过起来了。

彝家人为了纪念这位年轻人，在传说找到金钥匙的地方用大石头竖立起一座酷似钥匙的纪念碑，祭拜这位对岔河彝族做出贡献的年轻人。

夫妻树

相传，远古时候，岔河村里有一对恩爱夫妻。妻子心灵手巧，漂亮聪慧，名叫阿丽；丈夫英俊善良，勤劳勇敢，名叫阿罗。他们在村里辛勤劳作，过着幸福快乐的生活。

不幸的是村里新来的土官看到阿丽后垂涎其貌美，想要强占阿丽，还扬言如果阿丽不从就杀死阿罗，土官利用手中的权力百般刁难折磨这对恩爱的夫妻，夫妻俩被逼无奈，在全村亲人、朋友的帮助下逃进深山躲避灾难。但夫妻俩无法忍受长期隔离亲人朋友的痛苦，也割舍不下他们相识相知相恋的地方，过着度日如年的日子，每到月圆之夜便翻山越岭偷偷回到跳脚场与亲人朋友团聚。不幸的是土官得知了消息便派人来抢阿丽，土官仗着人多势众，要把阿丽抢回山寨。阿丽誓死不从，阿罗拼死保护，阿丽被打得遍体鳞伤，可她仍然紧紧拉着阿罗的手不放，哭喊声惊天动地。就在这时，晴朗的天空突然电闪雷鸣，大雨倾盆，土官被雷电击中断头而死，家丁吓得屁滚尿流，阿丽阿罗终于重获自由。

第二天，跳歌场上突然出现了两棵相互搀扶偎依的大树，大树枝繁叶茂，遮天蔽日。不久，奇迹再次出现，在两棵大树不远的地方出现了一棵断头树，与枝繁叶茂的两棵大树形成了鲜明的对比。天神成全阿罗和阿丽美满幸福生活的故事在村里流传下来，千百年来，跳歌场里的两棵树始终相依相偎立于村头、不离不弃执着相守，多少对有情人慕名千里迢迢赶来在树下祈求爱情天长地久，彝家人就把它们称作“夫妻树”。而那棵断头树，人们都说是十恶不赦的土官的化身，为了赎罪，化身断头树守卫在夫妻树旁。

现在，彝家人围着夫妻树跳歌时唱“罗丽罗、罗丽罗、罗丽罗丽罗”，就是为了纪念阿罗和阿丽，歌唱他们忠贞不渝的爱情。

许愿树

从前有一个穷苦可怜的小孩叫阿牛，他很小的时候父母就去世了，只能帮着土司家放牛过日子。土司对他很不好，让他不停地干又重又累的活，还经常不给他饭吃。有一次，阿牛饿着肚子睡着后梦到了阿爸阿妈，他们心痛得抚摸着阿牛，诉说衷情，他们还给了阿牛一颗闪着五彩光芒的树种，嘱咐阿牛要选一个山花浪漫、绿树荫荫的地方种下去，它会给他带来好运。阿牛醒后发现自己手里真的有一颗五彩的树种，他非常高兴，握着这棵树种，走遍了山山水水，最后来到小岔河村，终于找到了梦里阿爸、阿妈所描绘的地方，赶快把这颗树种种了下去。在他的悉心呵护下，不久就长出了一棵小树，他天天去看望小树，给小树浇水施肥，除草，捉虫，小树苗健康茁壮地成长着。

阿牛十五岁的时候，土司把他赶了出去，他必须自力更生，自立门户，可阿牛一无所有，想找活干却连干活的工具都没有。他只有去跟他唯一的宝贝树诉苦，他又冷又饿，一会儿就靠着树睡着了。他又梦到了阿爸阿妈，他们让他不要伤心，对他说他栽下的这棵树是棵许愿树，可以帮助阿牛实现他的两个愿望：一个愿望祝福自己，一个愿望是祝福他人的。只要他在清晨的第一束阳光照在树上时虔诚地说出自己的愿望，这棵树就能帮他实现。当阿牛醒来时，正好清晨的第一束阳光照在树上，他赶快对着树虔诚地说出了自己的愿望：希望自己能有一片田地和种田的工具。阿牛许完愿就走了，当他走到山上，发现原来的秃山上出现了一片绿油油的田地，旁边还有一间小房子，里面放着种田的各种工具。阿牛非常高兴，就在小房子里住了下来，每天辛勤的耕种着。说也奇怪，这块地特别的好，种什么都能取得大丰收，加上阿牛又勤劳，很快他就过上了富裕快乐的生活。

一天，阿牛听说村里最美丽的姑娘阿凤生了大病，请了好多医生都治不好，她阿爸说谁能治好她的病，愿把家里的大部分财产给谁。阿牛跑到阿凤家说他能治好阿凤的病，第二天一早她的病就会好，大家都对他的话将信将疑。第二天一早，阿牛就跑到了许愿树旁，在清晨的第一束阳光照在树上时他虔诚地说出愿望：希望阿凤的病从今天起能好起来。等阿牛再到阿凤家时，发现阿凤的病全都好了。阿凤阿爸给了阿牛好多钱对他表示感谢，可阿牛不要，他只希望阿凤能嫁给他。阿凤也喜欢上了这位救了她命的勤劳善良的小伙子，于是便嫁给了阿牛，从此他们过着幸福美满的生活。人们也把这棵许愿树当成“神树”世世代代地保护了下来。

一直到今天，很多人来到岔河丫口村，参拜这棵“神树”，人们都非常相信这棵许愿树能够帮助心地善良的人实现他们的愿望。

五、岔河风情照

岔河彝韵

郭光明

长谷清幽幻梦霞，赏心悦目岔河花。
丝绸古道通商路，山寨彝风阜物华。
沟壑丛林葱郁绿，菁坡硕果味甜佳。
月琴左脚常欢舞，垛木院房美众家。

咪依噜风情谷寨门

小岔河彝村

咪依噜风情谷

咪依噜风情谷“金钥匙”

岔河村委会新村彝族民居

小岔河彝族年轻女子服饰

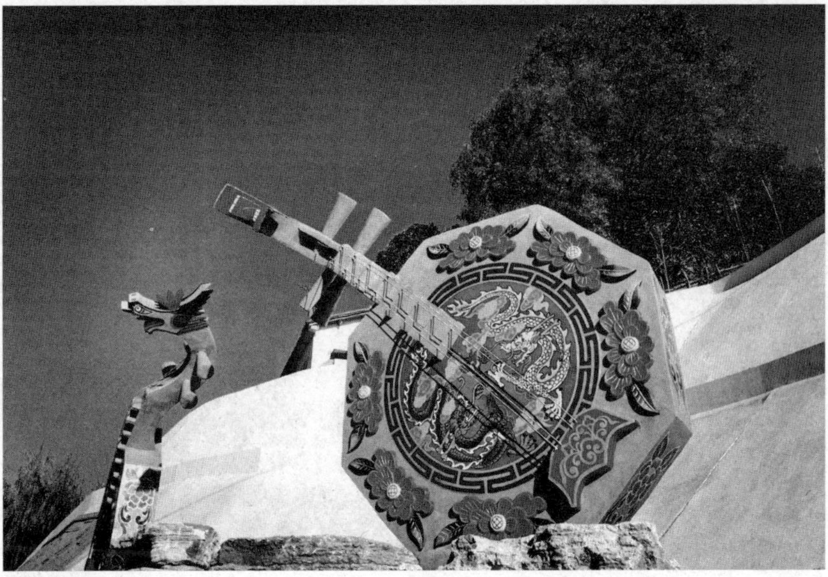

咪依噜风情谷月琴雕像

镇南月琴传承人岔河李树明

小岔河火把节欢歌

春季里的咪依噜风情谷

小岔河土主庙

日本学者考察小岔河（周汉德提供）

彝族山歌对唱

彝家人用羊角酒杯敬酒

岔河彝族垛木房

小岔河稻田

岔河人家

岔河左脚舞

岔河彝族村民山街赶集

岔河

南华咪依噜风情谷游客接待中心

咪依噜风情谷彝人小镇

被彝族敬为神树的马樱花树

小岔河彝族人家

岔河水车

彝家人喜迎贵宾

南华咪依噜风情谷“十怪”
古树夫妻谈恋爱
姑娘房中被自带
夏天还需太阳晒
土房更比洋房帅
水车更比汽车快
野菌飘香无人卖
女人只抽旱烟袋
羊角酒杯不准卖
姑娘敬酒不吃菜
不喝两杯不自在

咪依噜风情谷“十怪”

参考文献

[1] 陈以忠 . 镇南州志 . 芒市：德宏民族出版社，1994.

[2] 黄大琮 . 南华县志 . 昆明：云南人民出版社，1995.

[3] 张家培 . 南华县文化艺术志 . 楚雄州文化局准印证第 242 号，1996.

[4] 普显宏 . 祭荞神 . 食品与生活 . 2006（5）.

[5] 夏芳，张建军，等 . 岔河调查报告 . 南华：南华县文化馆，2006.

[6] 李天永 . 心轻如燕 . 昆明：云南民族出版社，2007.

[7] 普显宏 . 哭嫁与谢厨 . 食品与生活 . 2009（8）.

[8] 云南省烹饪协会，楚雄州旅游局，南华县人民政府 . 南华美食荟萃 . 昆明：云南人民出版社，2010.

[9] 罗宗贤 . 母系社会在南华英武彝区的遗迹 . 南华史苑（一）. 楚新出（2008）准印字 228 号 .

[10] 普显宏 . 天边彩云风情谷 . 情韵南华 . 昆明：云南民族出版社，2014.

[11] 许云波 . 岔河传说情韵南华 . 昆明：云南民族出版社，2014.

[12] 普显宏 . 濒临失传的彝族乐器——三胡 . 民族音乐 . 2015（6）.

[13] 郭建发 . 南华县文史资料选集（民族民间文化传承与保护专辑第十二辑）. 楚市新出（2015）准印字 328 号，2015.

[14] 普显宏 . 吉洁的彝族姑娘房 . 马樱花（内部刊物）.2016(1).

[15] 普显宏 . 镇南月琴 . 情韵南华 . 昆明：云南民族出版社，2014.

后　记

为积极融入国家和云南省发展战略的要求，为繁荣社会主义文化和加快云南民族文化强省建设做出应有的努力，云南民族大学民族研究所组织项目入选单位所在地专家编撰了《云南民族文化保护传承与创新发展“双十”工程丛书》。云南民族大学高度重视丛书编撰工作，专门组成编委会，对丛书的编写提出明确的要求、基本原则和内容构架等指导性意见，对丛书出版提供全方位的支持。本丛书的出版获得 2016 年中央财政支持地方高校专项资金资助，得到云南民族大学党政领导和相关职能部门、民族出版社领导和编辑的积极帮助，丛书获得各承担单位、主撰者及当地政府的大力支持；本丛书编撰中借鉴和参考了国内有关的成果，如未能够一一注明的，其版权权属于最先著作者。在此，一并致衷心的感谢！

2016 年的冬天，为了完成《咪依噜风情谷——楚雄彝族自治州南华县小岔河村》一书的写作，我们走出书斋，迈步走向宽阔的田野，走村串户到岔河彝寨进行社会调查，访问耄耋老人，刨根问底，不敢有丝毫的懈怠，直到把一件事情的来龙去脉搞清楚才肯罢休。

尽管这么多年来，关于咪依噜风情谷的文章我们写过不少，自认为对岔河村委会的人文地理、风土人情了如指掌，但是为了做好岔河彝族的历史文化和民族文化的保护传承与创新发展，为了在书中写下鲜活生动准确的细节，我们走在咪依噜风情谷的山水田园间，早上追着朝阳出发，晚上踏着暮色归来，夜间还要把当天采访得来的素材归纳思考写出严谨的调查报告。因为我们坚信，民族文化保护传承与创新发展是一件对子孙后代很有价值，有社会意义的事情。

在南华县委宣传部的支持下，我们经过多方协作努力，该书终于成形即将付梓出版。本书由李天永、普显宏、普金华三位同志撰写，普金山同志为学术指导联系人。该书在开展社会调查、研究、撰写、出版过程中得到了云南民族大学、云南民族干部学院、南华县委宣传部、南华县文学艺术界联合会、南华县社会科学界联合会、南华县文化和旅游局、龙川镇岔河村委会，以及小岔河彝族村民李天荣、起永禄、李永秀、李宗禄、周联兴、周发兴、周小三等同志的支持和帮助，在此一并表示感谢。

本书的编撰工作得到了南华县委、县政府的高度重视和大力支持，倾注了编辑和撰写人员的大量心血和汗水。但字斟句酌间纰漏在所难免，加之我们的编写水平有限，不足之处在所难免，定有遗珠和粗糙之处，敬请读者见谅。

本书编委会

2017 年 6 月

图书在版编目（CIP）数据

咪依噜风情谷：楚雄彝族自治州南华县小岔河村 / 李天永执行主编 . — 北京：民族出版社，2019.11
云南民族文化保护传承与创新发展“双十”工程 / 段钢主编

ISBN 978-7-105-15859-1

Ⅰ. ①咪⋯ Ⅱ. ①李⋯ Ⅲ. ①彝族—少数民族风俗习惯—南华县 Ⅳ. ① K892.317

中国版本图书馆 CIP 数据核字（2019）第 230271 号

咪依噜风情谷：楚雄彝族自治州南华县小岔河村

责任编辑：张海燕
封面设计：刘福勤
出版发行：民族出版社
地　　址：北京市和平里北街 14 号
邮　　编：100013
电　　话：010-64228001（汉文编辑二室）
　　　　　010-64224782（发行部）
网　　址：http://www.mzpub.com
印　　刷：北京艺辉印刷有限公司
经　　销：各地新华书店
版　　次：2019 年 11 月第 1 版　2019 年 11 月北京第 1 次印刷
开　　本：640 毫米 ×960 毫米　1/16
字　　数：245 千字
印　　张：18.25
定　　价：55.00 元
书　　号：ISBN 978-7-105-15859-1/K · 2776（汉 1586）